田野中国 CHINA Field

时刻礼俗

The Ethical Moment

转型社会的婴儿诞养与家计之道

Infant Rearing of Chinese Family in the Transformation Society

刘新宇 著

社会科学文献出版社
SOCIAL SCIENCES ACADEMIC PRESS (CHINA)

序

新冠肺炎疫情开始至今，忙于应付日常生活的人，总感觉时光如飞逝的流星，倏忽而过，但又在一轮接一轮的起伏静默中漫长煎熬。冬去春来，不知不觉间，刘新宇和他同届的毕业生们离校已经三年。作为疫情前的最后一届博士毕业生，他们当初大约谁也没有意识到自己是多么幸运，可以在不设防的条件下完成日常的学业交流、田野调查、写作答辩等各项程序。而这些对于如今他们的师弟师妹们来说，几乎成了一种奢望或怀旧。新宇是我指导的第一届博士研究生，也是"性别与家庭"这个研究方向的第一位男生，而这似乎也成为他邀请我为他的第一部学术专著作序的无法拒绝的理由之一。毕竟，在中国的家庭和性别研究圈仍然以女性学者为主体的现状下，男性的加入和显现本身就构成了一种仪式。

本书是作者在三年前的博士论文《道德型塑的家计：城市家庭的婴儿喂养研究》的基础上修改完成的。至今我仍清晰地记得第一次在高铁上阅读新宇的博士论文初稿时瞬间被吸引而忘了旅行之乏，为文中的故事所震撼而禁不住时而惊愕、时而恍然、时而唏嘘的情景。答辩委员会的老师们在读完他的论文后，也一度以为作者是位女生，直到现场看到本人才惊讶于一个90后的小伙子何以"混迹"于年轻的妈妈群，让她们放下面对陌生人的戒备与尴尬，坦然地将自己最为琐碎和私密，常常夹杂着茫然、纠结甚至挣扎的婴儿喂养故事倾倒而出，然后以细腻的笔调和深层的理论剖析呈现出来。这或许喻示着一个新的时代正在到来：有关婴儿喂养不再仅仅是婆媳之间或宝妈之间的私人话题，而是成为网络和商家最具流量的文案素材；年轻的职场父母们可以将"挣奶粉钱""回家陪娃"毫无顾虑地挂在嘴边，甚至"奶爸"亦已成为新爸们引以为豪的标签而不是禁忌。这意味着儿童中心主义话语早已渗入人们的日常生活，成为当今中国由新中产阶层和消费市场所引领的全民新时尚。

由此，"全家围着娃娃转"的日常现象具有了某种道德合法性，它构成了所谓"诞养"①实践的新方式。刘新宇将这一过程视为家庭生命历程的一个片段来理解，探寻这一阶段家庭如何通过外部社会资源的动员和内部亲密关系的调适，再生产出一种足以应对制度环境和私人生活双重变革的社会机制。在这种意义上，婴儿诞养在作者的叙事中被纳入了礼俗之间的家计之道，通过考察其背后深层的道德逻辑及其对私人生活的塑造，来讲述作者所关注的"中国家庭在社会转型之际如何进行自我组织、生成与延续"的故事。这样一种研究视野和出发点，使得本书跳出了有关婴儿诞养的既有主题中往往纠缠于自然主义还是科学主义、母乳喂养还是人工喂养的传统二元争议，而将诞养实践归于一种家计（householding）意义上的生活策略安排和"道德正确"效力下的"礼俗时刻"，进而获得了一种更加宏大而充满历史感的意义。为了凸显这样一种历史感，本

---

① 本书中为区别于泛泛的"生育""养育"概念而定义的婴儿出生后从初哺到彻底断乳这一特定时段的喂养过程。

书还在其博士论文主体基于当下北京中产家庭育婴实践的民族志研究内容（第四、五章）之上继续往前延伸，依据既有的历史文献和相关资料考察还原了20世纪30年代京郊"清河试验"中的婴儿诞养的旧俗改良，以及20世纪80年代改革开放初期"优生优育"国家话语下北京家庭诞养风俗的改变（即第二、三章）。通过这种纵贯性的回溯分析，作者希望将婴儿传统诞养风俗的改造与道德合法性的重塑关联起来，而这也构成了本书最重要的解释框架，即在丰富多样的家庭生活背后，或许一直有一只看不见的手在挥舞着指挥棒，那就是作者所言的道德机制。

近十年来育儿研究已成为国内家庭社会学和性别研究领域持续时间最长的热点之一。不过已有的研究大多集中在对幼儿阶段的照料和养育模式及其相关政策的探讨，概括起来不外乎阶层视角（所谓不平等的童年，例如城市中产家庭和农民工家庭的养育模式比较）、性别视角（集中体现在母职研究，包括对密集母职、母职惩罚、完美母亲话语的揭示等）、家庭关系视角（隔代育儿及跨代合作育儿中的冲突与协商、对所谓"丧偶式育儿"的批判、亲职的建构等）和政策视角（所谓抚育的私人性与公共性、育儿假期与税收津贴制度、正式与非正式儿童照料的社会支持政策等），总体上聚焦于养育焦虑和母职焦虑两大类问题。可以看出这些问题线索尽管也体现了一定程度的中国本土文化和制度特色，但是依然带有非常明显的中产意味，并且基本上是在西方既有的理论传统和解释框架下的呈现。

相较而言，对于刚出生的0~2岁婴儿喂养阶段的独立研究尚不多见，近几年来陆续出现的有关婴儿哺育方式、母乳喂养和哺乳实践的民族志研究，也多是从母职的角度切入，考察母乳喂养带给女性的身体体验和疼痛煎熬等感受，以及母乳至上理念下"以哺乳为中心"的日常实践对于母职的重塑及其应对策略;① 也有学者从所谓"民间养育学"的角度观察年轻一代父母将传统母乳喂养与现代科学育儿知识杂糅起来的本土育儿经验的形成过程,将不同代际和不同时代流行的养育习俗及观念上的分歧与调和命名为一种文化互嵌式的养育实践;② 还有学者从历史维度细致梳理了19世纪末到20世纪30年代西方牛乳传入近代中国社会并落地生根,进而使中国婴儿哺育方式由母乳哺育渐转为牛乳哺育的过程,探讨了"强国强种"的国家话语下牛乳哺育对于现代母亲角色和良母标准的重塑作用,由此来揭示和细述中国社会文化的变迁以及现代性的发展逻辑。③ 这些研究的共同特点是,都是从女性主义立场出发,将焦点放在育儿妈妈哺育过程中在生物性母职和社会性母职之间,个人作为母亲的主体经验与社会建构的理想母亲之间撕扯与彷徨的困境,揭示了在国家动员与医疗专业话语的规训下女性身体的异化以及面对母职迷思的反抗策略。这些研究不仅深刻剖析了母职的建构过程及多重含义,也给出了一个明确的论断,即被界定为母亲责任的哺乳,既不是天性使然,也不仅仅是一个技术活。

在本书中,母职也是刘新宇用来分析转型社会婴儿诞养模式及其哺育伦理的一个核心概念。不过与女性主义所定义的作为经验和制度的母职不同,本书将婴儿哺育过程中的早期母职划分为两种理想类型:"生产性母职"和"象征性母职"。其中前者强调母亲的哺

---

① 参见许怡、刘亚《母职初体验:基于自我民族志与网络民族志的城市女性哺乳实践研究》,《山东社会科学》2017年第8期;周培勤《学哺乳:基于网络社区中妈妈关于母乳喂养讨论的话语分析》,《妇女研究论丛》2019年第5期。
② 参见安超《拉扯大的孩子:民间养育学的文化家谱》,社会科学文献出版社,2021,第206~214页。
③ 参见卢淑樱《母乳与牛奶:近代中国母亲角色的重塑(1895~1937)》,华东师范大学出版社,2020。

乳责任和母乳至上的原则，后者更强调母婴相处和温情陪伴的意义。这两种母职看起来只是婴儿喂养模式上的差异，但作者却关注到其背后彰显的不同的哺育伦理：生产性母职的塑造来自一种强调亲子关系中母亲的自我奉献的"禁欲主义伦理"，催生了家庭内部资源再分配的家计策略；而象征性母职的塑造来自一种强调亲子之间快乐互动、对奶粉等商品化婴儿食物及雇佣照料劳动持开放态度的"快乐主义伦理"，催生了依靠外部市场机制的家计策略。作者指出，在当下由国家号令、医学权威和流行文化共同打造的"母乳喂养最好"的哺育话语下，践行生产性母职比象征性母职更具有道德正确的意涵。这种道德机制不仅影响了社会对母职的期待和关于婴儿成长的价值预设，而且已经内化为许多年轻妈妈的自觉行动意识，使得现如今"母乳喂养更像是一道必须去完成的育儿手续"，未能完整履行这道手续的母亲会感到内疚、失败，甚至没有安全感，而崇尚母乳至上的母亲则能博得妈妈群中更多的眼泪和认同。这些从本书中那些饱受身心折磨的追奶妈妈的故事中可见一斑。

本书将婴儿喂养化约为不同的母职类型，视其为一种家计过程的展现，拓展了母职本身作为传统文化规训的母亲角色的固有边界。从这个意义上说，纳入育婴家庭生活实践的母职运行逻辑并非基于女性的个体际遇，而是立足于转型时期家庭的生活策略和亲密关系的重构，因而具有更大的弹性。从两种母职类型的叙事中我们依稀可以看到作为家庭社会学核心议题的个体与家庭之间两种关系形态的影子，即家庭主义所奉行的牺牲自我、以家族绵延为先的精神，与个体主义所奉行的追求个体自主与快乐为先的精神，分别对应了传统意义上忍辱负重的"老母亲"形象，以及现代意义上不想被身体和育婴责任所束缚而丧失自我的独立自主的"新母亲"形象。而如本书中所指出的，实际上几乎所有育儿母亲都经历了母职转变的过程，即从婴儿诞养的开端（初哺）到结束（断乳）阶段从生产性母职转向象征性母职以及相伴随的哺育伦理的重塑，二者之间并非总是泾渭分明，而是时常处在胶着状态。作者希望将婴儿喂养中的这一伦理嬗变问题置于代际关系的框架中来探讨，挖掘这一过程中亲子关系的联结和张力，以及道德合法性的变动与重建。书中所展示的一些故事给我们提供了很多有趣的点。比如说，母婴关系究竟是怎样一种关系？不少被访妈妈提到宝宝时会不自觉地用"好带""不好带"这样的说法，指的多半是一种母婴和谐、一切皆在宝妈可控范围的秩序状态或者相反。但是在这种母婴关系中，婴儿本身是否具有某种主体性？作为照料者的母亲及其家人又该如何观照这种主体性？作为个体的母亲的主体性与作为被照料者的婴儿的主体性哪一个更重要？这些看起来很日常的追问，或许都可以归于母婴伦理讨论的一部分，它需要回答的是：我们究竟应该秉持儿童本位、女性本位还是家庭本位的价值预设？而这当中国家又扮演了怎样的角色？所谓道德正确与政治正确之间究竟还差几步之遥？书中并没有就这些问题展开进一步讨论，但从不同被访妈妈的口述对话中，或许可以找到许多不一样的表述和答案。

最后还有一点想说的是，本书在田野调查的方法上做出了值得赞赏的努力，才让我们得以有机会看到那些直击人心，有的堪称惊心动魄的口述故事。除了通过微信群等线上的虚拟民族志手法以及面对面的入户访谈，作者还曾多次参与了"育人"母婴群的线下聚会活动。书中没有详论田野进入的起初细节，一个在校男性博士生何以能够取得一群处在育儿焦虑中的年轻中产妈妈的信任，成为她们日常的"吐槽、分享＋求助"的聚会活动的观察者和记录者，这本身就是个精彩的故事吧。我曾听新宇谈到那些聚会的情景，每个参加者聊自己的问题或困惑，有时气氛到了，常常会有人讲得痛哭流涕，或者几个人因观点不同而大声争吵，听起来非常像女性主义的"意识觉醒小组"（consciousness-raising group），这些场景给他提供了难得的观察与搜集宝贵素材的机会，也因此使他与被访者建立了深度而持久的信任关系。此外，本书的绪论部分梳理了转型社会家庭研究的两条路径，以及关于家庭研究叙事结构的讨论，可以视为作者对于家庭社会学的研究反思以及本土化的独立思考，相信会给家庭研究、性别研究的同道带来新的理论探索空间和启发。本书也将给众多曾经或正处在育儿欣喜与困惑中的年轻父母及其家庭带来难忘的阅读体验。或许我们终究无法知道怎样才算得上是称职的父母，即使从婴儿时代开始，也无法精确得知究竟什么才是最适合的健康婴儿标准。但是那种富于安全感的、快乐温情的母婴（亲子）关系是人人都想要的。而我们希冀的，无非是有一天我们的家庭生活不会再被一种单一的"道德正确"所左右或宰制。在这方面，刘新宇的这本著作一定能带给大家更多的思考与共鸣。

吴小英

中国社会科学院社会学研究所

2022 年 5 月 17 日于北京

目录
CONTENTS

绪　论 ……………………………………………………… 1
  一　转型社会的家庭研究 ………………………………… 2
  二　家庭研究的叙事结构 ………………………………… 16

第一章　学术视野中的婴儿诞养 ………………………… 28
  第一节　研究检视 ………………………………………… 30
  第二节　研究方法 ………………………………………… 49

第二章　保育清河婴孩
      ——1930年代的社会试验 ……………………… 59
  第一节　学术与改良 ……………………………………… 60
  第二节　诞养风俗的传统构造 …………………………… 75
  第三节　从"天人"到"国民" …………………………… 92

第三章　家国的新希望
      ——1980年代的生育变革 ……………………… 111
  第一节　政策与科普 ……………………………………… 113

第二节　诞养风俗的国家设定 ………………………… 125
　　第三节　母职的"发现" …………………………………… 138

第四章　"母乳困境"
　　　　　——2010年代关于初哺的民族志 ………………… 154
　　第一节　母职的类型化 …………………………………… 155
　　第二节　医疗话语和母乳礼物 …………………………… 176
　　第三节　婴儿诞养的起居冲突 …………………………… 192

第五章　体面的克服
　　　　　——2010年代关于断乳的民族志 ………………… 207
　　第一节　育儿品味和公共价值 …………………………… 208
　　第二节　婴儿诞养的雇用权衡 …………………………… 225
　　第三节　一个阶段的终结 ………………………………… 242

结　语 ……………………………………………………………… 261
　　一　母职与家庭 …………………………………………… 263
　　二　伦理的嬗变 …………………………………………… 267
　　三　余论：关于道德正确 ………………………………… 271

参考文献 …………………………………………………………… 278

附录一　访谈提纲 ………………………………………………… 297

附录二　受访家庭的基本情况 …………………………………… 300

后　记 ……………………………………………………………… 304

绪　论

　　行文之初要确定的是，本书所讲"礼俗"的含义，并不仅限于经典民俗学所定义的"人生礼俗"，尽管运用这个概念，一定程度上指涉了本书的研究内容——婴儿的诞生与养育，但并不十分符合我们的研究旨趣。一般认为，人生礼俗是指个体生命历程中一些重要节点（如出生、成年、结婚、死亡）的仪式、风俗及对应的知识与实践，对于人生礼俗的研究强调从相对微观、静态且具象的视角看待社会事实，并不过多牵扯外部结构及其变迁规律，亦不谋求彼此在理论上的勾连。本书所谓的"礼俗"与此不同，是对于"礼"与"俗"较为宽泛的理解。中国古代社会思想中关于礼俗的二元论源远流长，本书尝试以现代性视角对此重新读解，在寻找宏大的解释体系的同时，接纳个体生命的微观镜像，寻找社会"何以可为"的答案。

　　本书的着眼点在于中国社会中礼俗的发生与变迁。近年来学界对此关注不少，尤其关注礼俗之间的文化动力学机制。与之不同的是，我们将秉持社会实在性，从经典的社会单位——家庭展开考察。本着这样的初衷去描述一种被称作"礼俗时刻"的图景：在一个社会变迁的时段里，礼与俗以怎样的方式证实家庭的变迁——当家庭或所指实体不再维持稳定时，外部的塑造力量与内部的生活秩序之间是否存在关联机制。我们将这个图景定位于转型社会的进程中，以家庭研究的路径做出观察，研究的问题诸如礼俗之变是如何发生的，外部的塑造外力如何作用，又对人们的生活产生了怎样的影响。若要对这些问题寻求实证研究，则我们必须直面家庭研究的关切、沿袭与冲突，进行有针对性的梳理。在绪论中，我们将先从中国家庭研究的理路入手，尝试分别澄清两个相关的话题：一是家庭研究关于转型社会的知识脉络，二是家庭研究自身叙事的变与不变。其中，前者是从学术知识的生产维度出发，勾勒家庭研究对转型社会的认识发展，探讨这一社会学模型如何影响家庭研究；后者则从学术表达的适切维度出发，依据转型社会的家庭研究发展规律，一方面探讨其在不同时期的开展方式，另一方面探讨这个领域所呈现出来的本土特质。

一　转型社会的家庭研究

作为20世纪兴起的社会理论，西方学者赋予"转型"丰富的时空内容，用以描述复杂社会的结构状态与变迁轨迹。近年来，"转型"一词在社会科学领域被高频运用，广大研究者出于各自的研究旨趣，创作出众多具有现实意义的作品，却也无意中陷入了较为尴尬的境地：一方面，不少学者已然将转型社会定义为一种无须多言、心中既明的背景知识；另一方面，不同的研究领域对其理解的差距却在逐渐拉大。这个矛盾在中国家庭研究界更加微妙，转型社会不仅仅是学术语言上的修辞，还融入知识的生产当中。

（一）两种认识

如今，家庭研究界对于转型社会的看法众说纷纭，但我们仍然可以大致梳理出两种相互区别的认识。①

1."国家－市场"对家庭的依托与冲击

家庭研究界对于转型社会的一种认识在于，观察中国社会的家庭形态变迁。20世纪80年代以来，学界逐渐形成了一种基于"国家－市场"二元的"依托与冲击"转型社会的认识。其中，"依托"指在家长制延续的传统下，国家的支配力量依靠家庭单位进行运作。"家国同构"的叙述逐渐成为这种路径的理论视角，国家在更大的范围内重复家庭的构想，家庭又为国家的无上性提供首要的支持。"家国同构"既是一种政治治理模式，亦是一套政治伦理。② 1986年，白威廉最早运用地位获得模型，考察计划经济时代家庭成分与父亲职业等先赋要素的作用，揭示了中国社会家长权威逐渐弱化的趋势。而在魏昂德的"依附理论"中，单位接替传统的父权被赋予家长特点，城市家庭在经济、政治和人际关系上仰赖单位的分配功能。③ 相应地，在中国农村社会，家本位观念也由一种"庇护主义"所取代：农民走出土地与亲族关系，转而依靠党员干部主导的基层政权组织。④ 可以认为，上述研究旨趣影响着当前家庭研究的议题讨论。改革开放以后，中国家庭所处的环境经历转变。然而，无论是对转型期的代际关系与性别问题的考察，还是人口政策驱动的生育话语转变，"家国

---

① 两种认识的划分可参见刘新宇《重构家计：转型社会的家庭研究理路》，《中国社会科学院研究生院学报》2018年第6期。
② 关于家国关系视角的开拓性研究，参见蒋永萍《"家国同构"与妇女性别角色的双重建构——计划经济时期中国社会的国家与妇女》，《山东女子学院学报》2012年第1期，第2页；陈映芳《国家与家庭、个人——城市中国的家庭制度（1940~1979）》，《交大法学》2010年第1期，第145~147页。
③ Walder, A., *Communist Neo-Traditionalism: Work and Authority in Chinese Industry* (Berkeley: University of California Press, 1986), p. 15.
④ Oi, Jean C., "Communism and Clientelism: Rural Politics in China", *World Politics* 37 (2), 1985: 262-263.

同构"的视角仍然在研究中扮演着重要的角色。

比国家角色稍晚进入人们的视野,市场因素被中国家庭学界关注则受到欧美社会分层研究的启发,"冲击"的研究路径逐渐形成。这一路径立足于中国社会现代化的进程,着重关注市场经济冲击带来的社会问题。起初,家庭结构的嬗变并非转型研究者所尝试研究的首要议题,而是被看作解释这一过程的前提变量。倪志伟借鉴了波兰尼关于人类经济模式的分析,他的"市场转型理论"(Theory of Market Transition)断定中国社会的转型乃是由经济体制转变引发的。① 人力资本较之过往的政治资本,将会创造更多的经济收益。市场转型理论在美国学界引发了持久论战,家庭本身逐渐走向了转型社会研究的前台,之前所忽略的社会文化力量成为人们关注的重点。② 林南的"地方市场社会主义"(Local Market Socialism)理论认为,单纯的市场力量难以对地方政治生态形成根本冲击,再分配权力的生成只有依靠家庭与亲属网络,方能与市场机制相结合发挥效力。③ 林南引领后继学者对家庭收入、家庭背景等特征进行了调查。而与此同时,家庭调查工作在中国也日臻成熟,研究队伍越发壮大。④ 此时,一方面,学者们的关注点在于伴随城乡结构变迁而暴露的家庭问题,留守儿童、妇女、农民工流动等现实问题;另一方面,与

---

① 倪志伟的理论所参考的主要变量包括"家庭组成因素"以及"家庭收入"。参见 Nee, V., "A Theory of Market Transition: From Redistribution to Markets in State Socialism", *American Sociological Review* 54 (5), 1989: 663-681。
② 陈那波:《海外关于中国市场转型论争十五年文献述评》,《社会学研究》2006年第5期,第190页。
③ Lin, N., "Local Market Socialism: Local Corporatism in Action in Rural China", *Theory and Society* 24 (3), 1995: 340.
④ 20世纪80年代到90年代,杨善华、沈崇麟、徐安琪等学者在国家支持下先后开展的针对婚姻家庭变迁的"五城市家庭调查""七城市家庭调查",促进了中国家庭社会学研究队伍的发展与壮大。

之相关的政策探讨也在增多。在不同层面开展教育、医疗以及养老等政策的评估，讨论由此拓展到其他研究领域。

2. 个体于家庭的脱离与回归

家庭研究界对转型社会的另一种认识在于，现代人的家庭观念与认识的转变。相关讨论虽然集中于近些年，但经验与理论已日臻成熟，学界已然形成了一种基于个体经历的"脱离与回归"研究路径，这一路径源自现代性探讨下的个体化理论。家庭观念的传统与现代之辩，已渐被"观察与理解家庭变迁的实际过程"所取代。[①]经由一个系统的"脱嵌与再嵌入"模型，个体化理论试图打破家庭给大众留下的刻板印象。"脱嵌"指个体从外在社会约束中脱离出来，其中家庭建制与血缘纽带被视作束缚自由的桎梏；而"再嵌入"指个体获得自主权后，通过自我界定反过来投入新型的关系中。[②] 在对这一模型的本土考察中，阎云翔进行了卓有成效的开拓。他立足中国社会现实指出，"中国的个体为了寻求一个新的安全网，或者为了再嵌入，被迫回到家庭和私人关系网络中寻求保障，等于又回到他们脱嵌伊始地方"。[③] 福利制度的缺位导致个体被迫回归家庭，个体化在中国依旧停留在初始阶段。这种从个体境遇理解社会转型的研究倾向，有效地推动了经验研究的发展。在沈奕斐针对上海家庭结构与流动的研究中，"个体家庭"即指以个体为中心，受制于社会条件而代际关系紧密的家庭模式。[④] 尽管外部的制度因素依旧发挥重

[①] 唐灿：《家庭现代化理论及其发展的回顾与评述》，《社会学研究》2010 年第 3 期，第 221 页。
[②] 乌尔里希·贝克、伊丽莎白·贝克-格恩斯海姆：《个体化》，李荣山、范譞、张惠强译，北京大学出版社，2011，第 30~31 页。
[③] 阎云翔：《中国社会的个体化》，陆洋等译，上海译文出版社，2012，第 343 页。
[④] 沈奕斐：《个体家庭 iFamily：中国城市现代化进程中的个体、家庭与国家》，上海三联书店，2013，第 279 页。

要作用，但个体在家庭中的地位与作用仍是其关注的重点。

个体化理论旨在揭示个体在家庭中的状态，而新经济社会学的视角则为观察个体间的关系创造了条件。无独有偶，嵌入性（Embeddedness）的概念模型同样出现在这个领域。"我所谓的'嵌入性'指的是，不论是个人还是更大的经济体系的经济行动（例如，价格的确定和经济制度的形成），都受到社会关系网络的严重影响。"格兰诺维特演绎了卡尔·波兰尼的概念，而相比之下，薇薇安娜·泽利泽又将"关系嵌入"进一步改造为文化维度的"关系营造"。① 她的研究旨趣在于，从理性与情感交织的世界窥探诸如儿童教养、家庭内部交易等问题。家庭中的情感与地位绝非不堪一击，它在现代社会甚至左右着我们的日常经济行为。近年在国内的家庭社会学研究中，关系视角在代际关系分析中备受重视，并与个体化视角形成比较。例如，钟晓慧与何式凝的研究一改往日大众心中"购房父母"的辛酸印象，其为子女添置不动产的行为被认为是建立"协商式亲密关系"的尝试。② 而同样在学者对"啃老"现象的看法中，"亲子一体"的代际责任伦理在社会转型中得到强化，中国的代际互助传统被再次诠释。③

（二）家计的论述

上述两种研究路径从各自角度出发，构成了中国家庭研究对转型社会的主流认识。但这两种路径之间看起来却总是缺少对话与关

---

① 薇薇安娜·泽利泽：《关联取向的经济社会学家以及如此转向的意义》，高崇、李兴华译，《广西民族大学学报》2016年第1期，第13~14页。

② 钟晓慧、何式凝：《协商式亲密关系：独生子女父母对家庭关系和孝道的期待》，《开放时代》2014年第1期，第155页。

③ 刘汶蓉：《转型期的家庭代际情感与团结——基于上海两类"啃老"家庭的比较》，《社会学研究》2016年第4期，第165~166页。

联，研究者往往忽略了家庭的历史与定位。"家庭研究在学术化道路上举步维艰，一个重要原因在于太拘于具体的问题清点而疏于对背后的理论假设和价值立场的检讨，未能与社会以及社会科学的整体变迁之间建立起密切的勾连，从而陷入理论和主义上的迷茫。"① 实际上，在转型社会的认识分野背后，还隐含着研究者们对于家庭本体的迥异理解。近年来，不少学者发现过往学界对家庭的定义长期处于混淆境地，因而尝试进行澄清。② 但至今鲜有学者系统地从学术知识生成的角度思考其内在成因。要解释这种差异，需要我们回到经典的转型社会理论，还原其中的家庭形象。

追溯社会理论中的传统，卡尔·波兰尼可谓转型社会研究的开创者。在《巨变：当代政治与经济的起源》③ 一书中，波兰尼立足于工业革命时代中人的境遇，勾勒出转型社会理论最初的理路。近30年来，波兰尼式的话语在社会科学领域无处不在，其理论工具更被应用于各种研究的具体操作上。诸多社会学者继承了波兰尼的思想遗产，先行研究者已然指出，"市场社会"、"嵌入性"、"双重运

---

① 吴小英：《家庭研究的主义与问题》，《中国家庭研究》第8卷，上海社会科学院出版社，2014，第12页。
② 目前在中国家庭研究界，唐灿、王跃生等学者先后撰文指出，当前研究中存在对"Family"、"Household"乃至"Home"的混淆，因此"家庭存在"与"家庭观念"、"个体家庭"与"家户"等概念被提出，用于表示家庭内涵的不同指向。参见唐灿《家庭的定义与政府的责任》，《中国人口报》2012年8月13日，第3版；王跃生《中国当代家庭、家户和家的"分"与"合"》，《中国社会科学》2016年第4期，第91~110页。
③ 原书标题为 The Great Transformation: The Political and Economic Origins of Our Time。当前主要有两个中译本，分别参见卡尔·波兰尼《大转型：我们时代的政治与经济起源》，冯钢、刘阳译，浙江人民出版社，2007；卡尔·波兰尼《巨变：当代政治与经济的起源》，黄树民译，社会科学文献出版社，2013。本书结合两个译本，以英文原版作下文引用。为方便行文，文中皆以《巨变》指代此书。

动"（Double movement）是其转型理论最为主要的概念构件。① "嵌入性"与"双重运动"作为动力机制，用以证伪自律的"市场社会"。但与此同时，家庭研究对经典转型理论的探索却尚未深入。应该认识到，波兰尼写作此书的初衷在于阐释人道主义的危机，而这恰恰体现在《巨变》对家计的描述之上。

1. 家计的含义

《巨变》的主旨是对"市场社会"进行解构。波兰尼认为，牟利交易动机并非人类原初属性，市场制度侵占了家庭在生产领域中的自然法则地位。他的开创性贡献在于，带领读者找回前市场逻辑的三个身影，即互惠、再分配、家计（Householding）。但遗憾的是，"在日后的转型研究中，互惠与再分配以及市场交易三者被很大程度上提及，家计却被无视了"。② 在《巨变》中，家计的重要性为波兰尼所推崇，这一概念可以追溯到古希腊。他批评19世纪古典学者对家庭形态的忽视，重新考察了亚里士多德的"家庭"（oikos）观。oikos是雅典社会的核心单位，由父母子女（包括主人所拥有的奴隶）及其居住的宅落以及土地所构成。在此语境下，oikos指住所，也就是人生活的所在地和环境，即household。③ "家庭"（oikos）是与"政治"（polis）相对的概念，而家计即是指家庭生活的运作原则。

在波兰尼的论述中，家计具有两层功能。其一在于维持单个家

---

① 参见吕鹏《社会大于市场的政治经济学——重访卡尔·博兰尼〈巨变：当代政治、经济的起源〉》，《社会学研究》2005年第4期，第221~228页；符平《"嵌入性"：两种取向及其分歧》，《社会学研究》2009年第5期，第141~164页。
② Hann, C., "After Ideocracy and Civil Society: Gellner, Polanyi and the New Peripheralization of Central Europe", *Thesis Eleven* 128 (1), 2015: 47.
③ Cox, C., *Household Interests: Property, Marriage Strategies, and Family Dynamics in Ancient Athens* (Princeton University Press, 1998), pp. xiii – xvi.

庭的自给自足，是一种建立在互惠与再分配原则基础上的第三种人类经济模式。

第三个原则在历史上注定要扮演重大角色，我们将称之为"家计"，它在于生产面向人们的使用需要之中……它与图利动机或市场制度毫不相干。此时的经济组织形式是一个封闭的群体。尽管这个自足的单位是由家庭、聚落等非常不同的实体组成，但其原理是一样的，也就是说生产及储藏是为了满足团体成员的需要。[1]

家计的另一个功能，在于规范家庭的组织过程。[2] "家计有赖于自治（autarchy）"，尽管其运作空间十分有限，但波兰尼认为它的组织形式可以是多样的。[3] 埃马纽埃尔·勒华拉杜里曾在《蒙塔尤》中指出，波兰尼的家庭观念具有强烈的权力内涵。家计不仅局限于父权制的组织构建，它还是一种立足于地缘空间的社会整合力量。[4] 在《巨变》一书中，相关的论述集中体现在一段对市场的描写上。

在典型的地区性市场中，家庭主妇凭借家庭需求购买日常用品，农民、菜贩同样贩卖他们生产的成品，很少受到时间及空间的影响。这种市场是地方生活的附属品。当时所谓的国家

---

[1] Polanyi, K., *The Great Transformation: The Political and Economic Origins of Our Time* (Beacon Press, 2001), p. 55.

[2] Firth, A., "From Oeconomy to 'the Economy': Population and Self-interest in Discourses on Government", *History of Human Sciences* 11 (3), 1998: 20.

[3] Polanyi, K., *The Great Transformation: The Political and Economic Origins of Our Time*, p. 59. 《巨变》中将 autarchy 译作"权威"。

[4] 埃马纽埃尔·勒华拉杜里：《蒙塔尤：1294~1324 年奥克西坦尼的一个山村》，许明龙、马胜利译，商务印书馆，2007，第 634 页。

实际上只是政治的单位,而且非常松散,它包含了在经济上无数大大小小的自给自足的家庭,以及村落中无足轻重的地方市场……重商主义下,新出现的全国性市场不可避免的有某种程度的竞争性,但是占优势的却不是这个市场新要素的竞争性,而是管制的传统特色。自给自足的、为家户奔波的农民仍是这个经济体制之广阔基础……农业现在已经被国内商业——这个相对孤立之市场体系——所补充,后者与仍支配着乡村的家计并行不悖。①

《巨变》刻画了工业革命前英国家庭的家计状况。一方面,家庭不断拓展其立身的生存空间,诸如"家庭主妇""贩卖自家产品的农民"等角色作为区域内的行动者,有效地将城市与乡村、地区性市场与全国性市场相联结。经济系统与政治系统内各种形式的互动、竞争与分享,体现了家庭的日常生活与外在世界的关联。家计过程涵盖了在市场中四处奔波的养家者,以及区域内的血缘与地缘关系。另一方面,家庭还处于以关键事件为标志的历史过程中。"市场制度"以及"管制传统"在日常生活中动态地缺席或在场,转型社会理论以此为重要依据界定时间进度,并从中观察不同时期的社会主导机制与结构动能。家庭、市场与国家并行其间,家庭的行动与秩序逐渐程式化并发生在时间与空间因素共同营造的背景之中。

2. 家计的沦落:嵌入性与双重运动

波兰尼的理论抽象于宏大的历史叙事,一系列事件勾勒出激荡社会中的家庭境遇。其中,"嵌入性"与"双重运动"描述了转型的发生与后果。

---

① Polanyi, K., *The Great Transformation*: *The Political and Economic Origins of Our Time*, pp. 66 – 70.

一般认为,波兰尼的"嵌入性"指的是市场逻辑先天嵌入社会关系中,转型来自前者尝试从后者中脱离出来的努力。在《巨变》一书中,家庭工业与家庭生产者随着工厂制的兴起而没落,是其中最为生动的案例。在市场冲击之下,个体从家庭中被迫剥离出来成为虚拟商品——自律性市场的劳动力。由此,转型的力量越过家计的过程,从外部世界开始直接影响个体的生命历程,"人类社会成为经济体制的附属品"。

> 市场经济的极端人工化扎根于生产过程本身,凭借买与卖的形式而组织起来。在重商主义的社会,生产是由富裕的商人所组织的,此时是"分包"(putting out)的时期。商业资本家给家庭工业(domestic industry)提供原料并控制生产的过程,视之为纯粹的商业企业。这时的工业生产已处于商人之有组织的领导下……如果生产失败了,家庭工业者就会暂时失业,而蒙受最大的损失。[①]

在家庭层面,"脱嵌"可以理解为,传统家庭的政治与经济功能依托于教区的管制,却在市场的冲击下脱离出来,家计的破产使人们流离失所。乡村的破败景象引发波兰尼对"安居"(habitation)的重视。他在《巨变》一书中写道,重商主义的社会意识形态无视人民日趋恶化的生存、居住条件,这引起了保守势力的警觉,人们想要找回政权之下的道德与经济平衡。于是,当自律性市场对社会形成冲击,反市场力量也随之启动,这就是波兰尼所论述的"双重运动"。他认为,这个时期在英国基层社会诞生的《斯皮纳姆兰法案》

---

① Polanyi, K., *The Great Transformation: The Political and Economic Origins of Our Time*, p. 77.

(Speenhamland Laws)具有划时代的意义。波兰尼在书中指出,这一法案最早制定了家庭津贴制度,确立了以家庭为单位的最低生活标准的正当性。其独特之处在于,不同于1601年《济贫法》的劳役得食制度,《斯皮纳姆兰法案》主张,"只要一个人的工资低于家庭收入的补贴标准,即使他有工作,也可以得到救济"。[1]

> 1662年的《斯皮纳姆兰法案》加强了都铎王朝及斯图亚特王室承袭下来的家长制劳动组织……当一加仑大小的面包需要花一先令时,则每一个穷苦及勤奋的人必须有三先令的收入以维持生计,不论这是他自己还是家人的劳动力所得,抑或是从贫民津贴得来的,并且为了养育他的一家妻小,每增加一人需要增加一先令六便士。[2]

反市场力量的介入与乡村权力秩序的普遍瓦解紧密相连,"双重运动"在某种程度上将家庭视作各方势力角逐的战场。依据市场逻辑侵入的程度与后果,保卫社会的力量启动了对破产家庭的支持。波兰尼对《斯皮纳姆兰法案》的考察具有强烈的现实性,在很大程度上启发了20世纪70年代的美国学界呼吁尼克松政府出台"家庭援助计划"(Family Assistance Plan)。[3] 而除此之外,波兰尼也观察到了家庭福利政策的另一个面向。在对《斯皮纳姆兰法案》的后续思考中,他发现家庭津贴的引入在拯救教区的同时,也有效地维护

---

[1] Polanyi, K., *The Great Transformation: The Political and Economic Origins of Our Time*, p. 83.

[2] Polanyi, K., *The Great Transformation: The Political and Economic Origins of Our Time*, p. 82.

[3] Block, F., Margaret Somers, "In the Shadow of Speenhamland: Social Policy and Old Poor Law", *Politics and Society* 31 (2), 2003: 284.

了原先的父权制结构。① 破落的家庭在外力影响下得以喘息,乡村的传统秩序被重新维护,也促使人们重新认识家庭内部的秩序与不平等。

综上所述,波兰尼将传统的家庭形态放在社会变迁的情境中加以观察,用以解释转型社会中人道主义危机的成因。通过考察与分析《巨变》文本,我们发现一连串关注家计的线索。第一,家庭原本是社会整合的重要途径,家计具有不同于市场逻辑的自给自足功能。与此同时,家计还是一种区域性的自治形式。第二,当引入动态的市场变量之后,市场逻辑尝试从社会关系中脱嵌,自律性市场使家庭淡出生产领域。个体势必被要素化为劳动力商品,从而脱离家庭。第三,市场逻辑侵入家庭之时,秉持社会保护原则的国家保守势力对家庭施以经济与道德上的支持。外部力量对家庭的组织形式进行强势介入,个体由此回归到家庭中来。

从上述线索可以看出,在转型社会中,家庭先验的社会整合能力被削弱,而伴随传统家庭的瓦解,个体命运与国家-市场显隐的力量由此直接关联起来,成就一个整体统一的命题。《巨变》隐含着一种悲观的论调,家计沦落意味着家庭自发的生命力消失,家庭由此成为一个冷冰冰的学术概念。

(三) 新自由主义下的家庭

《巨变》一书写作于1941年到1942年凯恩斯主义盛行的时代。当时的美国社会经历了空前的经济大萧条,身处佛蒙特州的卡尔·波兰尼切实地体会到,过去的十年间,罗斯福新政如何帮助身边的人们回归生活的正轨。迈克尔·曼认为,波兰尼以社会自我保护抵御市场

---

① Polanyi, K., *The Great Transformation*: *The Political and Economic Origins of Our Time*, p. 83.

的破坏性影响的理论主张，显然切合并肯定了新政的内容。① 但在一段时间内，《巨变》展现的论述却一直为学界所忽视。直到 70 年代，新自由主义（Neo-liberalism）政治经济学强势崛起，福利国家政策面临挑战，人们才重新认识波兰尼的思想。

新自由主义继承古典自由主义的意识形态，强调私有化、市场化、自由化。20 世纪 80 年代，伴随着英国的撒切尔政府与美国的里根政府上台，这股思潮逐渐成为欧美国家制定内政外交政策所依据的主流政治经济学思想。新自由主义推行全球经济一体化，这是批评者对其指摘的重点。社会学者试图披露经济全球化的不良后果，关注衍生的家庭问题。家庭负债与信用透支、社区环境的恶化以及对传统家庭观念的怀念，勾勒出新自由主义下的家庭危机轮廓。作为众多的批判者之一，沃勒斯坦将波兰尼的思想视作他的世界体系理论的主要灵感之源。② 一方面，他将波兰尼论述的国家－市场的隐现与个体命运之间的冲突归因于当前日益复杂的世界政治经济格局；另一方面，他还继承了波兰尼对于制度的看法，强调制度诞生于变迁的社会环境，并将制度化视作历史发展的一种趋势。对于家庭而言，无论是面对封闭的小体系还是世界帝国，不断提升的生产性与分工水平被视为现代家庭在转型社会中展现出来的重要特征。沃勒斯坦指出，新自由主义的兴起促使雇佣劳动以及亲密关系发生变革，家庭不仅应该被设定为资本主义世界经济最主要的制度环节，同时更应该是展示个人生活真实状态的场所。③

---

① 迈克尔·曼：《社会权力的来源》第 3 卷《全球诸帝国与革命（1890～1945）》，郭台辉、茅根红、余宜斌译，上海人民出版社，2015，第 329 页。
② 参见西达·斯考切波《历史社会学的视野与方法》，封积文等译，上海人民出版社，2007，第 78 页。
③ Wallerstein, I., "Household Structures and Labor-Force Formation in the Capitalist World-Economy", in Joan Smith, Immanuel Wallerstein and Hans-Deiter Evers, eds., *Households and the World-Economy* (Beverly Hills: Sage, 1984), pp. 17-22.

在当代家庭研究界，人们逐渐认识到家计正在经历重构的过程：为了自身的维持与发展，现代家庭衍生出程式化的实践方式，并作用于其内外两方面的环境与主体上。一方面，新自由主义重新将商品货币关系带入家庭，弱化了其原本的自我生产功能。商品化的雇佣劳动以及替代家务劳动的商品成为家庭的日常所需，人们开始思考如何依靠家庭这个以血缘关系为基础的生活团体，以应对外部环境带来的挑战。[1] 家计重新受到关注，迈克·道格拉斯复兴了波兰尼的概念，他认为现代社会的家计是一种建立与维持的连续性过程。立足于家庭成员的生命周期与行动策略，家计被视作家庭延续、变化以及对外部世界的现实反应，而非仅是静态的经济社会现象。[2] 另一方面，新自由主义的意识形态赋予家庭生活独立性与纯粹性，家庭内的亲密关系发生进一步的变革，出现了一系列新的现象与问题，家庭生活的秩序走向新的平衡。塔玛拉·杰华认为，对于家计的研究并不是一种仅仅向外的研究范式，同时还要分析家庭内部的权利和冲突，以及资源的分享。[3] 更多的非经济性的因素在发挥驱动作用，家计过程在一定程度上由情感与理性共同作用。可以认为，新自由主义的现代家计与波兰尼的家计论述迥异，因其所处的转型时代不同，形态也各不一样。

---

[1] 俞金尧：《欧洲历史上家庭概念的演变及其特征》，《世界历史》2004年第4期，第21页。

[2] 参见 Douglass, M., "The Globalization of Householding and Social Reproduction in Pacific Asia", *Philippine Studies* 55 (2), 2007: 157 - 181; Douglass, M., "Global Householding and Japan: A Comparative Perspective on the Rise of a Multicultural Society", in G. Vogt and G. S. Roberts, eds., *Migration and Integration-Japan in Comparative Perspective* (Germany: Iudicium Press, 2013), pp. 1 - 14。

[3] 参见塔玛拉·杰华《理解"留守者"境遇的一个替代框架》，"农政与发展"讲座第十八讲，中国农业大学人文与发展学院网站，2012年10月8日，http://cohd.cau.edu.cn/art/2012/10/8/art_8574_161066.html。

在当代研究者眼中，家庭正在两个层面不断调适：应对外部环境的挑战，塑造内在生活的秩序。在现代社会，家计不再是波兰尼笔下墨守成规的政治经济原则，它如今还是一种兼容维持与冲突的鲜活过程。正是学界对家计的重构，造成了家庭研究对于转型社会在认识上的分野，关于家计的研究线索指明了家庭社会学的理路历程。回顾前文描述的两种主流认识，我们能够发现以下两点内容。其一，面对国家治理与市场逻辑的交替展现，研究者不仅观察到当代家庭被施加改造的历程，同时也认识到家庭可以作为一个升级行动者，投身于变迁情境下的政治系统与经济系统。家庭的外向制度化过程促使学界反思传统父权制的演变、国家话语对市场化进程的影响，转型社会的家庭研究聚焦于复杂的外部世界。这造就了家庭研究"依托－冲击"的转型社会认识。其二，个体从传统家庭与亲属制度中出走，然而在直面转型社会的风险后，又返回家庭寻求资源与安全感。但在亲情给予力量与支持的同时，这种回归使家庭重新塑造了成员的身体、知识以及关系。家庭的内向制度化过程启发相关研究基于个体化的视角，考察现代人对家庭之道德与价值的观念转变。这构成了家庭研究"脱离与回归"的转型社会认识。

二　家庭研究的叙事结构

家计概念的重构过程反映了家庭这一实体在现代社会的处境，在家庭研究领域，探讨转型社会时存在着研究命题变动。首先，针对家庭面向内外环境的整合能力衰落，人们集中探讨了转型社会的特征，对应在研究层面上，我们称为将个体与"国家－市场"整体关联的经典命题。此后，家庭面向外部世界与内在秩序，展现了复兴的姿态，又使得经典命题分离，形成家内与家外两个需要独立探讨的空间，向符合当前学术认知的现代命题转变。命题的确立与转变折射了社会学理论的生产、传播历程，对应在中国家庭研究的发展道路上，命题的变动可以从其叙事结构中一探究竟。

近年来，国内社会学界关注到书写方式之于学术研究的意义。应星认为，"叙事不仅仅是一种文学手法或者情感表达，它与逻辑-科学话语同样是一种基本的认知方式，对于丰富社会学的想象力有重要的意义"。[①] 成伯清主张将叙事融入社会学的本土语境，强调个体故事与宏大叙事之间的因果关联性。[②] 叙事进一步被分为两种样态，即"故事"与"讲故事"。前者还原故事情节与内在结构，后者则关注故事的语境及后果。社会学研究的叙事就是要依托社会理论，将两者进行有效的糅合。[③] 中国家庭研究的叙事结构根植于近代以来学术与社会的互动之中。史料显示，在清末民初，具有现代学术意味的家庭研究在中国便已初具规模，学者的视线从城市劳工家庭到乡村农户生计，焦点从各类家户调查到大小家庭论争，因应了中国社会新陈代谢的时代规律。而随着学术史的演进，尽管家庭研究的书写方式有所变化，但对于社会变迁的敏感性从未下降。应该认识到，叙事结构事关研究开展的方法论，不只限于写作风格、语言系统等表层方面，还触及问题意识、方法论以及所处的学术环境等深层部分。有鉴于此，我们将对应家庭研究的转型社会命题（经典与现代），由表及里地考察中国家庭研究的叙事结构，涉及近代以来的社会学史、民俗学史乃至文化学史的发展。

---

① 应星：《略论叙事在中国社会研究中的运用及其限制》，《江苏行政学院学报》2006年第3期，第71页。
② 成伯清：《当代情感体制的社会学探析》，《中国社会科学》2017年第5期，第83页。
③ 刘子曦：《故事与讲故事：叙事社会学何以可能——兼谈如何讲述中国故事》，《社会学研究》2018年第2期，第164~188页。

（一）从礼俗之辨谈起

当我们暂且放下当代学者对转型社会的时间限定，追溯中国家庭研究近世以来的转变，不难发现在中西学术话语曾经的相持与妥协中，存在着变革叙事结构的使命感。清末民初，学者们尝试建立一套贯通中国古今的学术体系，一方面将西方舶来的社会科学语言予以发扬，另一方面妥善对待中华文脉传承的学术学理。经历了新文化运动潜移默化的洗礼之后，胡适、梁启超等呼吁"整理国故"，旨在依靠现代科学观、"文明史观"，将中国古典哲学与文献中的学术思想重新诠释为现代社会所需要的理论资源。[①] 儒学、子学、史学、佛学等诸多思想源流中的概念与范畴被赋予新的含义，逞一时之风潮，其中又以儒学为中心。梁启超将儒学视作人格养成之学，学界必须为此奠定现代的哲理基础。[②] 以此为激励，儒学经典中的概念陆续被盘点，其中关于"礼""俗"的考究与分辨被民国社会学界视作重要课题。

长久以来，"礼"的论述为中国历代皇室所重视，在以宗法关系为基础的社会中，礼的实践依靠"三纲五常""五伦"为代表的伦理原则。所谓"缘人情而制礼，依人性而作仪"，[③]"礼"具有安家定邦的功能。在现代社会科学的视角下，"礼"难以匹配到十分准确的解释。1937年出版的《文明的进程——文明的社会发生和心理发生的研究》一书在西方颇具影响力，书中将"礼貌""礼仪"解释为具象的身体概念。在文艺复兴的时代背景下，礼貌、礼仪作为文明的标志具有社会分层的意义。宫廷礼仪（courtoise）被广泛认定为"好的行为

[①] 梁启超：《论中国学术思想变迁之大势》，上海古籍出版社，2006，第1~4页。
[②] 江湄：《另一种整理国故——论"五四"后梁启超对儒学与儒学史的重构》，《天津社会科学》2014年第1期，第143页。
[③] 《史记》卷二三《礼书第一》，中华书局，1959，第1157页。

方式"。① 欧洲社会形成了自宫廷阶层的家庭到骑士阶层再到平民阶层之家，施加教育与模仿的动力机制。与中国儒家经典中的"礼"相比，同样是规制家庭生活的一套制度。20世纪30年代，李安宅在《〈仪礼〉与〈礼记〉之社会学的研究》中诠释道，中国的"礼"不拘泥于礼节，而是既包括日常所需要的物件（人与物、人与人、人与超自然等关系的节文），又包括制度与态度。② 无论是中国的宗法社会，还是西方的贵族之家，"礼"都可以被诠释为面向人们生活的制度环境。这种外在于个体与家庭的力量的基础是长久以来形成的道德合法性，在中国传统社会表达为天人关系下的伦理秩序，以儒家之"礼"为基准的伦理秩序，直到近代，伴随中国社会的新陈代谢而演绎出新的内涵。

与"礼"在中国传统社会思想中的地位截然不同，尽管两者的关系在古典文献中从未被割裂，但是"俗"的概念直到近代才被国内学界厘清，之前人们对其认识来自与"礼"的对立和补充。清末，开眼看世界的黄遵宪将"俗"定义为风俗，并予以细致的描述："风俗之端，始于至微，搏之而无物，察之而无形，听之而无声。"③这展现了传统学人对于"俗"的认知。直到20世纪20年代，西方民俗学（folklore）传入中国，中国学者才开始系统规范"俗"之概念，并将它归纳到科学研究的体系中。在杨堃看来，民俗学的中文命名始于1922年12月17日北京大学《歌谣周刊》的发刊词："我们相信民俗学的研究，在现今的中国确是很重要的一件事业。"④ 在

---

① 埃利亚斯：《文明的进程——文明的社会发生和心理发生的研究》，王佩莉、袁志英译，上海译文出版社，2013，第80~81页。
② 李安宅：《〈仪礼〉与〈礼记〉之社会学的研究》，上海人民出版社，2005，第3~5页。
③ 黄遵宪：《日本国志》下卷，天津人民出版社，2005，第819页。
④ 参见杨堃《关于民俗学的几个问题》，《社会科学辑刊》1982年第2期，第81页。

白话文运动的促进下,"俗"的学术价值开始被学界追捧,其中蕴含的民间习惯和大众知识被收集起来。在中国传统社会思想中,"俗"是民情与风俗的包揽。而到了近代社会,"俗"的内涵被进一步丰富,与之相关的个体处境、身体体验、情感需求、亲密关系都被吸纳进来,最终,"俗"被诠释为个体在私人生活领域的经验。

在儒家经典中,"礼""俗"之间存在辩证的关系。《礼记》有云:"礼从宜,使从俗","君子行礼,不求变俗","道德仁义,非礼不成;教训成俗,非礼不备"。从这些论述中能够发现,在宗法社会,"礼"的社会价值高于"俗",且对"俗"有着规范作用,"以礼行俗"普遍被人们认为是正当的。但另一方面,"俗"反映了人们日常生活的真实状态和诉求,在社会变迁之中,构成了"礼"得以运行的基础。《史记·鲁周公世家》记载:"太公亦封于齐,五月而报政周公。周公曰:何疾也?曰:吾简其君臣礼,从其俗为也。及后闻伯禽报政迟,乃叹曰:呜呼,鲁后世其北面事齐矣!"这则记载反映了"缘俗制礼"在中国古代社会同样具有合理性。可以看出,礼俗之间的关系并非决然的割裂,而是存在着柔性的调和,乃是出于情感的表达与期待,并在亲缘关系中上升为以仁爱为核心的价值体系。[①]"家"是这套价值体系的载体,由此形成的礼俗秩序,正是基于长久以来由情入理的亲缘道德与伦理原则。在这个过程中,"家国同构"的社会模式决定了家内的行动伦理与家外的社会结构相适应。[②] 就此而言,存在着社会机制用以沟通作为"礼"的制度环境与作为"俗"的私人生活之间的关系,而并不能简单地将之归于文

---

① 萧放:《"人情"与中国日常礼俗文化》,《北京师范大学学报》2016 年第 4 期,第 43~44 页。
② 周飞舟:《一本与一体:中国社会理论的基础》,《社会》2021 年第 4 期,第 26~27 页。

化决定论。相关研究指出，礼俗之间彼此分离又互相影响，之于"家"的渊源非常。具体分析这种渊源的构成，一方面在于，家族依照国家权威下的制度之礼，在持续的仪式实践中，形成了家国一体的传统；另一方面，传统家族还会在礼俗实践上形成家庭内部的分化与分工，大宗依俗，小宗行礼，共同在地方社会缔造了分治又整合的传统。① 礼俗秩序离不开家庭及其伦理，礼俗之辨构成了中国家庭研究具有本土性的叙事结构。

（二）命题、时间与共识

中国社会思想渊源中的礼俗之辨，即是在"家"的指涉下，对制度环境与私人生活及其关系进行探讨。礼俗之辨与前文所述的家计建构路径可谓异曲同工。着眼近代以来，中国家庭研究随着时代变迁展现出不同的问题意识与研究旨趣，循着转型社会命题的转变，我们可以从其叙事结构中发现这种变化。

1. 经典命题中的历史性阐释

根据前文的描述，家庭的稳定性被破坏的同时，意味着双重运动的开始，即国家开始对个体施以援手，重整地方社会的秩序，人们开始反思家庭应该具有的功能与价值。在西方家庭观念引入之前，中国社会有一套固有的关于"家""家族""家庭"的观念与实践，来自中国人仰赖的天下秩序及其运行的权力，人们将之默会为先验的知识。伴随着近代中国社会的巨变，两千多年的封建帝制土崩瓦解，国民政府引入了新的民生观念，构建现代民政制度，依靠科层制与专家系统改良传统家庭。先是在知识精英的引领下，学界掀起

---

① 张士闪：《中国礼俗传统的田野考察与文化阐释》，《民族艺术》2020年第6期，第52页。

了对于中国家庭形制的探讨，家庭研究需要科学、实证的方法，很快，家户调查（Household Income and Expenditure Survey）传入国内并被学界所推崇。

家户调查源自19世纪中后期的欧洲家庭研究，法国社会学家弗里德里希·勒普莱（Frédéric Le Play）是代表人物之一。不同于同时代的学者，勒普莱的家庭研究有其独到之处，被称为"在现场的观察研究"，讲求地点（lieu/place）、工作（travail/work）与家人（famille/folk）三位一体的研究方式。① 家庭所处的位置以及家庭成员的工作情况决定了这个家庭的状况。这一观点传入中国家庭研究界，受到潘光旦的推崇，他撰文予以系统介绍，将勒普莱创建的学派译作"家位学派"。

  此派研究社会，就从家庭开始，逐步推开，终于囊括到整个的社会邦国。所谓逐步是：家之区位，家之谋生工作，家之不动产，家之动产、薪工、储蓄，家之型式，家之生活程度与物质生活方式，家庭生活的其它方面，家之保护或监护关系，商业、智力文化、宗教、邻里乡党，经济性或社会性的会社，图保、乡区、市镇、郡邑、省区、邦国……由近及远，始自空间关系，终于时间关系，前后凡二十五个步骤，自"保护或监护关系"一步骤起，便扩展到了家的圈子以外。一种国体的形成，不能无家制或家庭型式的影响……切实运用了这样一个逐步研究的方法……②

在家位学派看来，家庭是社会科学最基本的研究单位，家户调

---

① Parsons, T. et al., *Theories of Society* (The Free Press of Glencoe, 1962), pp. 457–469.
② 《潘光旦选集》第1卷，光明日报出版社，1999，第189页。

查有助于发现社会问题并提供解决思路。勒普莱利用二十年时间开展调查，撰写了巨著《欧洲工人》。他将家庭分为三种。第一种是父权家庭（la famille patriarcale），有稳定的居所，恪守传统的家庭形态。这种家庭形态是把已婚的儿子留在父母身边。当居住区域和生存条件欠佳时，它倾向于以几个配偶团体（un groupe de ménages）的形式迁徙。第二种是不稳定家庭（la famille instable），不附着于居所，倾向于创新生活方式。这种家庭由已婚的父母组成，其规模因家庭成员出生而扩大，后因子女成年迁出而缩小，最后因父母死亡和财产分割而解体。第三种是主干家庭（la famille souche），家庭成员有稳定的居所，但父母只为他们认为具备"继承者－合伙者"能力的孩子婚配并将其留在身边，其他的孩子则在得到家庭的资助后迁出。勒普莱认为，以主干家庭为主体的社会既能保留传统又具有创新精神，最为适宜。[1]

勒普莱将西方近代产生的社会问题归因于，家庭从传统走向现代产生的阵痛，战争、酗酒以及自杀率上升造成的恶果给人们带来苦难，而这对应了民国时期中国社会的现实。更引人深思的是，勒普莱的学说将个体与国家整体关联，呼应了家庭研究的经典命题。个体具有趋向快乐、远离痛苦的倾向。上升到社会集体层面，痛苦与快乐取决于社会秩序是否紊乱，国家的繁荣需要稳定的社会秩序，当社会秩序趋向紊乱，个体的幸福也将不复存在，因此国家应当扮演十分重要的角色。[2] 通过科学的家庭研究，社会学家探究弊端，最终目的是帮助政府制定法规和政策，防止社会骚乱，增进民众的幸福感。学以致用的观念无疑吸引了民国时期家庭研究者的注意，在

---

[1] Le Play, F., *Les ouvriers europeens*, Vol. I（Paris: Nabu Press, 2010），p. 475.

[2] Le Play, F., *Les ouvriers europeens*, Vol. I，p. 472.

这个时期众多的社会试验纷纷出现，学者们无不把家户调查作为其中重要的组成部分。

家户调查可以为政府制定社会保障政策提供借鉴，诞生之初便有着浓厚的政治属性。当局鼓励官方与非官方的调查推行，仅在北平地区的家户调查就有多项，如陶孟和的北平生活费调查、杨堃指导的平郊村风俗调查、李景汉的北京郊外乡村家庭调查和人力车夫生活费调查等。以陶孟和的《北平生活费之分析》为例，这些调查大多涵盖两个方面内容。一是家庭内部的私人生活，也就是"俗"的部分，对家庭的婚姻生育、生活习惯、日常收支等予以统计。作者在1926年调查了手工艺工人和小学教员的家庭生活状况，采用了日用记账法的调查方法，调查员指导或为调查对象逐日记录生活开支细节，最终对300本日用账簿进行分析（288本手工艺工人家庭的日用开支账簿，12本小学教员家庭的日用开支账簿）。[①] 调查结果展现了这些家庭的人口结构、居住情况、工资收入等生活状况，以及穿衣用度、饥饱状况等个体需求的满足水平，开创了国内家庭研究观察私人生活领域的先河。二是关于家庭之外的制度环境，也就是"礼"的部分，调查影响家庭存续发展的政治形势、市场行情等外力因素。在陶孟和的《北平生活费之分析》中，研究者详细调查了当时的币制、铜银兑换率、食品的价格、战争形势等。研究的结论强调了制度环境的重要性，在社会变迁的背景下，中国家庭的温饱问题尚未得到妥善的解决，政府应当负有主要责任，应及时出台政策改善民生。家户调查的初衷在于，"可以寻出吾国社会上种种，凡是使人民不得其所，或阻害人民发达之点，当讲求改良的方法"。[②] 结合

[①] 陶孟和：《北平生活费之分析》，商务印书馆，2017，第9页。
[②] 陶孟和：《北平生活费之分析》，第193页。

关于私人生活的调查，民国时期家庭研究的叙事着重探讨转型社会中的家庭何去何从，制度环境怎样形塑了私人生活，呈现出从传统到现代的历史性阐释，具有宏大叙事的研究取向。

2. 现代命题中的合理性阐释

经典命题着眼转型社会中的家庭境遇，在时间维度上纵向探索，关注传统向现代流变中的"礼俗冲突"，并将之归因于外在家庭的结构性因素。然而，伴随着全世界政治经济秩序的转变，家庭涌现出了新的问题，这种叙事结构越来越疲于应对。20世纪中后期，社会科学界酝酿了方法论的转向，来自人类学的参与观察与民族志文本挑战着以统计调查为本的研究方法。在家庭研究领域，片段式的记述、深刻的主观描述以及基于生命历程的写作，挑战了原先的宏大叙事取向，历史性阐释被施以反思。与此同时，转型社会的命题发生转变，家庭研究逐渐从讲求整体性的经典命题，转变为制度环境与私人生活分开探讨的现代命题。作为这股思潮的先驱代表，2000年以来东亚学者对于家计概念的重构更新了家庭研究的叙事结构。

通过复兴家计概念，研究者将关注点放在了全球化浪潮对家庭的冲击上。全球化对社会分工产生深远影响，家庭需要对变迁的政治经济环境做出必要的反应。普利奥详细描述了菲律宾劳工家庭的生活压力。他指出，在海外务工的菲律宾女性担负了独立为国内家庭赚取"面包"的重任，她们在带回养家钱的同时挑战了传统的性别角色规范。重新规范不仅出于女性赚取了更多的家庭收入，还包括她们带来的新的生活方式逐渐被社会接受。这种改变进一步催生出照料幼儿与老年人的家庭分工细则。[①] 能够看出，现代社会的家计

---

① Porio, E., "Global Householding, Gender and Filipino Migration: A Preliminary Review", *Journal of Philippine Studies* 55 (2), 2007: 212-242.

过程具有一定的指向性。立足于家庭外部制度环境的变迁，转型社会要求区域内的家庭对此制定生活策略，策略性的回应旨在将家庭成员的福利最大化。

基于上述检视，刘捷玉的研究将关注点转向了中国农村家庭的区域流动上。她在一项关于农村老年人赡养的研究中指出，越来越多的证据表明，编织相互依赖和互惠的跨地域支持网，正在成为当前中国农村家庭赡养老人的生活策略，而这很大程度上决定了留守老年人的生活质量。[①] 现代家计整合了家庭所拥有的各种社会资源过程，利用劳动分工的方式，发展出了一系列立足本土社会的家庭成员照料方式。塔玛拉·杰华从经济、文化以及社会三个层面分析现代家计过程。她通过观察中国宁夏的留守妇女生活现状，发现农村家庭在迁移行为上具有两方面特质：其一是复杂的社会经济因素长期作用其间；其二便是家庭内部存在劳动分工以及相关的权力斗争。[②] 成员互助对于维持家庭的生活秩序具有积极作用，但家计过程并不仅仅是为了应对生存压力，家庭成员之间的亲密关系还包含了利益的博弈与资源的再分配。

东亚学者的家计研究呼应了家庭研究的现代命题，也正如前文所示，家计的重构造就了当前中国家庭研究对于转型社会的两种认识：个体于家庭的脱离与回归，"国家－市场"对家庭的依托与冲击。现代命题的叙事倾向于探讨家庭的主体性如何被赋予，其意涵一方面兼容了经典命题中关于制度环境对私人生活的塑造，另一方面还旨在探索这一过程背后的社会共识如何生成，追求一种合理性

[①] Liu, Jieyu, "Ageing, Migration and Familial Support in Rural China", *Geoforum* 51, 2013: 305-312.

[②] Jacka, T., "Migration, Householding and the Well-being of Left-behind Women in Rural Ningxia", *The China Journal* 64, 2012: 1-22.

阐释，并将之纳入道德范畴。但同样有所不足的是，这种合理性阐释过分剥离了研究中的历史感，并不强调社会事实的发生过程。尽管叙事取向发生转变，却缺少一种相对中层的视角，使宏观与微观达成关联。中国家庭研究的叙事结构应当着力于拓展出具有本土性的"礼"与"俗"的研究路径：一是探讨面向制度环境的生活策略；二是分析内在私人生活的亲密关系，达到这一理论目的。

近年来，儿童抚育、老年人赡养、疾病照顾中的问题吸引了大量国内家庭研究者的关注，家庭照料议题凸显了现代命题的叙事取向。以婴儿的家庭照料为例，传统家户调查将婴儿的照料程序简化为四个方面——饮食、活动、睡眠以及育儿者，利用膳食史、问卷调查的方式开展规范性研究，使之服务于国家的人口和卫生政策的制定与完善。这种叙事取向往往忽视了婴儿照料之于家庭维持与发展的意义，简化了家庭在其中的作用。应该认识到，婴儿的养育不仅限于个体层面，更是一个家庭经历的阶段性生命历程。现代命题的叙事便是依靠一个个生命历程中的片段，讲述家庭是如何自我组织与发展，其中的人物怎样扮演角色的故事。从亲密关系与生活策略的观察入手，我们能够发现婴儿照料涉及母婴关系、夫妻生活、亲属网络等家庭内部的社会关系。为了达成抚育下一代的目标，家庭中的成员需要调动自身拥有的社会资本与关系网络，制订最为合理有效的策略。上述观察呈现的社会学意义，近年来为中国家庭研究者逐渐揭示出来，但另一方面，关于照料议题的合理性阐释却并没有得到充分展现。婴儿的诞生和养育是嵌入家庭生命周期中的一个片段，它展现了家庭的自我生产，这种生产的意义并不完全指家户上的添人进口，还有家庭在失去稳定性后，其中的合理性的再生产，体现在制度环境与私人生活变革下的家计之道上。

第一章

学术视野中的婴儿诞养

2018年7月10日，北京时间周二的凌晨，时任美国总统唐纳德·特朗普发布了一则推特，不久便在网络上掀起轩然大波。特朗普在文中指责道："《纽约时报》刊登的美国反对母乳喂养的报道是假新闻。美国强烈支持母乳喂养，但我们不认为女性应该被剥夺使用配方奶粉的机会。由于营养不良和贫穷，许多妇女需要它。"特朗普所说的这则"假新闻"披露了在同年5月举行的世界卫生大会上，美国代表团对一项促进母乳喂养的提案横加阻拦，甚至用威胁与会国家的方式，呼吁删除决议中关于"保护、促进、支持母乳喂养"的内容。尽管在多国代表的反对下，大会最终通过了决议，保留了大部分的原文，但按照美方的要求，决议仍删除了"制止不恰当推销婴幼儿产品"的相关文字。[1]

---

[1] 国内主流媒体对此均有报道，详细可见《美国为赚钱反对母乳喂养？特朗普痛批这是假新闻》，新浪财经，2018年7月10日，http://finance.sina.com.cn/stock/usstock/c/2018-07-10/doc-ihezpzwu4679332.shtml。

特朗普发布这则推文之后，美国国务院拒绝进行私下评论，而负责修改该决议案的美国卫生与公众服务部则宣称，该部门并未在会议上参与威胁他国。《时代》《纽约时报》进行了专题报道，关注社会各界人士的态度。这则新闻在社交平台不断被转发，持续升温，在美国社会成为热度十足的话题。与此同时，中国媒体也对此进行了报道，同样调动了网络民众的讨论兴趣。不少微博"大V"以及母婴公众号评论了这则消息，网友们的留言也踊跃异常。而当讨论逐渐深入，人们的注意力渐渐从特朗普和美国政府的作为，转向针对婴儿养育观念的探讨，形成了理念上的交锋。

舆论的一方质疑特朗普的言论，认为美国政府践踏了人类社会的道德底线。母乳喂养是最好的婴儿喂养方式，这是毋庸置疑的。网友们先是从特朗普的话里找到常识上的漏洞：在贫穷和饥饿的社会环境下，婴儿才恰恰更加需要哺喂母乳，因为人们很难获得干净的水源用来冲泡配方奶粉。作为总统的特朗普试图遮掩事件的真相。最近几年，美国国内母婴产品的销量急剧下滑，提振市场信心可能是这场闹剧的玄机所在。美国国内的奶粉制造商私下游说政府阻碍世界卫生大会决议的通过，则是一种背地里的官商勾结。

与这种论调相对的是，舆论的另一方却持保留意见。人们认为，一个国家的经济状况与婴儿养育方式之间具有联系。母亲身体健康，母乳质量才好，但当今世界的很多国家和地区食物短缺，或者母亲背负赚钱养家的压力，的确限制了母乳喂养的可能性。不能因为一句口号，就无视这些国家和地区家庭的现实处境，物美价廉的婴儿奶粉对他们来说已然是最好的选择。有不少女性网友留言表示，自己就曾经面临母乳不足带来的痛苦，希望社会能关怀这一群体，而非将这些母亲污名化。①

第一节　研究检视

一场美国社会的风波在中国的互联网空间发酵，反映了当前国人面对婴儿喂养议题时的复杂心态。在这场"推特门"中，当人们隔岸观火般瞧着美国政府如何背弃先进的养育理念，却又若有所思地回忆起照料自家孩子时的艰辛和酸楚，矛盾的心态折射出这一议题的深刻性。现代社会普遍将婴儿喂养视作养育的主要部分，婴儿喂养过程中的出生期、初乳期、辅食期、断乳期、人工喂养期等，定义了养育的时间节点。在本书中，我们以"诞养"概念区别于着重于分娩前后过程的"生育"概念，指婴儿从初哺到完全断绝哺乳的喂养过程。进行概念限定之缘由首先在于，我们需要确定这段生命历程的经过与意义。众所周知，婴儿落生之时尚未脱离危险，初哺则标志着养育的开端，经历一段时间的喂养而逐渐成人，婴儿在行将断乳之际，意味着他要融入家庭生活，接受和成人一样的饮食和作息安排，家庭方才完整实现个体成员的生产。除此之外，现今社会业已达成共识，断乳期前的婴儿喂养被认为是决定个体成长发育的重要因素，由此而来的母婴、夫妻、代际等亲密关系与伦理在这个时期多维度地延展开来，塑造了新的个体成员和新的家庭秩序。婴儿诞养即是个体生命与社会关系双重生产的过程。而审视如今的中国社会，"添人进口"显然不再由某一种单纯的话语所主导，而是迎来了不同声音之间的争论：我们养育婴儿的观念究竟从何而来？

---

① 上述网络留言，搜集和整理自新浪微博、微信公众号以及母婴论坛之上的发帖。

一 美国社会的婴儿诞养史

在婴儿诞养议题上,欧美公共卫生学界的主流看法是:婴儿喂养并非完全依赖母亲投入或仅依靠儿科医生的指导,其中还有家庭、市场以及国家的参与。而追溯这一观念的成型历史发现,美国社会走过了漫长的一个世纪。一种观点的产生与传播,往往与所处社会的变迁进程同步。要想理解中国家庭所面临的立场冲突,我们有必要回顾20世纪美国社会的婴儿诞养史,其中的历史事件反映了美国民众的观念更迭。

作为从20世纪起被广泛运用的一项发明,婴儿奶粉的普及与工业社会的发展息息相关。它降低了原先处于高位的新生儿死亡率,克服了人类繁殖的生理障碍,符合早期的优生学理念。发轫于20世纪初美国社会的进步主义思潮,依赖不断更新的流水线与配方,婴儿奶粉可以为地球上不同角落的家庭带来福音,政府则要引导民众相信科学,尽量有效地养育孩子。上述观念的诞生源自学者的调查发现。1911年,社会学家纽玛耶在费城从事儿童健康与福利的研究。他发现,美国儿童的健康水平远远落后于大多数欧洲国家,而与其他30个国家相比,美国的婴儿死亡率高达13.5‰,排名第18位。[①] 通过跟踪研究与深入分析,纽玛耶的报告进一步指出,九成以上的新生儿夭折是营养不良所致,而这大多是可以预防并且避免的。纽玛耶的研究发现触痛了美国民众的神经,人们开始反思家庭育儿过程中的盲目与愚昧。

[①] Brosco, J., "The Early History of the Infant Mortality Rate in America: 'A Reflection upon the Past and a Prophecy of the Future'", *Pediatrics* 2, 1999: 478-485.

从那个时候开始，美国民众对育儿知识痴迷起来，各种育儿读本也在市面上大为流行。作为直接的社会结果，职业的儿科医生应运而生。儿科医生的出现满足了人们日益增长的知识需求，他们通过科学的指导与诊断，给予育儿妈妈建议。到了20世纪二三十年代，有将近四分之一的美国家庭倾向于在儿科医生的指导下，制定喂养新生儿的计划。① 另一方面，儿科医生拥有了开具配方奶粉的权力。尽管婴儿奶粉已经作为商品在各州行销，但根据规定，只有持有医生的处方，育儿母亲才有资格购买牛乳制成的奶粉。可以说，医学话语逐渐主导了美国家庭的婴儿诞养安排。

在儿科医生的数量不断增长的同时，各类私人诊所同样纷纷开设。为了应对这一问题，1929年美国医学会（American Medical Association）呼吁推动立法，由其直接设立专门机构审核婴儿食品的安全性。这一事件产生了两种结果：一方面，大型食品公司得到美国医学会颁发的市场准入，促使婴儿食品产业蓬勃发展起来；另一方面，政府在婴儿喂养的议题上失去了主导权，导致母婴议题在社会政策中被孤立。② 奶粉生产商联合医学界营造出了"积极地从母乳喂养过渡到奶瓶喂养"的育儿理念，母乳喂养率在美国逐年下降。《纽约时报》在1937年采访了一名儿科医生，他坦言自己经手体检的婴儿只有百分之一是母乳喂养，"在我的强烈建议下，最初大约有一半的母亲尝试用母乳喂养，但是大部分人后来都放弃了。她们听说现在用牛奶喂养也不错，而且不想吃得过饱、变胖，失去她们的

---

① Apple, R., *Mothers and Medicine: A Social History of Infant Feeding 1890 – 1950* (Madison: University of Wisconsin Press, 1987), p. 75.

② Thulier, D., "Breastfeeding in America: A History of Influencing Factors", *Journal of Human Lactation* 25 (1), 2009: 89.

少女身材"。①

　　作为另一个推手，20世纪20年代的妇女运动同样呼吁女性拒斥母乳喂养。当时人们宣扬妇女解放的标志之一，便是母亲用奶粉和奶瓶喂养自己的孩子。② 在此后的二十年里，母乳喂养被美国的社会舆论塑造成了过时的、束缚女性的养育行为。此外，乳房本身的含义也经历了转变，在杂志和报纸上它是性感的代名词，而非哺育婴儿的器官。第二次世界大战爆发，欧美国家卷入了战争，人工喂养的理念进一步从妇女运动的口号走上了政治前台。在战火的延烧之下，政府需要把妇女从家庭里拉扯出来，去承担工业社会的生产任务。国家在舆论宣传中将爱国主义与妇女的自我奉献紧密关联起来，塑造了用奶粉和奶瓶喂养婴儿的哺育观念。直到50年代，尽早结束母乳喂养转向人工喂养婴儿，成为美国社会标榜的婴儿喂养方式。③

　　20世纪60年代，第二波女性主义运动兴起，强调女性对自己身体的掌控与主权，反抗男权与医疗话语的欺凌。可当运动深入婴儿诞养的议题上时，人们的看法却变得十分暧昧。卡特在《女性主义、乳房以及母乳喂养》一书中指出，女性主义的意识形态在选择婴儿喂养的方式上进退维谷，具有矛盾性。有的女性主义者认为，人工喂养能够在一定程度上解放女性，令她们摆脱家庭中育儿工作的束缚，因此尽早结束哺乳值得提倡。而与之相对的是，女性主义者里也有人抱持着另外一种观点：人工喂养的背后是父权制与资本主义商业话语的渗透，它们共同霸占了女性独有的生命体验，使之丧失

---

① *The New York Times*, 2018, http://www.qdaily.com/articles/55257.html.

② Carter, P., *Feminism, Breasts and Breast Feeding* (New York: St. Martin's, 1995), p.15.

③ Parfitt, D., "Influencing Factors in American Women's Culture and the History of Breastfeeding", *International Journal of Childbirth Education* 9, 1997: 31-33.

了对自己身体的主权。① 这个时期，国际母乳会（La Leche League）便是后者实践自己观点的场所。这个非营利的民间机构善于组织居住在同一个社区的育儿妈妈进行定期集体交流，它的组织者认为，女性反抗的关键在于获得可靠的育儿知识，但这种知识不一定来自于儿科医生冰冷的医嘱，妈妈们彼此之间传递的生命体验反而更加贴近生活，能够解决现实问题。国际母乳会成为推动母乳喂养的一支具有代表性的社会力量。

随着支持母乳喂养的社会力量崛起，婴儿食品厂商的阴暗面也开始暴露在世人面前，并逐渐演变成了全球性的问题。1979年，缺乏氯化物的配方食品造成数千名美国婴儿生病，且产生了几十起诉讼案。在召回产品后，联邦政府于1980年出台了婴儿配方食品法案（Infant Formula Act），对配方食品的营养需求量做出了规定。从20世纪70年代开始，美国社会的母乳喂养率逐渐提升，越来越多的美国家庭开始正视母乳喂养的价值。美国国家卫生统计中心的数据显示，1973年到1975年美国出生婴儿的母乳喂养率从25%上升到35%，并保持不断上涨的态势。② 美国家庭开始回归母乳喂养，奶粉厂商转而将市场营销瞄准亚非拉的发展中国家，并通过广告宣传和价格控制的方式，使婴儿奶粉开始在这些国家的城市家庭里流行。③ 70年代，世界卫生组织发现，发展中国家的母乳喂养率持续下降，不得不指导政府控制婴儿奶粉厂商的广告投放。而与此同时，有记者调查发现，拉美和非洲的幼童因为呼吸道疾病和消化道疾病，死亡的人数每年以千万计。致使死亡率攀升的原因是，儿童服用

---

① Carter, P., *Feminism, Breasts and Breast Feeding* (New York: St. Martin's, 1995), p. 16.

② Hendershot, E., "Trends in Breast-Feeding", *Pediatrics* 2, 1982: 90 – 91.

③ Carter, P., *Feminism, Breasts and Breast Feeding*, p. 222.

了雀巢公司销售的有缺陷的婴儿配方奶粉，并且在使用过程中没有得到正确引导。① 1973年，美国的消费者发起了"抵制雀巢产品"（Campaign against nestle products）运动。1984年，世界卫生组织通过了禁止推销婴儿配方产品的非约束性准则，雀巢公司终于承认并践行了世界卫生组织颁布的有关经销母乳替代品的国际法规，这场延续了十年的官司方才落幕。美国家庭并没有直接受到问题奶粉的影响，但这些家庭却积极地联合起来，产生的轰动效应直接促使全世界国家和地区反思人工喂养的后果。

在政治环境的转变之下，关于婴儿诞养的科学研究也涌现新的成果。科学家通过实验分析人类母乳的营养价值，发现它具有难以复制与比拟的特性。医学家首先将神经认知和免疫系统的发展，与早期的母乳喂养水平关联起来。立足短期与长期母乳喂养的比较，发现母乳在营养、心理、生理和神经认知上对于早产儿具有重要意义。② 亦有学者指出，母乳喂养对于婴幼儿的免疫系统发育具有积极作用。③ 新近的临床研究引导了儿科学的走向，促使医院摆正态度，重新宣扬母乳喂养的益处。与此同时，人们对人工喂养的态度变得慎重起来，配方的构成、奶瓶的材质乃至转基因食品等一系列议题被引入全社会讨论甚至走向司法裁判，都大大加深了民众对于其中风险的认知。20世纪下半叶至今，婴儿诞养的主流价值观牢牢锁定在"母乳喂养最好"（Breastfeeding is best），甚至成为社会运动的口

---

① 配方奶粉价格昂贵，不少使用者会多加水稀释增加使用次数。使用说明对冲泡奶粉的水质也未作要求。
② Gross, S. J., J. Geller, R. M. Tomarelli, "Composition of Breast Milk from Mothers of Preterm Infants", *Pediatrics* 68（4），1981：490-493.
③ Wright, L. et al., "Breast Feeding and Lower Respiratory Tract Illness in the First Year of Life", *The British Medical Journal* 299，1989：945-949.

号。人们普遍认为，没有一种配方奶能完全复制出母乳的效果，母乳喂养是最好的婴儿喂养方式。

尽管医学界完全倒向了母乳喂养的阵营，但这种理念在美国社会面临的质疑却一刻也没有停止。公共卫生学者指出，人们在客观强调母乳喂养的正确性的同时，疏忽了女性自身面临的处境，尤其当女性结束产假、重返职场。21世纪以来，美国的民间兴起了一项"喂养最好"（Fed is best）的运动，① 鼓励育儿家庭放下成见，自信地面对婴儿诞养的问题，并有社会组织专门向他们普及科学的喂养知识。很多女性又重新相信，安全的人工喂养能够减少家庭与工作的冲突，改善母婴之间的紧张关系。这在一定程度上导致了美国社会近年的母乳喂养率排名一直处于发达国家的偏后位置。美国卫生与公众服务部的 Healthy People 2010 数据显示，目前约有七成的美国女性会在早期进行母乳喂养，但不到五成的女性只持续哺乳至婴儿满六月龄。②

整体看来，在婴儿诞养议题上，20世纪美国社会的主流话语经历了从人工喂养到母乳喂养的转变，而话语的转变与社会环境息息相关。与此同时，儿童死亡率的变化、两次女性主义运动、世界大战、消费者运动等历史事件，也一步步地将婴儿诞养变成一项全球性议题。与之相对应的是，中国自近代以来虽然与欧美国家存在着社会结构上的差异，但在婴儿诞养议题上同样经历了话语的转变。我们可以从两个层面——民间风俗的演进和医疗国家的构建——追溯中国社会婴儿诞养风俗的变迁。

---

① 关于"Fed is best"运动的介绍，详见 http://evolutionaryparenting.com/fed-is-best/。
② United States Department of Health and Human Services, "Breastfeeding, Newborn Screening and Service Systems", Goal 16 - 19, *Healthy People 2010*.

二 中国社会的婴儿诞养风俗

婴儿诞养在中国社会的第一重转变,来自工业文化对传统民间风俗的介入和改造。在传统的中国社会,婴儿如何喂养,在一定程度上取决于育儿家庭所处的时代环境,经过历史沉淀,以一系列风俗习惯的形式遗存于家庭的育儿生活中。尽管在不同的时期、不同的地理区域,这些风俗习惯的内容有所差别,然而纵览民国时期有关风俗的记录与研究,我们依然能够发现,婴儿诞养在传统社会具有稳定的结构与逻辑,历史沉淀下的一贯性集中体现在节日安排与哺育禁忌上。这种稳定性直到近代工业文化介入之后,才逐渐被打破,婴儿诞养风俗的嬗变,反映了中国社会私人生活领域的不断重构。

传统中国的诞养风俗在婴儿出生后的一系列特定节日里得以呈现。20世纪30年代,杨堃、张若名夫妇合作《中国儿童之民俗学的研究》一文,通过整理全国各地的风俗,将婴儿诞养的节日总结为出生、做三期、做满月、做百岁、做周岁等,依托这些节日里的安排,家庭中的婴儿喂养实践也在不断变化。比如其中提到婴儿在出生后的首次进食前普遍需要服下药物,浙江绍兴的家庭要"准备'十碗头'其中都包括下面的一种药物或食物:黄连、钩藤、黑李、盐、醋、糖、姜、韭葱、墨和奶"。[①] 婴儿服下后,母亲方开始哺乳,母亲乳汁的丰盈关系到婴儿早期的健康。到了婴儿满月,各地便有了"满口"的风俗。比如,河北一带的家庭在婴儿满月这天,娘家要带一定数量的馍馍作为贺礼,将两个馍馍合在一起让产妇咬

---

① 杨堃、张若名:《中国儿童之民俗学的研究》,刘晖译,《民俗研究》1996年第3期,第6页。

一口,俗称"满口",意使产妇乳汁充足以利喂养。① 在传统社会,婴儿吃母乳可能会一直持续到三岁为止,同时需要辅以各种食物。其间,婴儿早期的身体健康得到保障之后,家庭还会通过仪礼进一步提高婴儿的社会性。及至百日(也称百岁),中国各地有办百岁的习俗,让婴儿在这一天吃"百家饭"。依安徽寿春旧俗,"小孩体弱多病,有用大红布袋,向别姓家取粮食,谓之吃百家饭,俗意为免一切灾害"。② 相关研究认为,传统中国的诞养节日安排秉承的是一套"通过仪礼"的活动,不断促进婴儿成长。婴儿从刚出生时介于阴阳两界的"非人",经受住考验获得有生命力的肉身,进而在家庭中成为被接受的个体,最终过上社会共同体的生活。③ 从这个意义上看,婴儿诞养的内核是中华文化传统的人伦逻辑,天人之际的感应沟通赋予亲属关系合法性,个体"成人"后家庭便能实现绵延赓续。

传统中国的诞养风俗还体现在哺育婴儿时的各类禁忌与迷信。除了"成人"需要步步渡劫,天人感应的另一个方面反映在人们对于婴儿诞养中潜在风险的规避,一系列迷信和禁忌便是重要体现。对此,江绍原在《关于幼婴和孩提的古今礼俗迷信》一文中有所论述。首先,在婴儿初乳前,依照《论衡·四讳篇》的论述,"讳妇人乳子,以为不吉。将举吉事,入山林,远行,度川泽者,皆不与之交通。乳子之家,亦忌恶之,丘墓庐道畔,逾月乃入,恶之甚也"。④ 这里将初哺乳子描述为需要事先在空间上隔离的避讳,"连

---

① 河北省地方志编纂委员会编《河北省志·民俗志》,河北人民出版社,2014,第235页。
② 胡朴安:《中华全国风俗志》(下),岳麓书社,2013,第574页。
③ 李洁:《"人"的再生产——清末民初诞生礼俗的仪式结构与社会意涵》,《社会学研究》2018年第5期,第229~232页。
④ 王充:《论衡》,岳麓书社,2015,第287页。

图 1-1 浴婴仕女图
资料来源：美国弗利尔美术馆藏。

叫花子也不愿与产妇之家交通"。① 此后，当婴儿面临换食，断乳的方法和日期同样存在着迷信，比如母乳喂养不应过三年，断乳时需要用各类药品擦浴婴儿眉头或者内服，断乳亦须择日——宜卯日伏断日，忌逢五、逢七日。② 可以看出，婴儿诞养的禁忌大多针对母亲与婴儿的家庭生活，人们认为这段生命历程中存在着危险和不洁，母婴双方也存在着紧张的关系。熊秉真指出，女性在哺乳时会本能地产生不安与焦虑，这种情绪会投射在自然的母婴关系中，形成一系列的生活禁忌。③ 初哺与断乳是婴儿诞养的重要节点，禁忌和迷信

---

① 江绍原：《关于幼婴和孩提的古今礼俗迷信》，《科学月刊》第 2 卷第 7、8 期合刊本，1930 年 8 月，第 35 页。
② 江绍原：《关于幼婴和孩提的古今礼俗迷信》，《科学月刊》第 2 卷第 7、8 期合刊本，1930 年 8 月，第 43~45 页。
③ 熊秉真：《幼幼：传统中国的襁褓之道》，台北，联经出版事业股份有限公司，1995，第 133 页。

大量存在于这一时期，乃是人们长期从生活经验中获得的启发，人们为了确保添人进口的顺遂，必须规避一切潜在的不安全因素，慎重遵循口传心授的禁忌和迷信。

上述婴儿诞养旧俗涵盖了婴儿的节日、各类哺乳禁忌与迷信乃至其他亲属生活的诸多面向，且大多围绕着日常生活的安排展开，反映在婴儿喂养方面，轻营养、重消化的饮食取向，也决定了传统的中国家庭很少纠结替代食品能否匹配天然的母乳成分。成人的生活习惯直接内化于婴儿的饮食起居，朴素的幼儿喂养观延续到20世纪初。[1] 在近代食品工业的宣扬下，婴儿奶粉被施加了强国强民的意涵，直接影响了中国家庭的婴儿诞养习惯。[2] 另一方面，舶来的工业代乳品与喂养方式，挑战了传统诞养风俗的地位。在岳永逸看来，生育风俗在近代以来的变迁，展现了中国人渐渐远离乡土宗教与文化，转向世俗化与理性化的趋势。[3] 伴随着跌宕起伏的现代化进程，中国家庭逐渐不再重视传统社会婴儿的节日，并破除了各种迷信禁忌，对于大量城市家庭而言，婴儿诞养中的一些风险是可以规避的。新中国成立后，国营乳品厂在各地兴建，由于技术与产能有限，婴儿奶粉、奶糕是按计划配给的稀缺品，难以获得。然而，国家对于传统诞养风俗的态度依然十分坚决，转而鼓励女性在喂养婴儿中的奉献精神，并辅以集体主义的道德伦理赋予其合法性，中国的育儿女性开始成为婴儿诞养的话语主导者。这种状况直到80年代稍有缓

---

[1] Hisung, P. Z., "To Nurse the Young: Breast Feeding and Infant Feeding in Late Imperial China", *Journal of Family History* 3, 1995: 217–238.

[2] 李欧梵:《上海摩登——一种新都市文化在中国（1930~1945）》，毛尖译，北京大学出版社，2001，第83页。

[3] 岳永逸:《中国都市民俗学的学科传统与日常转向——以北京生育礼俗变迁为例》，《云南师范大学学报》2018年第1期，第87页。

解，有观察者发现，中国家长们对市面涌现的婴儿奶粉抱有热情，并赋予其优越于母乳的食品特质，成为城市双职工家庭养育婴儿的必备品。①"六五"期间的五城市家庭调查发现，北京市东河沿居委会1976年到1982年结婚的妇女所生婴儿没有吃过母乳的比例高达70.92%，市面上代乳产品的增多是母乳喂养率下降的重要原因。②在儿科医学知识尚未充分普及之时，婴儿食品市场在中国已见雏形，婴儿奶粉被赋予了社会进步的形象。至此，传统中国的婴儿诞养风俗逐渐式微，但并非绝迹，而是在家庭生活中变幻出新的样貌。

三 中国社会的婴儿诞养医疗

婴儿诞养在中国社会的第二重转变，来自现代医学在全球化浪潮下对后发国家的影响。作为重要的建构力量，现代儿科医学制定了一整套保健制度，以规范诞养的程序与步骤，与传统中国的幼儿医科论述形成鲜明的对比。回溯传统的幼儿医科论述，"变蒸"之说在很长时间占据着重要地位，用来说明婴幼儿成长发育过程中的常态与变态。宋代名医郑端友记载，"变"是指变化和改变，"蒸"是指婴儿身体发热的现象，婴儿的成长具有一定程式，每个月会有一次"变"，逢双月则有"蒸"与之相伴。婴儿在一岁之内，共需要经历十次变化以及五次轻微发热；而在一岁以后，还需要经历三次严重的发热，方能完成"变蒸"的过程。③ 传统的幼医学提醒养育

---

① Gouldan, G. et al., "Breastfeeding Practices in Chengdu, Sichuan, China", *Journal of Human Lactation* 1, 1995: 11–15.
② 刘英:《中国城市家庭的发展与变化——五城市家庭调查初析》，刘英、薛素珍主编《中国婚姻家庭研究》，社会科学文献出版社，1987，第97页。
③ 郑端友:《保婴全方》，吴童校注，中国中医药出版社，2016，第50页。

者，应依婴儿的年龄，将更多的注意力放在其发育的表象之上。而婴儿只要在规定的月龄里展现出正常的如听、握、爬等能力，那么父母便可以放宽心，不用为了诸如小儿发热一类的日常不适而伤神。[1] 需要指出的是，传统医学在婴儿诞育过程中只是处于辅助地位，并非主导性的。受到客观条件限制，一般家庭或许只有在感染烈疾之时才会请郎中，传统儿科医学更加关注婴儿身体上的表现，并不十分注重婴儿的营养摄入。中国传统医学的观点在近代遭遇了现代西方儿科医学的挑战，西方儿科医学着重通过膳食史与临床诊断，以了解婴儿的养育水平。

1928 年，时任北京第一卫生事务所卫生保健科主任的杨崇瑞指出，缺乏饮食卫生知识、孕产妇营养不良以及不恰当的母乳喂养，会导致婴儿肠胃功能失调或呼吸道疾病，也导致大量婴儿夭折。[2] 科学地摄入营养对婴儿早期成长发育至为关键，中国城市家庭率先对此予以重视。在这个过程中，国民政府对于婴儿诞养的现代化医疗持积极态度。1929 年，社会学者对国内 16 座大中城市的育婴所展开调查，发现各地对于周岁以下孤寡幼儿的喂养方式，除了大部分仰赖雇用奶妈授乳，还更广泛地使用了鲜牛乳、炼乳与代乳粉，并规定了每日喂养的次数与频率，聘请专科医生诊疗患儿。[3] 国人逐渐将代乳品与西医儿科紧密关联，乃是因为与传统幼医学的论述不同，西医儿科医学试图透过膳食史与病历簿，打造健康的婴儿。医疗化诞养大大提高了婴儿的存活率，也改变了现代社会婴儿成长发育的标准。黄金麟在论述近代中国身体的形成时指出，当专业的计时能

---

[1] 熊秉真：《幼幼：传统中国的襁褓之道》，第 137~139 页。
[2] 杨崇瑞：《产科教育计划》，《中华医学杂志》第 14 卷第 5 期，1928 年，第 61~66 页。
[3] 汪滔：《中国育婴所现状之一斑》，李文海主编《民国时期社会调查丛编（一编）·社会保障卷》，福建教育出版社，2014，第 319~320 页。

力与强有力的规训技艺结合起来时,时刻表的控制性便正式发挥出作用。① 20 世纪三四十年代以来,中国社会的婴儿喂养程序揉入了时间化的身体生成路径,婴儿体检在城市的制度化普及便是具体呈现。在优生学浪潮推动下,婴儿诞生后的定时体检最初是通过举办竞赛的方式进行,为民国政府推广的公共卫生项目。婴儿健康竞赛移植于美国的"婴儿周"活动,这项活动接受未满三岁的婴儿报名,经由儿科专家检查体格,内容包括身高、体重、智力,以及坐、立、行、走等肢体技能,最后分年龄组评定优胜之最健康的儿童。② 竞赛将婴儿体检在中国各地推行,极大地改变了国人对于婴儿诞养的认识。

国家不断完善妇幼保健制度,为了使科学的妇幼卫生知识得到普及,政府在移风易俗、改造传统产婆的同时,培养了大量的新式助产士与医护人员,成为促使婴儿诞养医疗化的重要推手。差不多在相同时间,为了配合全国范围内的防疫工作,婴儿接种疫苗也被写入了公共卫生条例。1935 年,北平市政府颁布《北平市政府卫生局管理人民种痘暂行规则》,率先规定婴儿出生后六个月内均须种痘一次,开国内婴儿接种疫苗的先河。③ 在此之后,卫生部门进一步批准更多种类的疫苗将不同月龄的新生婴儿作为接种的对象。1949 年后,新中国的人口政策发生变化,政府鼓励生育,限制绝育。与之

---

① 黄金麟:《历史、身体、国家:近代中国的身体形成(1895~1937)》,新星出版社,2016,第 184~186 页。

② 关于民国时期婴儿竞赛的相关研究,可参见卢淑樱《科学、健康与母职:民国时期的儿童健康比赛(1919~1937)》,《华南师范大学学报》2012 年第 5 期,第 31~38 页;柳丽贺《塑造新儿童:民国上海儿童健康运动研究(1919~1937)》,硕士学位论文,河北大学,2018,第 28~40 页。

③ 李自典:《民国时期北京的卫生防疫工作述论》,《民国研究》2013 年第 2 期,第 94~104 页。

相配套的是，婴儿诞养保健制度进一步从城市向农村普及，大量的赤脚医生被改造，学习现代儿科的无菌分娩、产后护理以及疫苗接种等技术，辅助指导哺乳期女性。① 从中国生育节育抽样调查资料分析看，新中国成立后，婴儿死亡率大幅下降，40 年代（1944~1949年）中国婴儿死亡率平均值高达 201.48‰，到了 80 年代（1981~1987年）这一数值下降到 38.51‰。②

20 世纪 80 年代，政府的生育方针再次发生转变，在优生优育话语下，妇幼保健制度进一步完善。在婴儿死亡率长期维持较低水平的前提下，医疗化的介入路径也逐渐向更为精细、科学的喂养方法倾斜，不少妇幼保健院利用国际通用的婴幼儿喂养指数（Infant and Child Feeding Index），建立母乳喂养、混合喂养以及人工喂养的评价体系，并关注哺乳习惯的区域差异以及辅助食物的使用情况。爱婴医院以及孕妇学校纷纷设立，政府推动医疗话语融入家庭育婴的各个环节中。但与此同时，不少调查研究却指出了现实存在的问题。有学者指出，由于过分强调临床效果，不少儿科医生对母乳替代品过分推崇。90 年代，高素珊在中国医院的民族志研究中发现，产科病房的安排以及医务宣讲人员的引导，没有起到普及母乳喂养知识的作用。婴儿食品厂商横亘其中，间接地操纵了家长们的选择，婴儿奶粉在婴儿喂养早期存在滥用的风险。③ 从 2004 年起，阜阳劣质奶粉事件、"三鹿奶粉"事件等婴儿食品安全事件相继曝光，政府开

---

① 蒋菲婷、吴一立：《十九世纪至二十一世纪的中国妇幼卫生》，吴章、玛丽·布朗·布洛克编《中国医疗卫生事业在二十世纪的变迁》，蒋育红译，商务印书馆，2016，第 68 页。

② 沙神才：《中国婴儿死亡率研究》，常崇煊主编《中国生育节育抽样调查北京国际研讨会论文集》，中国人口出版社，1993，第 557 页。

③ Gottschang, S., "Maternal Bodies, Breast-Feeding and Consumer Desire in Urban China", *Medical Anthropology Quarterly* 1, 2007: 64–80.

始重视婴儿食品市场的规范，并主导修缮相关食品卫生安全法律。[①]政府认为，提高婴儿喂养质量的关键应在于提升全社会的母乳喂养率。从这个意义上，加强对家长进行科学知识普及更为关键。国务院妇女儿童工作委员会制定的《中国儿童发展纲要（2001—2010年）》设定到 2010 年，婴幼儿家长的科学喂养知识普及率达到 85%以上，婴儿母乳喂养率以省（自治区、直辖市）为单位达到 85%。[②]

尽管国家积极施行母乳喂养的友好政策，但近些年，中国的母乳喂养率却长期徘徊在较低水平，尤其体现在"纯母乳喂养率"[③]这个反映婴儿哺育质量的指标之上。根据有关部门统计，1998 年到 2014 年的 16 年间，中国婴儿 6 个月以上的纯母乳喂养比例从 67%下降至 28%，城市家庭远低于全社会的普遍水平。[④] 2008 年的《中国卫生服务调查研究》显示，中国婴儿出生后 6 个月内的纯母乳喂养率为 27.6%，这一指标在农村为 30.3%，在城市为 15.8%，农村高于城市。[⑤] 中国发展研究基金会于 2017 年 9 月至 2018 年 1 月对全国 1 万多名一岁以下儿童的母亲进行问卷调查发布的报告显示，婴儿出生后能够早接触早开奶的比例仅为 11.3%，远低于 45%的世界平均水平。而遇到哺乳困难时，只有不足半数的母亲选择向专业的医务

[①] 吴颖熊、田侃：《从"三鹿奶粉"事件谈我国食品安全立法》，《中国卫生事业管理》2009 年第 2 期，第 104~107 页。

[②] 《中国儿童发展纲要（2001—2010 年）》，国务院妇女儿童工作委员会，2017 年 4 月，http://www.nwccw.gov.cn/2017-04/05/content_149164_3.htm。

[③] 世界卫生组织定义的"纯母乳喂养率"为，婴儿出生到六个月内不喂除母乳以外的任何食物或饮品，这一数量占婴儿总数的比例。

[④] 《"喂"爱不易，CBNData 发布〈中国母乳喂养研究报告〉》，一财网，2016 年 5 月 20 日，http://www.yicai.com/news/5016489.html。

[⑤] 卫生部统计信息中心编《2008 中国卫生服务调查研究：第四次家庭健康询问调查分析报告》，中国协和医科大学出版社，2009，第 85 页。

人员寻求帮助。① 总体而言，中国社会的婴儿诞养状况有着如下结构特点：母乳喂养率整体较低，城市居民的母乳喂养率低于农村居民，人们更加倾向于在婴儿出生后6个月前断奶。

四　审视与批评

追溯美国社会的婴儿诞养史，我们能够发现一个区域的生育问题与当时的政治经济状况息息相关。学界普遍认为，相较于欧美发达国家，中国家庭的婴儿诞养实践展现出学习者的姿态，也导致研究者在探讨以上议题时，注脚往往徘徊于传统风俗的嬗变或者现代医疗的介入，局限于以此形成的两套看似成熟的解释系统："自然状态"的研究范式与"科学主义"的研究范式。自然状态的研究范式用来解释传统社会的诞养风俗在工业社会面临怎样的文化冲击，促使人们生活秩序重建；科学主义的研究范式则用来解释发达国家的诞养医学如何对后进国家形成挑战，推动公共卫生政策的成型。以上两种视角构成的解释框架，在一定程度上厘清了中国社会的婴儿诞养现状。但遗憾的是，当我们把以上解释系统与中国家庭当前面临的现实问题彼此关联时，上述框架却显得缺少说服力，只能陷入诸如"母乳喂养（Breastfeeding）还是人工喂养（Bottle-feeding）"这样的争论。有鉴于此，我们有必要对既有研究进行系统的批评与检视，具体而言有三点。

第一，相关研究关注到国家对于婴儿诞养过程的治理，却忽视了婴儿诞养议题的历史情境与本土性。医疗知识与体系的重塑被看

---

① 中国发展研究基金会：《中国母乳喂养调查报告》，2019年2月，http://www.cdrf.org.cn/jjhdt/4853.jhtml。

作中国近代以来婴儿诞养的制度环境特征，与中国社会自身的转型进程息息相关。2016年，《柳叶刀》刊登了全球婴儿喂养状况报告，调查涵盖了129个中低收入国家和36个高收入国家。研究显示，撒哈拉以南非洲、南亚以及拉丁美洲的低收入国家的一周岁婴儿母乳喂养率居世界领先水平，但对于大多数的发展中国家而言，母乳喂养率与综合国力呈负相关：人均GDP每增加一倍，12月龄的婴儿母乳喂养率就下降10%。[1] 从历史上来看，不少国家经历过这样的变化趋势：起初长期保持着较高的母乳喂养率，而当经济社会进一步发展，母乳喂养率却逐渐下降，直到人均收入达到较高水平，母乳喂养水平会再次上升，呈现出U形的变化曲线。母乳喂养率虽然只是衡量婴儿诞养的一个方面，却反映了制度环境的历史面貌。有研究指出，各类代乳品改变了中国婴儿的饮食习惯，这与转型社会的市场经济发展紧密关联。[2] 但另一方面，简单地将婴儿诞养诉诸政治与经济问题并不完全和洽，中国社会的转型是多维度的，生育必然涉及中国人的道德和精神世界，体现在制度环境上表现为整个社会的伦理转向，对此的历史剖析仍有待完善。

第二，既有研究观察到，流行的知识与话语可以影响婴儿诞养实践，但鲜有研究系统分析它们如何运作并深入家庭生活。当前社会强调育儿者的照料职责，体现在不同层面的亲职、母职乃至父职的履行上，但是应当认识到，这种照料职责的社会建构并非内容单一或者能一蹴而就。有研究者曾对兰州城区1099名婴儿喂养情况进行调查，发现干部身份女性的母乳喂养率（23.2%）低于工人身份

---

[1] Victora, C. et al., "Breastfeeding in the 21st Century: Epidemiology, Mechanisms and Lifelong Effect", *The Lancet* 387, 2016: 475–490.
[2] 参见景军主编《喂养中国小皇帝：食物、儿童和社会变迁》，钱霖亮、李胜等译，华东师范大学出版社，2017。

女性（42.4%），得出干部身份的女性由于工作上精神紧张，泌乳量少，影响了婴儿喂养的质量。[①] 上述研究具有代表性，人们关注到的往往是工作与家庭的结构性对立，并以此构成了阐释家庭中婴儿诞养问题的路径，但没有深入论述其中母职作为一种社会机制的建构过程与类型差异。近些年，随着中国城市家庭育儿过程的精致化与育儿方式的风格化，学界开始重新理解母亲在照料婴儿过程中应当扮演的角色。有研究指出，中国社会的母职形态具有多重维度，市场、国家以及女性主义等话语对母亲形象进行了多方面的塑造。[②] 社会变迁中交替显现的权威话语，打造了不同时期流行的育儿母职。而另一方面，除了母亲之外的其他亲属参与婴儿诞养的实践也为人们所关注。就此而言，单纯从育儿女性在工作-家庭的冲突展开分析，越来越难以揭示出婴儿诞养在日常生活中所展现出来的逻辑。

第三，既有研究局限于厘清育儿家庭所面临的现实困难，却没有从家庭生活的组织与发展层面去深究问题。在中国的文化传统中，婴儿诞养被视作维系家庭、家族的重要方面，开枝散叶、延续香火一直对中国人具有精神感召的意义。而相关研究却往往局限于讨论育儿母亲的职业、收入和受教育程度与婴儿喂养水平之间的因果联系，关注点单一。[③] 中国自近代从传统农业社会向现代工业社会转变，婴儿诞养旧俗的内容虽然有所变化，却一直处于在场状态，这与中国人的家

[①] 石玉梅、王玉：《石化工业区婴儿喂养及断乳情况调查》，《中国妇幼保健》1993年第2期，第56~57页。

[②] 陶艳兰：《塑造理想母亲：变迁社会中育儿知识的建构》，《妇女研究论丛》2016年第5期，第25~37页。

[③] 相关论述可见国内公共卫生研究，比如吴燕、邱丽倩《6个月内婴儿母乳喂养现状及影响因素研究》，《浙江预防医学》2015年第3期，第245~248页；黄迎、何萍、黄璧琨、王芳《职业母亲婴幼儿的母乳喂养情况及相关因素分析》，《中国儿童保健杂志》2014年第2期，第142~145页。

庭观念密切相关。改革开放以来，中国经历了快速的城镇化进程，一个重要结果是催生了大量的城市中产家庭。李路路和李升根据"再分配-市场"的转型社会二元分析框架，将中国的中产人群依据体制内外之别，做出"内源—外生"的划分，提出"内源中产阶级"相比"外生中产阶级"具有更强的代际延续性特征，因而抱持更保守的家庭观念。[①] 要把握婴儿诞养实践的逻辑，必须深入研究家庭的组织与发展特征，对于家计概念的重拾可以展现转型社会背景下的家庭延续与危机，家计过程的阐述包含了家庭应对制度环境与私人生活两方面变革的实践逻辑。此外，尽管育儿母亲的焦虑形象已深入人心，但作为婴儿诞养的主导者，其所制定的生活策略是否有助于家庭应对外部环境的风险，同样是当前研究所欠缺的。

第二节 研究方法

以上的批判与检视展现了已有研究存在的问题，表现为两点不足：一是对婴儿诞养的制度环境缺乏历史审视，二是较少对育婴家庭的私人生活深入探索。本书基于对婴儿诞养议题的检讨——制度环境发生了怎样的变化，进而又如何影响私人生活——展开研究。我们将要回答两个问题：其一，运用跨时间段的方式，历时性地考察养育婴儿的制度环境塑造出了什么样的社会机制；其二，考察这种社会机制演变至今，如何影响到当前育儿家庭的私人生活。以此为线索，我们确立了研究对象与方法，进而开展了资料的搜集工作。

---

① 李路路、李升：《"殊途异类"：当代中国城镇中产阶级的类型化分析》，《社会学研究》2007年第6期，第32~33页。

一　跨时段的考察

我们的研究对象是北京的城镇家庭。作为中国的首善之区，北京不仅仅是一个行政概念，更是一个文化区域，它有着深厚的文化底蕴，长期以来是中国人口最为密集的区域之一，有关婴儿诞养的近代记载可见于《北平风俗类征》《中华全国风俗志·京兆》《老北京的生活》诸多历史文献。能够发现，北京这座城市在婴儿诞养议题上似乎具有一种包容性。一方面，这里是汉、满、回等民族的聚居地，经过长时间的文化交流，各个民族之间的生活习惯相互杂糅、彼此影响，对于中国社会的研究者来说，北京可以呈现极具代表性的研究样本；另一方面，由于政治因素和城镇化进程，北京城郊与城区之间的家庭生活深刻关联与同构，北京实际上是一座乡土性的城市，不同行当、不同阶层的城里人与乡下人实则有着共同的敬拜天地万物的宇宙观和崇德报功、敬天法祖的价值观，体现在生老病死的人生仪礼中。[①]

我们将对北京家庭进行研究，以探索婴儿诞养议题在中国社会的时间性与情境性。综合各类研究材料的可得性，本书选取了三个时间段对北京家庭进行历时性考察。第一个时间段是民国时期的20世纪30年代，传统婴儿诞养风俗依然在北京家庭大行其道，但与此同时，在强国强种的民族主义感召下，国民政府与各类社会力量着手移风易俗的试验，家庭在各种观念的冲突下体验到紧张感。第二个时间段是改革开放初期的20世纪80年代，国家推行了计划生育

---

①　岳永逸：《中国都市民俗学的学科传统与日常转向——以北京生育礼俗变迁为例》，《云南师范大学学报》2018年第1期，第79页。

政策，北京作为国家首都在政策贯彻上不遗余力，优生优育话语重塑了婴儿诞养的制度环境。与此同时，政治基调的拨乱反正、市场经济的初步发育以及传统文化的再度复兴，促使北京家庭的婴儿诞养实践面临新的挑战。第三个时间段是2016年至2019年，即笔者进行田野调查的时间，北京市不断完善保障婴儿诞养的基础设施，政府进一步推动科学养育的同时，市场机制也催生了规模庞大的母婴用品与服务市场，在互联网技术加持下深入私人生活领域，家庭本身的结构也发生了显著变化。

  针对以上三个时间段，可供研究的资料主要有两类：一种是笔者在2016~2019年基于田野工作撰写的家庭研究民族志，一种是通过各种渠道搜集到的20世纪30年代和80年代的二手文献。第一种资料的获得来自对单个家庭的观察与访谈：2016年12月到2019年10月，笔者在北京市开展了田野调查，地点分别位于海淀区、东城区、朝阳区、丰台区、石景山区以及房山区，从推进的过程看，分为三个阶段：首先，2016年12月到2017年7月，笔者针对该地区的婴儿诞养整体面貌进行了探索性的社会调查；其次，2017年7月到2018年7月，笔者依靠第一阶段积累的知识与线索，实施了系统的深度访谈与参与观察。最后，2018年8月到2019年10月，基于对素材的整理与分类，笔者又对研究的案例进行追踪与补充。第二类资料的收集与整理则比较复杂：其一是时事性的文本，比如定期发行的报纸刊物、畅销的大众读物、纪实小说等，能够帮助我们还原社会事实的始末，呈现当时事件的面貌；其二是分析性的文本，比如同时代的研究专著、论文、时评等，有助于我们了解事件产生的缘由，以发现其背后的人物关系与社会思潮。通过对上述资料的搜集整理，我们可以对北京家庭的婴儿诞养状况进行历时性的审视，并深入了解现如今人们观念的由来与实践的逻辑。下文将从制度环境与私人生活两个方面，对主要的研究资料和调查方法进行介绍。

二 制度环境的研究资料

北京作为中国北方重要的文化区域，婴儿诞养的制度环境由成体系的宗教信仰、仪式仪轨、医学知识构成。但近代以来，这套体系在西方公共卫生与医疗制度传入后动摇瓦解。在这个文化区域里，促使婴儿诞养制度变迁的标志性事件之一是北平第一卫生事务所的设立。20世纪20年代，出生于中国宁波的加拿大裔医学家兰安生（James S. Grant）主导建立北平第一卫生事务所并推行公共卫生实践。这种在城市建立三级保健网的模式，被称为"兰安生模式"。近年来，史学界详细论述了这一模式如何从产婆改造、户籍制度等方面影响了当时北京家庭的婴儿养育。[①] 与之相关的史料大量涌现之际，从中寻找确切的研究资料，考察西方公共卫生制度在本土化过程中的问题，却是既有研究有所欠缺的部分。有鉴于此，我们将从一个有代表性的社区入手，考察北京地区婴儿诞养的制度环境变迁。在社会学研究领域，1930年到1941年的清河试验被视作中国近代社区研究的重要成果，可以为此提供佐证。近年来学界大量讨论了民国时期燕京大学在清河试验中的角色与作用，但较少关注到作为洛克菲勒基金会在华另一资助对象的北京协和医学院及其关联学校，其实同样深度参与了清河试验，尤其是其中的医疗和公共卫生部分。本书试图梳理有关北京协和医学院、国立第一助产学校的历史资料，

---

① 杨念群：《"兰安生模式"与民国初年北京生死控制空间的转换》，《社会学研究》1999年第4期，第98~113页。

还原清河试验不为人知的一面，搜集的资料包括 20 世纪 30 年代清河试验中医务工作者（助产士、医生）的回忆录以及他们在刊物上发表的文章等。我们将结合相关材料，考察政府、学界等各方力量如何改造北京的婴儿诞养风俗，关注现代医疗与公共卫生制度推行的过程与结果。

尽管民国时期的国民政府极力标榜西式的公共卫生制度，然而由于历史原因，社会改造并没有贯彻到底，新生的人民政权对原有制度进行了批判性的继承，赋予了其集体主义的意涵。北京家庭婴儿诞养的制度环境呈现出新的特点，国家一方面增设基层公共卫生单位，促使家庭遵循鼓励生育的方针；另一方面又通过公共卫生单位普及医疗资源，在城市进一步破除婴儿诞养的旧俗。这一局面直到改革开放初期才告一段落。20 世纪 80 年代，伴随着政治、经济、文化方向的转变，婴儿诞养的制度环境被重新塑造。本书搜集的资料围绕一位当时在北京大学的留学生展开。作为 19 世纪 70、80 年代在华的外国留学生，来自德国的罗梅君（Mechthild Leutner）在 80 年代对北京海淀、大兴等地家庭的婴儿诞养状况进行了调查，并撰写了博士论文《北京的生育、婚姻和丧葬：19 世纪至当代的民间文化和上层文化》，为我们了解那个时代的北京社会提供了经验支撑，她从一个西方人的角度讲述了改革开放初期婴儿诞养的制度环境面貌。为了进一步了解罗梅君的田野工作，我们还搜集到她的回忆录，作为描述性的材料。

改革开放以后，虽然北京实行严格的计划生育政策，但人口数量在近 40 年的时间里快速上升，急剧的城市化进程孕育了大量的中产家庭。官方数据显示，2017 年北京市常住人口为 2170.7 万人，人口规模在国内仅次于上海。人口不断增长与该地区的经济发展密切相关。2017 年，北京市地区生产总值为 28000.4 亿，全市职工平均工资为 101599 元，人均可支配收入 57230 元，位于国内前列。① 为了满足城市家庭生育的基本公共服务需求，政府致力于扩大爱婴医院的规模与质量。自 2013 年开始，卫生与计划生育部门依照世界卫生组织及联合国儿童基金会的要求，重新确定全市 105 家医疗机构为爱婴医院，并开展了爱婴服务"在医院、下社区、进家庭"的活动，创建大量爱婴社区。数量庞大的育龄家庭还激发了母婴用品与服务市场的繁荣。根据行业内部的测算，2015 年，北京市家庭对婴儿奶粉的需求位居全国第一，从用户的平均购买量上看，2015 年三季度，北京平均每个用户购买 8.2 罐奶粉。② 除了婴儿食品的消费，北京家庭对育儿家政服务的需求也不断提升，各类月嫂、育儿嫂、育婴师等从业者数量增长，也催生了月子中心一类的服务机构。2019 年的数据显示，中国主要城市月子中心商户分布中，北京以 13.3% 的比重占据首位，而在 11 个热门城市中，月子中心人均消费最高的为北京，达 67992.6 元。③ 以上数据显示出北京家庭对于母婴照料服务的迫切需求。

政府通过集中资源与社会动员的方式，促使家庭科学喂养婴儿。但与此同时，我们仍然能够发现育儿父母的困扰，有的甚至发酵成为公共事件。2017 年，中央电视台"3·15 晚会"曝光了北京市母婴服务协会在月嫂培训时存在随意发证的现象。"只要交纳 1380 元，不仅可以办理高级母婴护理师证，还可以办理高级育儿证，不培训

---

① 《北京市 2017 年国民经济和社会发展统计公报》，北京市统计局、国家统计局北京调查总队，2018 年 2 月 27 日，http：//tjj.beijing.gov.cn/bwtt_31461/202002/t20200216_1632475.html。
② 《支付宝蓝色幸福指数城市报告》，中国新闻网，2015 年 11 月 25 日，http：//news.163.com/15/1125/11/B98VFJ8000014JB6.html。
③ 艾媒产业升级研究中心：《2019 中国月子中心运行大数据与产业趋势分析报告》，https：//www.iimedia.cn/c400/65028.html。

也可以先拿证。"① 月嫂行业的乱象不仅揭露了母婴服务从业人员的资质问题，而且反映了婴儿诞养制度存在的问题。面对政府主导的公共卫生政策与野蛮发育的母婴用品及服务市场，北京家庭显然身处复杂境地。笔者于 2016 年至 2019 年开展了田野工作，访谈对象包括参与抚养年龄在 18 个月以下的婴儿、同住 6 个月以上的家庭亲属成员，以及婴幼儿的父母及参与其中的亲属。研究者接触了位于北京市区的 29 个家庭，并对其中的 22 个家庭进行了调查，获得了一手的研究资料。在受访家庭中，婴儿的年龄、喂养时段以及育儿夫妻的年龄、职业、受教育程度各有不同，样本具有一定的异质性。其中，有 14 个家庭存在不同程度的祖辈支持，涉及两代育儿者。研究者搜集了家庭内部不同成员对于喂养婴儿的观点与认识，形成了以目标家庭的夫妻叙述为主，辅以祖辈亲属态度的访谈资料（受访家庭情况详见附录）。田野工作还包括长期参与观察，入户的家庭、知识宣讲会会场、休闲聚会场所、妇幼医院、劳务市场是研究者参与观察的地点。

三 私人生活的研究资料

在搜集上述婴儿诞养的研究资料时，我们还发现了另外一些有益的线索，这些文本中提及了不少内容并非讲述制度环境的变迁，而是指向了北京家庭的私人生活领域。在我们设定的三个时间段里，婴儿诞养实践在私人生活领域同样发生着转变，这种转变与制度环境的变迁在研究资料上表现出互文与呼应。在梳理清河试验有关公

---

① 《315 晚会曝光母婴行业 金牌月嫂证只要花钱就能搞定?》，《北京晚报》2017 年 3 月 15 日。

共卫生建设的史料中，我们捕捉到了协和系医务工作者之外的身影，就是不少前来实习的燕京大学学生。燕京大学社会学系盛行在读学生投身社会服务的风气，学生们要在实习中收集研究素料并撰写毕业论文。在吴文藻的指导下，邱雪峨的学士学位论文《一个村落社区产育礼俗的研究》描述了北京郊外清河家庭的婴儿诞养实践。①而作为一种关注的延续，杨堃指导学生王纯厚撰写了学士学位论文《北平儿童生活礼俗》，其对北京内城家庭的扩展调查，可以作为前者的补充。②燕京大学的学生运用参与观察法，不仅生动描写了20世纪30年代北京家庭婴儿诞养的私人生活安排，还介绍了当时社会对诞养旧俗的认知，为本书提供了重要的经验支撑。

国家凭借移风易俗，介入私人生活领域，北京家庭的婴儿诞养习惯在民国时期开始发生转变。传统的民间风俗瓦解之后，婴儿诞养实践愈发依赖国家的主宰。在集体主义时期，婴儿养育知识显然是单一且薄弱的，国家更多依靠的是政治动员。直到80年代，知识的力量被民众重新发现。我们在整理罗梅君的调查资料时发现，她多次提及了有关婴儿养育的科普读物，诸如《青年指南》《家庭育儿》《家庭卫生100讲》等在街头巷尾流行，备受北京家庭追捧的刊物。其中，《父母必读》杂志是其中的代表，它被认为是改革开放以来对北京家庭最具影响力的育儿读物之一。《父母必读》于1980年创刊发行，在最初发行的十年间经历了文章风格的确立、栏目的增设，这些调整无不是为了满足家庭的现实需求。有鉴于此，我们搜集了1980~1989年发行的《父母必读》共计120期月刊作为研究资料。通过对杂志中文章、栏目进行文本分析，从中发现80年代北京

---

① 邱雪峨：《一个村落社区产育礼俗的研究》，学士学位论文，燕京大学，1935。
② 王纯厚：《北平儿童生活礼俗》，学士学位论文，燕京大学，1940。

育婴家庭的私人生活面貌及其转变。

　　改革开放以后，人们越发强调婴儿诞养的精致化与个体化，这在一定程度上要求我们更加深入育婴家庭的日常生活中开展研究。现如今，互联网已然成为获取婴儿诞养知识的重要平台，各种微信妈妈群组、育儿网站使细化的养育知识更加唾手可得，这也为研究者寻找调查对象并对其展开调查提供了机会。这种虚拟民族志讲求的是，研究者将互联网视作一种文化情境，进而置身于这种情境之中开展田野工作。[①] 在2016年至2019年的田野调查中我们运用了虚拟民族志的方法，除了在网络环境中进行参与观察和有限的访谈之外，还积极利用各种网络平台进行田野工作的延伸，开展线下的田野工作，致力于实现"线上与线下"（online-offline）的结合，发掘潜在的调查对象。

　　具体而言，首先立足于网络空间的长期参与观察，通过参与各种母婴论坛、微信群组、QQ群组，接近被访群体中的活跃人物，进而与之建立联系。与此同时，研究者长期在群组中参与观察，获得了本地知识与专业视角，由此形成了最初的问题意识与访谈提纲。其次，在互联网的母婴论坛与群组的探索性调查中，研究者通过"线上"联系"线下"的方式，将田野工作拓展到现实生活中，获得了可接触的被访者。主要方式是积极配合母婴群群主或者里面的核心人物，参与组织定时的线下活动与聚会，在这个过程中，研究者与调查对象建立了联系并形成了积极的互动，以了解被访者的家庭生活。最后，通过定期的聚会，研究者与受访者保持共同学习的关系，获得了大量的二手文献。这些素材包括与婴儿喂养相关的书

[①] Hine, C., *Virtual Ethnography*（London：Sage，2000），pp. 9，15-27；卜玉梅：《虚拟民族志：田野、方法与伦理》，《社会学研究》2012年第6期，第217~236页。

籍、影音资料、母婴产品的广告、智能手机应用软件中的信息等。必须承认，本书对于育儿家庭的观察也存在一些局限。其一，访谈对象以城市的中等收入家庭为主，对于高收入家庭和低收入家庭，研究者缺少足够的接触，这不利于阶层之间的研究对比。其二，尽管有个别受访者在农村长大，但我们的田野工作局限于城市家庭，对当前农村家庭的婴儿喂养现状缺乏深入关注，缺少城乡之间的比较。另外，婴儿喂养是一个现代性的问题，它嵌入城镇化与社会分层的进程中。但就本书的研究目标而言，研究者关注的是城市工薪家庭的故事，探讨他们如何塑造家庭内部的秩序、应对家庭外部的挑战，以及贯穿家庭内外的实践逻辑。

第二章

保育清河婴孩

——1930年代的社会试验

在现代公共卫生制度推行之前，北京家庭的婴儿诞养受传统的风俗仪式、医学知识、产婆群体影响。中华民国成立以后，"兰安生模式"在北平建立，在社会力量的推动下，其影响很快向周边辐射。一股以现代科学与专业学术推动社会改良的风气席卷而来。20世纪30年代，清河试验区在北平第一卫生事务所的支持下，开始在京郊海淀北部的清河镇开展婴儿诞养旧俗的改良工作，来自北平协和医学院、国立第一助产学校的医务工作者全程参与了试验区卫生股的工作与筹划，旨在塑造婴儿诞养的崭新制度环境。与此同时，作为清河试验的主要推动力量，燕京大学社会学系的一些学生以实习生的身份跟随助产士，参与到推广婴儿诞养新法、破除迷信旧俗的行动中。在社区研究的路径指引下，学生们以实习工作为展开田野调查的契机，收集材料撰写学位论文。婴儿诞养议题很快为社会学系的师生所关注，其间发表的论文生动描写了传统北京家庭的婴儿诞养活动，成为当时社会改良的重要借鉴。清河试验区的学术调查与社会改造，反映了20世纪30年代北平家庭婴儿诞养实践的制度环境与私人生活。

本章第一节将向读者介绍30年代北平郊外清河试验的面貌，利用当事人的一手调查报告和民族志记录，还原清河试验关于婴儿诞养议题的工作，分析燕大社会学在何种学术传统下开展婴儿诞养的主题研究，以及社会力量怎样推动了区域内家庭的婴儿诞养旧俗改造。从学术调查与社会改良两个方面深入展开论述。第二节将从燕京大学社会学系学生撰写的民族志文本入手，依据传统婴儿诞养风俗产生的线索，寻找传统北京家庭的私人生活面貌及其开展的逻辑。第三节将基于清河试验区医务工作者的记录文本，从现代性的视角出发，观察当地的婴儿诞养旧俗是怎样被施加改造的，改良者又是如何推广新法，最终是否达成了目标。

第一节　学术与改良

燕京大学社会学系有系统、有组织的社会调查始于1928年。是年，洛克菲勒基金会拨付给燕京大学社会学系2000美元，用以推进中国社会学的发展。社会学系主任许仕廉长期以来致力于社会学的中国化，在他看来，中国本土社会学的孕育与发展，要依靠扎实的社会调查，"用相当的时间，作数量分析的研究，较比普通用概略的方法叙述社会生活为有价值"。[1] 在许仕廉的主持下，燕大社会学系选定燕园东北4公里外的清河地区，一处"既不是十足的都市，也

---

[1] 许仕廉：《一个市镇调查的尝试》，李文海主编《民国时期社会调查丛编（二编）·乡村社会卷》，第1页。

不是纯粹的农村"的地方,① 对当地的人口、家庭、经济组织等方面,开展了为期两年的社会调查,中国社会学史上著名的清河试验拉开了序幕。1933年,吴文藻就任社会学系主任,推动清河试验将社区研究方法与社会学中国化的理想相结合,从而在社会改良层面提出具体措施。在诸多领域,生育议题被较为着重地关注。在学术研究层面,燕京大学社会学系师生调查了清河地区的婴儿诞生和养育状况,以及存续下来的风俗,从本土视角探讨移风易俗的意义;在社会改造层面,清河试验区专门成立了行政部门改造当地的旧俗,延请专业的医务人员推行新式的接生与养育之法。可以说清河试验对于婴儿诞养议题的关注,不仅出于社会学、民俗学研究中国化的学理旨趣,更与当时国家改良社会风气息息相关。

一 学术

早期的清河调查目的在于指导当地的社会服务。② 清河镇地处北平和河北交界处,地跨北京北郊和河北宛平县、昌平县,面积约200平方公里,由43个村庄构成。经过两年的细致研究,许仕廉、杨开道与燕大社会学系的学生于1930年完成了《清河:一个社会学分析》(Ching Ho: A Sociological Analysis),这是中国近代第一部城镇调查报告。清河的调查报告涵盖了当地民众生活的诸多方面,当地家庭的婴儿诞养情况作为重要部分,更是用了相当篇幅描述,报告在结尾建议,"清河除了药铺以外缺少诊疗所,而

---

① 黄迪:《清河村镇社区——一个初步研究报告》,李文海主编《民国时期社会调查丛编(二编)·乡村社会卷》,第33页。
② 赵晓阳:《寻找中国社会生活史之途:以燕大社会调查为例》,《南京社会科学》2016年第2期,第141~147页。

产婆也没有受过训练,所以当设立一个卫生事务所,并且专有一个下午为母亲及婴儿教导"。①

1933年,吴文藻主政燕京大学社会学系之后,推动了研究上的方法范式转型。② 清河试验区的社会调查被进一步赋予了学术性,旨在"将实验与理论打成一气,实验乃真为理论的实验"。③ 在吴文藻看来,推动社会学中国化的,不能是单纯以描述为主的社会调查,而应该融入社会学的理论与研究方法;要对现实问题有着深刻的关注,通过对社会制度、风俗习惯的功能主义研究,促成社会改良目标的实现。

邱雪峨在试验区的卫生股有长期实习的经历,利用工作之余收集了大量的研究素材。邱雪峨在《一个村落社区产育礼俗的研究》中介绍调查方法的部分,提到了局内观察法④,这种研究方法因应了吴文藻所倡导的社区研究思路,在同时期他指导的许多毕业设计中均有体现。1936年,吴文藻为其学生费孝通、王同惠之《花蓝瑶社会组织》撰写导言:"在研究任何'风俗'或'信仰'的功能时,必须把社区看作一个统一的体系,然后来决定它在这整个社会生活中所占的地位。"⑤ 局内观察法是社区研究的重要方法,依托这个方法,邱雪峨深入清河试验区,了解当地婴儿诞养的制度与生活。在《一个村落社区产育礼俗的研究》序言里,邱雪峨详细讲述了她是如

---

① 许仕廉:《一个市镇调查的尝试》,李文海主编《民国时期社会调查丛编(二编)·乡村社会卷》,第9~10页。
② 侯俊丹:《市场、乡镇与区域:早期燕京学派的现代中国想象——反思清河调查与清河试验(1928~1937)》,《社会学研究》2018年第3期,第196页。
③ 杨堃:《我国民俗学运动史略》,《民族学研究集刊》第6期,1948年,第99页。
④ 局内观察法,现今亦称参与观察法。
⑤ 吴文藻:《〈花蓝瑶社会组织〉导言》,瑶学丛书编辑委员会编《20世纪上半叶瑶族调查报告文集》,民族出版社,2014,第12页。

何践行局内观察法的。

> 凡遇生产、洗三、十二朝、满月、百日、周岁诸日期,一有机会,作者即前往参加。有时随同卫生股助产士接生去,有时蒙母亲会会员之邀请参与此等日期;在家庭拜访之机会中,时亦遇见此种喜庆之事。此外作者曾参观过三个娘娘庙,观察妇女们到庙里所行的一切举动,并由司庙者处,亦探访不少的材料……清河镇妇女多半来自各村庄,这种传统的礼俗早就灌输于她们脑中,她们自然就是各村庄的代表。而且清河镇附近村庄所遵守的产育礼俗,大都相同,材料虽得自少数身上,然而也可以代表清河全社会的状况,这是绝无可疑的。[1]

自 1932 年以后,清河试验区的基础设施和行政机构也在不断完善,并面向当地家庭开展工作,邱雪峨在实习中接触到越来越多正在哺育婴儿的母亲,或者是家庭里的其他亲属成员。也有的时候,她和助产士在入户工作时,会遇到彼此观念和方法冲突的传统产婆。邱雪峨十分机警,她有策略地选择调查方案、变换态度、假扮角色去收集材料,较为顺利地取得了对方的信任,避免发生尴尬。她在文中介绍了调查方法:

> 作者曾摇身变化为几种人物,当随同助产士去接生时,作者就也假装为助产士,虽为外行之人,也得架起内行的神气,协助传递药物用品等琐事。当与旧式接生婆访问时,作者即现出原形来,表示非属于接生事业以内之人,因彼辈最怕新式助产士干涉她们,或剥夺她们的生意;当与产妇或孕妇接谈时,

---

[1] 邱雪峨:《一个村落社区产育礼俗的研究》,学士学位论文,燕京大学,1935。

作者即具着老太太的神色态度和她们交谈；至于母亲会会员们，因彼此均相认识，就没有种种拘束，用坦白的态度来往。①

这段话也从一个侧面反映了清河家庭在婴儿诞养上确实存在着思想上的纠结：人们开始谨慎地判断传统诞养风俗习惯的可行性，同时思考如何面对试验区里助产士们推行的西方新法。应该认识到，上述纠结的背后是国民政府与社会力量共同推动的话语转变。新式婴儿诞养之法自清末民初在中国社会生根发芽，离不开西方资助及医疗机构的推动，邱雪峨的实习地点清河试验区的卫生股，便是得到了北平协和医学院及有关力量的支持。除此之外，北平的民国政府同样在推行新式婴儿诞养之法，并为此出台了各项措施。但在邱雪峨看来，政府推动风俗改良难以获得良好的效果，乃是因为没有切实实地考察过这些风俗的功能与结构，而是只作为官样文章。"所以用强力去施设礼俗，不一定能奏功效，因为礼俗是由于本民族生活积聚底经验所形成。"②

在社会力量的介入下，清河家庭开始反思过往照料婴儿的方法是否恰当。然而正当清河试验如火如荼地进行时，动荡的时局却浇灭了人们的热情。1937年七七事变爆发，日军炮火延烧至此，清河试验被迫暂停，吴文藻于当年离开燕大。在新任系主任赵承信的推动下，试验区的田野工作点从清河镇及其周边，转到域内更靠近内城的平郊村。清河试验区仅村庄就有40余个，人口规模较为庞大，而平郊村的户数一直在60户上下，人口只有300人左右，是研究者可以细致观察的微型社区。③ 可以认为，平郊村的社会调查是清河试

---

① 邱雪峨：《一个村落社区产育礼俗的研究》，学士学位论文，燕京大学，1935。
② 邱雪峨：《一个村落社区产育礼俗的研究》，学士学位论文，燕京大学，1935。
③ 赵承信：《平郊村研究的进程》，《燕京社会科学》第1卷，1948年，第107~116页。

验的一个注脚，1937年加入社会学系的杨堃在其中扮演了关键角色。自1931年学成归国，杨堃一直致力于引介法国社会学、民族学、民俗学理论，他希望通过学理上的澄清，促进这些学科在中国的社会科学化，相继出版了如《社会学文存》（1938）、《葛兰言中国学研究导论》（1939）、《社会发展史鸟瞰》（1939）、《民俗学与民族学》（1940）等著作。在他看来，社会学中国化的前提在于，将欧陆社会学的社会科学化进程公之于国内学界，厘清不同派别的发展趋势，学人们便会摸索出社会学中国化的发展路径。

吴文藻虽然离职，但他遗留下的社会调查风气在社会学系仍然具有影响，杨堃接手了平郊村及其周边的调查与指导工作。杨堃重视吴文藻的局内观察法，认为社会科学化离不开科学的社会调查方法，无论是社会学还是民族学、民俗学，社区研究路径都是重要的切入点。1941年太平洋战争爆发前，杨堃先后指导了19名社会学系学生的毕业论文。学生们没有著述经验，很难选取到有足够把握的题目，杨堃便亲自设计论文的题目后推荐给这些学生："这些论文的水准大致全可满意。并有几本特别精彩……像这样师生合作，认真研究的情形在燕大以外恐怕是不多见的。"① 在这19份论文中，王纯厚的《北平儿童生活礼俗》延续了对于婴儿诞生与养育议题的关注，可以将之视为邱雪峨关于清河社区研究的补充与扩展。② 她将研究资料的搜集方法归纳为两种："一为间接的，即之于书籍、报纸、杂志等已有之记载；一为直接的，即实地之调查，当面之询问，与局内观察法是也。"③ 另外，王纯厚还强调了邱雪峨对自身写作的影响，

---

① 杨堃：《我国民俗学运动史略》，《民族学研究集刊》第6期，1948年，第99页。
② 在燕京大学社会学系的众多学位论文中，周恩慈的《北平婚姻礼俗》（1940）、郭兴业的《北平妇女生活的禁忌礼俗》（1941）也略有涉及。
③ 王纯厚：《北平儿童生活礼俗》，学士学位论文，燕京大学，1940。

她多次引用邱雪峨的表述，并且在文末评价道："作者（邱雪峨）所研究之村落乃系北平西郊清河镇社区，其产育礼俗多与平市者相似，故为参考中之主要者……作者能以社会学之观点研究该社区之产育礼俗、价值及效果自然是卓著的。"① 作为对于前者研究对象的扩展，王纯厚并不拘泥于平郊村及其周边的调查（蓝旗、海淀等），还深入探索了北平城内家庭与其区别，从城郊、内城两方面考察北京家庭的婴儿诞养状况。

图 2-1　通往清河镇的广济桥近貌

除了研究对象的扩展，王纯厚对于传统婴儿诞养旧俗的考察延续了邱雪峨的研究。首先在问题意识上，她们都是倾向于从现代社会的视角出发，将旧俗视为落伍者，这无疑呼应了风俗改良的社会背景。其次在研究方法上，在邱雪峨看来，社区研究是将社区视为统一的体系，而讲求运用各种方法剖析其中的诞养风俗；王纯厚的

---

①　王纯厚：《北平儿童生活礼俗》，学士学位论文，燕京大学，1940。

研究在继承了这种思路的同时，还融入了杨堃宣扬的欧陆社会科学思维，强调社会事实之间的关联性。在《北平儿童生活礼俗》中，社区概念被升华为更为宏观层面的"整体性"，王纯厚论述道：

> 社会组织是复杂的、多方面的，而各部又互相发生功能的关系，不能分门独立自成一体。故而研究时亦应多方注意，方可左右逢源。但是一个社区的社会组织是那么的纷然杂陈，千头万绪，欲从事整体的研究，是需要充分的时间，和充足的精力的，故以为期一年之时间，以一身之精力，及其他客观条件之限制，只能从中择取其一，再从而发现与其他纵横各部所发生之关系。事实上，不啻仍为整体之研究，不过是一者为主，余者为副罢了。①

王纯厚从现代民俗学的视角研究传统社会的婴儿诞养习俗，而在她之前，其导师杨堃已经在这个议题上有所斩获。1939年，他与妻子张若名以法文发表了《中国儿童之民俗学的研究》一文，谈到帝制结束的20年来，"中国社会的方方面面都受到现代文明的影响，中国人的生活方式方面也发生了根本的变化，然而，这种影响的范围只限于大城市，特别是新兴的知识分子阶层，为数众多的旧式家庭和普通百姓依旧保持着他们旧有的习俗与迷信"。② 在杨堃看来，学术界首先要做的是对这些诞养旧俗予以妥善的描述与阐释，而非一味附庸政府的风俗改造政策，这种与政治保持边界感的态度从清河试验延续下来，他指导王纯厚的儿童风俗研究可以被认为是在学

---

① 王纯厚：《北平儿童生活礼俗》，学士学位论文，燕京大学，1940。
② 杨堃、张若名：《中国儿童之民俗学的研究》，刘晖译，《民俗研究》1996年第3期，第1页。

术风气上的继承。

二 改良

清河试验的开展依托学术界的智识和社会各界的力量，而非由政府主导。正如上文所述吴文藻之看法，社会改良的前提是细致入微的学术研究，要以学理为指导开展试验区的工作。清河试验的政治属性较为淡化，有着大量专业人士的参与，其中不乏来自专业医学院校的学者、医生以及护士，参与到当地婴儿诞养的社会服务和改良上。1930年，燕京大学在清河镇成立试验区，张鸿钧担任主任后，随即着手在清河镇建立初步的公共卫生体系，其中包括创办保障妇幼健康的卫生福利场所，引入现代助产士制度。卫生股试图借鉴北平第一卫生事务所推行的卫生示范区，推动者是加拿大籍的协和医学院公共卫生系主任兰安生。卫生示范区于20世纪20年代在北京内城获得初步成功，这种模式强调医疗单位的分布与社区内人口和家庭之间的高度重合，让医疗资源更加方便分配。卫生示范区的一个重要工作内容便是妇婴卫生，妇婴家庭诊察访视成为社区工作的中心。[①]

1931年7月，在张鸿钧的主持下，清河镇与北平第一卫生事务所合作，该所于每个星期六派一名医师来清河试验区协助医疗卫生工作，如遇有重症病人则转至北平协和医院诊治。尽管如此，张鸿钧仍然觉得不足，一年后他推动试验区正式与第一卫生事务所、协和医学院深度合作，成立了宛平五区卫生事务所。第一卫生事务所

[①] 杨念群：《"兰安生模式"与民国初年北京生死控制空间的转换》，《社会学研究》1999年第4期，第103页。

的所长李廷安列席了 1932 年 10 月举行的清河试验区区务会议，会上通过成立专门的卫生股，聘请朱邦仁医生为股长，负责区域内的卫生工作。清河试验区卫生股下辖总务组、保健组、防疫统计组、环境卫生组、卫生教育组、医疗组。其中，负责妇婴工作的是保健组和卫生教育组。保健组负责学校卫生、孕妇婴儿健康会、助产工作、产婆训练等事宜，卫生教育组负责母亲会、文字图标宣传、卫生运动与宣传。① 受卫生示范区的影响，婴儿诞生与养育也成为清河试验区进行社会改良的重要内容。但由于新式助产士与医护人员紧缺，工作开展得并不顺利。李廷安曾撰文回忆：

> 本区第一年之卫生工作，系试办性质，未能举办助产工作，本地居民，时有难产事情，来区求治者，本区只能将彼等介绍至北平协和医院收生，此种办法，病家之担负既大，且不足以应急。自本年 7 月 1 日起，遂添聘助产士 1 人，来区担任助产工作，与卫生工作同隶于本区之服务股。及卫生股成立，因助产工作为卫生工作之一部分，助产工作遂并划归卫生股办理。②

清河试验区草创伊始，妇幼医疗力量实属薄弱。而不久之后，当地发生的一件事情，间接促成了这一局面的改变。试验区刚刚建立时，清河镇上仅有一名全科的中医，为当地居民诊断问疾。有一天，这名中医的妻子难产，他找到了张鸿钧请求帮助。情况紧急，张鸿钧联系了北平协和医院，介绍该中医的妻子入院手术，最终母子平安。经过这件事情，张鸿钧接触到了协和医学院的卫生科，了解到卫生科的杨

---

① 内政部年鉴编纂委员会编《内政年鉴·卫生篇》，商务印书馆，1936，第 222 页。
② 李廷安：《中国乡村卫生调查报告》，李文海主编《民国时期社会调查丛编（二编）·医疗卫生与社会保障卷（上）》，第 5 页。

崇瑞医生在北平筹办了国立第一助产学校。张鸿均很快与杨崇瑞取得了联系，希望国立第一助产学校能帮助试验区的卫生工作。得知张鸿钧的诉求后，杨崇瑞很快便赶赴清河镇了解当地的妇婴卫生情况，发现产妇和新生儿由于产褥热和新生儿破伤风而死亡率较高，萌生了在清河试验区建立学校实习基地的想法。① 经过北平商界多方筹款，国立第一助产学校于1932年在清河试验区开辟了实习基地，定期向清河试验区派助产士，当地妇幼卫生工作得到了进一步的改善。

国立第一助产学校建立于1929年11月，是中国第一所妇幼卫生专门学校，培养新式助产士与妇幼科医护人员。国立第一助产学校的成立与北平协和医学院有着千丝万缕的联系，协和资深医师杨崇瑞受聘担任学校首任校长，她曾于1925年到约翰·霍普金斯大学进修公共卫生和妇产科教育，深知妇幼卫生教育对于国计民生的重要性，"对于产妇婴儿意欲设法保护之，惟因教育尚未普及，人民知识不等，致使卫生事业之发展无不障碍"。② 在杨崇瑞的奔走下，国立第一助产学校得以招收第一批公费学生，并陆续在学校增设了50张病床，以实践服务社会。除此之外，北平协和医学院公共卫生科和妇产科的李廷安、严镜清、林巧稚、朱章赓等多位专家和毕业生先后到该校任教，给予师资上的保证。③ 接受两年的专科教育后，助产学校的毕业生都会被安排去协和医院各科实习。其中崔润生是学校派往清河试验区的第二名毕业生，也是服务最久的助产士。此前，她的同学周荣先已被派往此处，但很快便于次年到南京的中央助产

---

① 崔润生：《杨校长与清河镇实习基地的创办》，严仁英主编《杨崇瑞博士——诞辰百年纪念》，北京医科大学、中国协和医科大学联合出版社，1990，第51页。
② 杨崇瑞：《产科教育计划》，《中华医学杂志》第14卷第5期，1928年，第63页。
③ 王勇：《中国现代助产教育的奠基：杨崇瑞与北平国立第一助产学校》，《天津护理》2014年第6期，第484~485页。

学校工作了。① 1932年底，杨崇瑞选中了刚刚从助产学校毕业的学生崔润生，将她从学校的门诊部调往清河试验区，临行之前嘱咐道："你这次到农村去开展妇幼卫生工作，这是个重要而艰巨的任务。……下去就要把基础打好，因为这个问题不仅关系到一个人的身体生长发育素质，更重要的是提高中华民族健康水平的大问题。"② 崔润生听从了杨崇瑞的安排，很快到清河试验区上任，她到任之后着手制订计划，展开了在当地推广新法的工作。

崔润生在清河的首要工作是了解当地婴儿诞生与养育的状况。崔润生通过挨家挨户走访的方式进行调查，不仅了解到当地的妇幼卫生水平，还对清河镇的婴儿诞养旧俗有了基本的了解。从婴儿的产期到哺育，崔润生将当地风俗予以整理，发表在《助产季刊》上。③ 了解到产婆在婴儿诞养中的地位，崔润生继而与试验区的同志一起开展了对传统产婆的改造。

与此同时，试验区卫生股还定期召开母亲会，吸收家庭的适龄女性成为会员，开办各类展览，向当地家庭普及科学的婴儿诞养方法。④ 除了上述事务性工作，崔润生日常最主要的工作是应邀外出接生，并及时回访。1933年，清河镇医院设立，因为生育问诊的数量激增，医院里的人手不足，只能从国立北平第一助产学校请医生前来，遇到疑难病例，甚至会请杨崇瑞亲自施治。⑤ 后续助产士的数量增加后，清河镇医院还安排助产士要在产后进行四次家访，第一天

---

① 周荣先：《拳拳赤子心》，严仁英主编《杨崇瑞博士——诞辰百年纪念》，第55页。
② 崔润生：《杨校长与清河镇实习基地的创办》，严仁英主编《杨崇瑞博士——诞辰百年纪念》，第50页。
③ 参见崔润生《清河附近村庄关于生产迷信的风俗》，《助产季刊》第5期，1935年。
④ 邱雪峨：《一个村落社区产育礼俗的研究》，学士学位论文，燕京大学，1935。
⑤ 崔润生：《杨校长与清河镇实习基地的创办》，严仁英主编《杨崇瑞博士——诞辰百年纪念》，第51~52页。

至第三天每天一次，第五天再去一次，了解婴儿和产妇的健康状况，收到了很好的效果，极大地提高了清河试验区妇幼卫生水平。崔润生的经历很快传到国立第一助产学校，校友们将她看作清河镇助产工作的开拓者。继她之后，学校又向试验区定期派去实习助产士，1935年毕业的唐棣就是其中之一，她见证了崔润生在清河试验区的工作状态。唐棣回忆道：

> 我1935年毕业于北平国立第一助产学校。留校工作两个月后，杨校长对我说："湖南将开展农村妇幼卫生工作，你去好吗？"我欣然同意了。她又说："在去湖南前，你先到河北清河镇学习一下，那儿是燕京大学社会实验区，妇幼卫生工作是第二班同学崔润生开创的，工作得到好评，她走在镇上，大家都尊敬她，和她打招呼。"
>
> 杨校长亲自送我到清河镇实验区，见到当地负责人将我交给崔大姐。当时那里开展了出外接生、产前后家庭访视以及门诊的实施等工作。崔大姐说："在这儿工作，首先要学会骑驴（当地主要的交通工具），其次要与农民打成一片，不能有嫌弃农民的表现，要处处为农民着想，根据他们的条件，因地制宜地尽量做好消毒工作，使母子平安。"①

助产士们工作出色，赢得了当地居民的信任。崔润生在清河试验区卫生股工作的第六个年头，正值国立第一助产学校举办助产师资训练班，她被召回母校培养受训。1937年7月1日，崔润生离开了清河试验区，然而这一去就成了永别。当她回到北京家中的第七

---

① 唐棣：《杨崇瑞与浏阳的妇幼卫生工作》，严仁英主编《杨崇瑞博士——诞辰百年纪念》，第64页。

天，卢沟桥事变爆发了，战火很快蔓延到了清河镇，清河试验区的妇幼工作不得不宣告停止。不久，崔润生得知了清河试验区的消息，"清河乡村医院已被日军打得破烂不堪，她们已逃进了城"。①

从1932年到1937年，清河试验区的妇幼卫生工作取得一定的成效，离不开杨崇瑞、崔润生、唐棣、周荣先等一众医务人员的奉献，后续学界对此也多持肯定评价。但不容否认的是，清河试验作为一次社会改造的尝试又是不彻底的，并不完全是战事迫其终止，也与其自身存在的问题相关。相关研究指出，清河试验没有完成事前计划的公共卫生设计，一名叫爱德华兹的美国人在参观清河试验区后，提及了当地根深蒂固的传统生活习惯及对于现代科学的抵触，清河医院建立后，住院与治疗的费用让当地居民望而却步，大多数人仍然信服旧俗与传统医疗，二者的基础并没有被完全撼动。② 但应该认识到，清河试验的一个出发点在于，如何将传统农业的社区引向现代工业化的社区，其过程中必然会遭遇伦理上的冲突。③ 从另一方面看，推动者对于传统风俗的态度同样重要，如果要强迫居民放弃原有的习惯，摒弃旧有的习俗，是否也要有充足的经济基础或者信仰系统予以承接，而这恰恰是清河试验区尚未准备的，确立婴儿诞养新法的道德合法性过程复杂且艰巨，在短期之内很难实现。

小　结

整个20世纪30年代，婴儿诞养是燕京大学社会学系师生所关

---

① 崔润生：《一个助产士的自述》，《助产学报》第2期，1948年，第51页。
② 彭秀良：《守望与开新：近代中国的社会工作》，河北教育出版社，2010，第118~119页。
③ 阎明：《中国社会学史：一门学科与一个时代》，清华大学出版社，2010，第96~97页。

注的议题。在社区研究的方法论指导下,邱雪峨的《一个村落社区产育礼俗的研究》和王纯厚的《北平儿童生活礼俗》对传统北京家庭的诞养风俗进行了细致的剖析。邱雪峨利用在清河试验区的实习经历,运用局内观察法搜集了大量研究素材,详细论述了婴儿从孕育、出生、周岁以后诞养风俗的构造。张纯厚延续了邱雪峨的研究方法,将研究对象从北京郊区家庭拓展到北京内城家庭,并从社会组织的整体性考察婴儿诞养风俗的内在机理。上述立场具有一贯性,如邱雪峨所言,"这些礼俗的遗留,在一般人看来,只觉得可笑,而不知于'民俗学''教育学''政治学'都有关系,尤为改良礼俗者完不能漠然视之的"。[①]

民国时期,研究者对待旧俗的出发点是,首先对风俗开展本土、科学的研究。顾颉刚在为《民俗学问题格》所写的序言中体现了这个态度,提出学问家与政治家的职能区分。他认为,大凡学术有两方面,即理论和应用,二者相辅相成、互为因果。学者要"到民间去",必然要将两者区分开来。社会调查应当由社会学家、宗教学家、民俗学家去实行,而在决策时借鉴调查研究的结果,则是政治家、教育家和社会运动家的事情。[②] 清河试验区的婴儿诞养风俗改良正是民国时期以学术改变社会的一种尝试,尽管抱持着热情,但清河试验的参与者仍较为单一,缺少多元的行动主体。清河试验区从设立到开展工作,其中的工作大多由专业人士、学者、学生承担,北平协和医学院及与之密切关联的国立第一助产学校的学者与专业人士参与了试验区卫生制度的建设。以杨崇瑞、崔润生为代表的医生和助产士直接与清河家庭交流,不遗余力地推动新式的婴儿诞养

---

① 邱雪峨:《一个村落社区产育礼俗的研究》,学士学位论文,燕京大学,1935。
② 伯恩:《民俗学问题格》,杨成志译,国立中山大学语言历史学研究所,1928,第6页。

之法，通过外出接生、定期回访、组织母亲会、举办健康展览等方式，让清河当地家庭认识到了新法的积极一面，但终究未能在当地形成强大而笃定的信仰，实现移风易俗的目的。就此而言，我们公允评价清河试验改良诞养旧俗的效果，以学者为代表的社会力量取得了一定的成果，但在战火的延烧下，改良没有贯彻到底。

清河社区的研究与公共卫生改良概览，为我们认识20世纪30年代北京家庭的婴儿诞养实践提供了经验支持。在接下来的两节中，我们将依次展开论述，首先依靠邱雪峨及王纯厚的学术研究文本，还原婴儿诞养风俗的传统结构，以此揭示育儿家庭的私人生活面貌。随后，我们将从崔润生、朱邦仁等医务人员投身清河试验的点滴记录入手，探索社会力量是如何塑造新的制度环境，改变当地家庭的婴儿诞养实践的。

第二节　诞养风俗的传统构造

在传统中国社会，育儿家庭的私人生活安排体现在对风俗的践行上。清末流行于世的中医产科典籍《达生编》提出了"原生论"，将婴儿诞养与中国传统的天命观相关联，"天地之大德曰生，生也者天地自然之理"。[①] 婴儿新生以后，中国各地广泛流传的家庭旧俗反映了原生的伦理意义。北京的婴儿诞养风俗大部分是在婴儿出生后至周岁期内举行的，每个节日都有不同的仪式与信仰，尽管不同民族在民俗文化上有一定的差异，但整体上仍然表现出一致性，"儿童成长前之主要节日，平市居民旗汉两族对这些礼俗的遵守，没有什

[①] 函斋居士：《达生编》，明德书局，1937，第1页。

么大差别，只不过是贫富之分"。① 从 1934 年的夏天到 1935 年的秋天，邱雪峨作为实习生在清河试验区从事妇婴卫生工作，并于 1935 年的寒假用一个星期的时间，在清河镇进行了有针对性的调查，有机会近距离接触并观察当地家庭的婴儿诞养情况。在邱雪峨《一个村落社区产育礼俗的研究》中，清河镇的婴儿诞养大致要经历接生、沐浴、捏骨缝、移窠、吃百家饭、开口等程序，分别在出生、三朝、十二朝、满月、百日、周岁等节日期间，婴儿诞养风俗反映了 20 世纪 30 年代北京育儿家庭的生活面貌。

一 生死

婴儿从母体中分娩，离不开外力的辅助，中国人将这个过程称为"接生"。一般而言，接生分为两段程序：一是运用各种方法，帮助产妇顺利将胎儿降下；二是婴儿落生后，依据步骤和经验，对新生儿的身体进行一系列的处理。掌握上述料理程序的，一般是当地的产婆，也被称作稳婆。在传统的清河社会，产婆有一整套延续久远的方法，这套方法围绕着婴儿的生死展开。新生儿刚刚出生，产婆要先确认婴儿的状态，判断他是生是死。具体的方法是，先探测婴儿的心跳，如无心跳，则是死婴；如果婴儿有心跳但并无呼吸或啼哭，则被称为"假死"②。这时候，产婆用手拍婴儿的背部，与此同时轻声呼唤婴儿父母的乳名。"如果婴儿是男的，则呼其父的小名，女的则呼其母小名……倘如仍无呼吸，则取胎儿用开水浇之，

---

① 王纯厚：《北平儿童生活礼俗》，学士学位论文，燕京大学，1940。
② 北京一带的家庭认为，假死意味着送生之神未将婴儿的魂魄送至，而仅带来了肉身。

再无啼哭则认为真死。"① 对于死去的婴儿，家人会将之埋葬在房屋的后院，将之视作家庭成员，不让其离开家宅。

尽管人们大多强调婴儿降生过程中神灵庇护具有非凡的作用，但在邱雪峨的观察中，清河的婴儿降生仪式是由"送－接"这一过程组成的，送者是当地人信服的神明，接者则是望子心切的家庭。呼唤婴儿双亲的乳名，寓意将神明与家庭彼此沟通，以人伦之理感化送生之神，确保新生儿落生的顺遂。另一方面，夭折意味着"送－接"这一过程的断裂，但婴儿肉身逝去并不意味着与家庭失去了联系，而是紧紧依附在家人的生活环境中，存在于家族的记忆中。确定婴儿活下来之后，婴儿的父亲、祖辈便会在佛堂、祠堂或者家中祭拜家神、祖先，如果是男婴，则代表着香火延续有望，家中所有男性要磕头叩拜。

婴儿出生以后，产婆便将婴儿的脐带牵至其额头，用锋利的瓷片、剪子或者植物晒干的茎片割断。之后，产婆手持烧红的火筷点烫脐带的断处以止血，再将脐带系成一个结，在上面撒上少许明矾，防止溃烂。断脐处理妥当之后，将婴儿的腹脐部分用柔软的棉布覆盖住，拦腰包好。上述是较为普遍的断脐处理方法。在邱学峨的观察中，清河家庭对于婴儿落生时的脐带形态和断脐程序还有着一些迷信。比如，脐带的长短决定了家庭的财运；"脐带绕颈成十字形者，叫做'十字披红'，视为大贵之兆"，其相应的解法是，"须一人拿着脐带的一端，另一个人转动小儿，不可只解脐带"。② 类似的迷信显然是与婴儿诞生的"送－接"程序相关联，人们认为婴儿出生的形态是天意的彰显，这决定了接生者的操作方法。相同的迷信

---

① 邱雪峨：《一个村落社区产育礼俗的研究》，学士学位论文，燕京大学，1935。
② 邱雪峨：《一个村落社区产育礼俗的研究》，学士学位论文，燕京大学，1935。

还进一步延伸到对于产房的认知上。人们普遍认为，除了产婆以及帮助接生的人以外，第一个进入产房并且见到婴儿的人，婴儿日后的容貌、性格、行为会相似于他，这被称作"采生"。清河家庭的普遍做法是，刻意挑选一个第一个进入产房的人。此人为当地公认聪慧之人，或者是贤明有德的人，进入产房后默念婴儿日后长大能同他一样。其时，婴儿的兄长或姐姐尚不能接近产房，必须等到三日后，方可透过纱笼一睹婴儿容貌。

待到婴儿身体简单清洁，擦除血污，包裹完毕后，产妇将和婴儿一起休息一段时间。此时，婴儿已经挺过了第一关，在经历六个小时的母亲陪伴后，婴儿就要"开口"了，这是另一道避死求生的关卡。北京的家庭会用一小块蓝布，内里装上黄连末、大黄、碎核桃仁等苦物，包裹起来将一头扎紧，另一头浸润浓茶或水，随后将其放入婴儿口中，唤起婴儿吮吸的本能。中医认为，婴儿在诞生之初，体内多风寒之气，苦物可以祛风寒、生阳气，帮助婴儿完全摆脱死亡的威胁。婴儿吸吮苦物后，便可以吃母乳了，但是此时产妇尚没有乳汁，家人会事先从本家族内部或者邻里四周商议好乳妇的人选，来给婴儿哺喂第一口乳汁。婴儿能够成功吮吸，开口的这一关便告通过。

开口后，婴儿要第一次穿上衣服。人们会选择用家里老人的旧衣物或孩子父亲的旧裤子，改成小孩的衣服，不能穿新衣服。这里面有两层意思：一是新生儿穿旧衣，不会被鬼怪发现而侵扰；二是确立婴儿在家庭中的位置，亲属关系在第一件衣服上得以确立。产妇则要在未来的一个月里在房间里避而不见生人，减少说话的频率与次数。不论内城还是郊区，大多数北京家庭认为，产妇见到生人不利于乳汁的催生。吃过一剂保安的汤药后，产妇的饮食也多为便于消化的粥饭以及鸡鸭肉汤一类的滋养品，以便尽快催下乳汁。①

与产房内的静谧所不同的是,产房外的家人则忙作一团。婴儿顺利诞生的当日,孩子的父族便要张罗着去"报喜"。报喜人要随身携带红色的鸡蛋、花生,无所谓多寡,先去产妇的娘家告知婴儿出生的消息,再去其他族人亲属的家里,最后是邻里街坊。在清河镇,如果生了男孩,报喜的范围则要尽可能在街坊邻里间扩大,彰显这一家的香火延续。收到报喜礼物的一方,会在孩子三朝的时候前来探望,或者同样在那天随上一些礼物,诸如衣物、糖、肉、蛋等营养品,以表达自己祝贺的心意。

二 沐浴

婴儿出生后的第三天被称作"三朝"。这一天,婴儿要进行出生后的第一次沐浴,这个过程被称为"洗三"。第一次的沐浴实际上是婴儿的身体仪式,被认为可以帮助婴儿从肉身上祛除不祥。就此而言,三朝被清河家庭认作婴儿落生后很重要的庆生日。收到报喜的人会在这天携带礼物登门祝贺,产妇的娘家还会额外送上婴儿用的被褥和首饰。这一天产妇也终于可以见家庭以外的人,她会穿上光鲜的衣服,并正式向婴儿的祖父祖母道喜,恭贺家庭的绵续。

主人家在这一天会准备丰盛的食物款待来客。按照清河本地风俗,三朝的宴请一定少不了打卤面,这种饮食被认为是对婴儿生命的祝福,期望他今后福寿绵延,所以三朝在北京的另一个称谓便是"汤饼会"。来贺喜的亲友会吃上一碗打卤面,而在富贵的人家"汤饼会"则会更加隆重,不仅菜肴丰盛,还会广发请帖,邀请远邻到

---

① 王纯厚:《北平儿童生活礼俗》,学士学位论文,燕京大学,1940。

场。汤饼会的宾朋中自然也少不了接生婴儿的产婆,这是她展现自我的场合。产婆会引着婴儿家人和宾朋向婴儿沐浴的盆里扔些钱,"播起三寸不烂之舌,说些吉庆话,哄得大家向盆里扔钱,意思是扔的越多,将来孩子长大一定大财大贵","铜元四个,就说'四角皆全';八个,就说'四平八稳';十个或二十个,就说'十全',或者'长命百岁'等"。①

产婆是婴儿洗三仪式的料理人。午宴之前,她便会知会主人家,准备好洗三所要用到的东西。基本上大抵有如下物品:新的手巾一块、青布一块、胰皂一块、艾草一团、香油少许、茶水一杯、鸡蛋一个、葱一根、锁一把、秤砣一个、抿子或梳子一把、笔一支(若是女孩,则准备针线)、里面盛着红纸或石榴花的筛子一个以及用来接钱的洗三盆。除了这些物件,还要再备炕公炕母(床神)、送生娘娘(生育神)的纸扎神码,供奉在产房里,点燃高香三炷,备钱粮一份,这就算是准备妥当,可以给婴儿沐浴了。邱雪峨描述了婴儿沐浴的经过:

> 洗儿时,由姥姥主持一切,凡小孩全身各部都要洗到,尤以两掖、腿根、耳夹缝、嘴内等处,要洗二次;俗信两掖及嘴内洗两次,将来不发臭味,也不口臭。洗嘴系用青布蘸香油或茶卤——即极浓厚之茶,说是小孩将来不会得牙龈肿病症。洗时,小孩哭得愈响亮愈好,以为是小孩将来性情爽快的征兆。拧毛巾时,姥姥也得说许多吉祥话,如:"一把金,二把银,三把骡马成群。"②

---

① 邱雪峨:《一个村落社区产育礼俗的研究》,学士学位论文,燕京大学,1935。
② 邱雪峨:《一个村落社区产育礼俗的研究》,学士学位论文,燕京大学,1935。

依据传统,洗三用水由艾草泡制,有扶正祛邪的功能,以祛除婴儿身体内的风邪,洗净婴儿落生时残余的污垢。用药水洁净婴儿之后,洗三仪式步入高潮。在接下来的过程中,产婆要通过一系列的仪式祝福婴儿。祝福需要用语言和动作表达出来,她事先准备好道具,按照既有的步骤表达愿景,这些愿景都是传统中国人对于人生最为朴素的希望。

  姥姥将"洗三盆"内的鸡子,在小儿的脸上、身上旋转,一面说道:"大了细皮白肉","肉光似蛋"等颂语,意思是盼望小孩长大,皮肤像蛋那么白润。又将鸡蛋在小儿嘴上放一放,说道:"有求必应"。此后,姥姥手执一颗大葱,在小儿身上虚打三下,说道:"一打聪明,二打伶俐,三打房那么高";继即命一幼童将葱扔上房顶,意思是希望小孩长得像房屋那样高,就是期盼小孩将来又聪明,长得又快。又用锁一把在小孩嘴上、手上、脚上虚锁一下。锁嘴时说:"嘴紧紧的"——意思是将来不说谎话,嘴严密不替人家往来传话作祸;锁手时说:"手紧紧的"——即将来不滥用钱财;锁脚时说:"脚紧紧的"——以小孩不会乱跑奔走,另一用意,把小孩锁住,不易夭折,次则以秤砣在小孩身上压一下,并说道:"秤砣虽小,压千金",意思是小孩长大必成为有用的人。复用抿子及梳子各一把,在小孩头上梳一下,抿二下,并祝道:"一梳子,二抿子,长大了,戴顶子"……用书一本在小孩身上放一下,用笔在小孩嘴上抹一抹,说道:"多喝点墨水",就是多念点书。①

  分析上述祈福仪式,我们能够发现其中的多层意涵:首先祈福

---

① 邱雪峨:《一个村落社区产育礼俗的研究》,学士学位论文,燕京大学,1935。

的是，子嗣未来身体健康，包含躯体健美以及心智聪达；其次祈福的是，子嗣自洽于社会道德规范，做一个品德高尚的人，传统中国人认为道德修为高可以避祸；最后祈福的是，子嗣实现社会阶层上的跃迁，通过科举获得功名，跨入士人阶层的行列，这是光耀门楣的事情，也是一个家庭进行社会流动的途径。需要注意的是，上述仪式是男婴的祈福仪式，至于女婴，祈福活动同样是贯彻以上三种意涵，但是换了一套说辞，比如在梳、抿过程中，产婆会唤道"一梳子，二抿子，嫁了个女婿戴顶子"，以此行俗。[1]

结束上述的祈福活动，洗三还剩下最后一步，便是祭拜神灵。在清河本地，洗三要礼敬的神灵主要是痘疹娘娘、送生娘娘和炕公、炕母。痘疹娘娘，顾名思义，就是掌管天花病的瘟神。在中国传统社会，天花是死亡率极高的病症，在北京多地都能找到娘娘宫的遗迹，这是婴儿的双亲用以祈祷自家孩子不被天花夺命的场所。洗三的这个步骤便是由产婆去祈求痘疹娘娘。"姥姥拿着筛子一个，内放红纸做的石榴花一朵，在小孩身上联摇三次，旁人问道：'筛甚么哪？'姥姥答：'筛天花痘疹哪！'请老娘娘——痘疹娘娘——稀稀拉拉的多少给两颗就得了。"[2] 之后，便要礼敬送生娘娘和炕公、炕母。关于送生娘娘，此不赘述，我们在前面已经提及其是掌管送子的神明。炕公、炕母亦被称作床公、床母，它们是保佑床帏生活的神明，司职范围比较广泛，包含夫妻房事、女性生育、襁褓婴儿等，洗三这一天是清河家庭拜祭炕公、炕母的重要节日。在沐浴仪式进行到末尾时，大家要对诸位神明有个最终的交代：

在洗三这天，须将（送生）娘娘送走。即购买娘娘神码一

---

[1] 王纯厚：《北平儿童生活礼俗》，学士学位论文，燕京大学，1940。
[2] 邱雪峨：《一个村落社区产育礼俗的研究》，学士学位论文，燕京大学，1935。

份，供在产房，献上乾炉三碟，高香一股，钱粮一份。待小孩洗毕焚之，叫做"送娘娘"。此外尚需购买一份炕公炕母神码，供于产房炕上，并献上面一碟，小米一碟，乾炉一碟，香三柱，洗毕亦焚之，并祝道："炕公炕母本姓李，孩子大人交给你，有了错，就找你"。意思是希望炕公炕母保护小孩大人平安无事。所余灰烬，则装入小红口袋，缀于小孩枕头，为保佑之符。①

洗三结束后，产婆列入宾朋之中，帮助主人家宴请款待客人。洗三盆里全部的铜元，都将算作产婆的进项，也就是"洗手钱"。除此之外，清河的家庭还将再多支付两到三元的报酬，答谢她一天的劳动，等到婴儿诞生的第十二天，这家人还要再次请产婆过来。

三 塑形

婴儿出生的第十二天，被清河的家庭称作"十二朝"。这一天对于婴儿身体的塑造成形至关重要，人们认为过了这一日，婴儿才确定有了一个完整的肉身，告别胎儿的形态，向成人的样貌发展。尽管在这样一个关键的日子，这家人不会再邀请众多亲友前来，但产妇的娘家人却一定要在场，这是当地约定俗成的规矩。除了人到场之外，产妇的娘家人还会带来肉、蛋之类的营养品，礼物的多寡反映了娘家对女儿生育的重视程度，因此娘家人会尽量准备得丰厚一些。

产婆在十二朝这天还会被请到家里来，她要实施一套辅助婴儿身体塑形的程序。邱雪峨并没有详细地描写这套程序，但强调了它对于婴儿成长的重要性：

---

① 邱雪峨：《一个村落社区产育礼俗的研究》，学士学位论文，燕京大学，1935。

接生婆要在小孩身上各部捏一捏，叫做"捏骨缝"，俗信小孩生下来骨缝是开的，待十二天才把骨缝捏合，此时才完全脱离胎儿的形体，而成为真正的婴儿，小孩过了这一天，也就是又过了一个关煞，危险性又减轻了许多。[1]

在婴儿身上各个关节捏一捏，婴儿会更加壮实。而除此之外，婴儿成人的另一个关键节点是脐带脱落，这意味着婴儿彻底告别了新生时的外形，完成了身体正常化的初步塑造。在王纯厚对于北京内城家庭的观察中，十二朝这天同样普遍被视作脐带脱落的日子，产婆会打开当时婴儿出生时拦腰包好的棉布，取下脱落的脐带，将它放到一个红布口袋里面，盼咐这家人将其收藏起来。婴儿的脐带要妥善保存，它在清河当地被视作一种药物，用以治疗小儿痘疹。日后，当婴儿发疹的时候，家里人便从红布口袋中取出脐带，用火烘焙之后研磨，用开水冲服。但需要注意的是，据传婴儿的脐带只限于治疗其自身的疾病，于他人是无用的。[2]

需要指出的是，清河当地在婴儿百日内存在诸多产房内的禁忌，而这些禁忌均是有关婴儿身体塑形时的注意事项。自脐带脱落，婴儿的外形正常化后，这一系列禁忌便在起居中格外被强调：

产房不许钉钉子，户外不准捶棒槌——即在石头上，以木棍捶衣，使之平整。否则小孩脑壳受震荡，而不平整。百日内，小孩须枕绿豆枕头，俗称"割脑勺"，初生小孩，头后部为圆形，枕绿豆枕头后，可使之扁平而美观。[3]

---

[1] 邱雪峨：《一个村落社区产育礼俗的研究》，学士学位论文，燕京大学，1935。
[2] 王纯厚：《北平儿童生活礼俗》，学士学位论文，燕京大学，1940。
[3] 邱雪峨：《一个村落社区产育礼俗的研究》，学士学位论文，燕京大学，1935。

邱雪峨在这段描述中提到的"割脑勺",也叫"睡头"。睡头是让婴儿长时间仰面平躺在装满谷物的硬枕上,将尚未完全钙化成型的颅骨压扁,清末在华北地区兴起。这一习俗来源于满族民间,《满洲源流考》就记载:"国朝旧俗,儿生数月,置卧具,令儿仰寝其中,久而脑骨自平,头型似匾,斯乃习而自然,无足为异。"① 及至满人入关,睡头首先在汉军旗中流行,直到光绪二十七年(1901),满汉通婚解禁,这个习俗便在整个北方普及开来。扁平的头颅不仅被赋予了美观的意义,更被认为是一种福相,婴儿成人后的脸型亦可谓"天庭饱满、地阁方圆"。

完成了上述一系列料理婴儿的仪式后,家里人便张罗起产妇娘家送来的礼物,将肉、面做成水饺给产妇食用。产妇在这一天吃水饺,在清河当地有特殊的意义。人们认为,女性在生产的时候,周身骨缝张开,十二朝后需要慢慢恢复。制作水饺的动作中有捏面皮的环节,便是象征着捏上了骨缝,产妇吃过了水饺之后,骨缝也就会愈合。生育后的女性同样要重新形塑身体,回归正常生活。在接下来的十几天里,产妇要继续"坐月子"。一般认为,汉族的这种产褥期习俗,强调针对产妇哺育婴儿的饮食的调配与营养的补充,但另一方面,这个过程同样强调产妇少动静养,在密闭的环境中使身体得到恢复。②

四 移窠

婴儿诞生的第三十天,也就是"满月"。按照这一天的风俗,婴

---

① 参见万建中《中国民俗通志·生养志》,山东教育出版社,2005,第310页。
② 冯敏:《汉族"坐月子"习俗缘起的历史人类学探析》,《立足田野 躬行探索——冯敏民族学民俗学论集》,民族出版社,2016,第314页。

儿又渡过了一个危险的关卡,能够离开产房出门面见生人,产妇也会告别月子里密闭的环境。清河的家庭照例要张罗一桌"满月酒"宴席,庆祝婴儿移窠。这是婴儿出生以来最热闹的庆祝仪式,无论贫富之家,人们对于满月酒都是极其重视的,如果所生婴儿是这一家的头胎男婴,更是一定要庆祝的喜事。富裕家庭会悬灯结彩,设宴广邀亲友,在家中举行堂会、杂耍,与众多亲友热闹一番;普通家庭至少也要通知亲朋邻里,举家量力凑上一桌菜肴,款待客人。清河当地仍然有句俗语:"赔钱的三天,赚钱的满月。"意思是亲朋来贺婴儿洗三时的随礼远远比不上婴儿满月酒这天的,前者多是诸如肉、蛋、面的营养品,后者则是衣物、饰品或者更为切实的礼金。清河家庭收到的满月贺礼颇为丰富:

> 是日亲友均携带礼物前来贺喜,如小衣、小帽、银锁、项圈等,更有醵资送喜帐者,此外大都又有一份财礼,由一角至一元,叫作"份礼"。娘家则送小衣服、小镯子、耳环、升、斗、钟、印、糖口袋等物。这里有句俗话说:"姑的鞋,姨的袜,姥姥的大海拉。"意思是满月日,姑母要送鞋给小孩,姨母送袜,祖母要给小孩大海拉——即小儿的围巾。是日的来客,都要向主人道喜致贺,晚辈则需向主人叩头,叫作"扣喜头"。[①]

婴儿首次与父族亲属照面,要提前重新打扮一番,要尽可能地讨喜,引得人们称赞。相对应的,前来贺喜的亲戚不仅限于礼尚往来的表达,更重要的是对婴儿在亲属关系上的接纳。众人看望过婴儿后,孩子的父亲便请求其中的长者给孩子起乳名,在清河当地,这类乳名大多是如八十、八十五一类的数字,希望孩子长寿。

---

① 邱雪峨:《一个村落社区产育礼俗的研究》,学士学位论文,燕京大学,1935。

婴儿移窠，产妇也可以外出并且恢复日常的社交生活。在此之前，产妇不能面见生人的原因在于，当地人认为这会影响母乳的产生。为了渡过这一难关，产妇的娘家会在婴儿满月这天给产妇安排"满口"。具体的做法是，产妇坐在自家门槛上，娘家准备好馒头，里面夹上酱肉少许，从其身后递过去，产妇在馒头上咬上一口，然后把剩下的放在一个水瓢里，不许他人触碰，等到满月宴席散去再把剩下的吃完。水瓢下方会插一根针，针眼穿线，寓意产妇的乳汁充足，源源不绝。[1] "满口"之后，产妇才真正算是出了月子，可以自由与生人说话，进出家院内外。当婴儿满月之后，大多数的北京家庭还有"挪骚窝"的风俗，产妇的母亲会来接女儿，带着新生的孩子回娘家住上一段时间，根据实际情况五日到十日或半月不等。[2]这是婴儿第一次离家远行，接触并适应外部环境。在婴儿出行之前，家里人会在他的脖子上挂上不同颜色的棉线，各有寓意——白线有长寿健康之意，蓝线表示阻拦灾祸等，都蕴含着对婴儿的美好祝愿。

五　入世

婴儿一日日成长，接下来清河的家庭要让婴儿适应周边的环境，以保障婴儿的安全。家人们会从两次关键的时间节点上，帮助婴儿初步社会化，参与伦理秩序塑造。首先是在婴儿的百日，然后是在婴儿的周岁。深入研究这两个节点的程序，其背后有道德规范的递进。

在婴儿出生的第一百天，清河的家庭便会为其举行百日礼。要为百日内婴儿的身体形塑画上圆满的句号，为之后的成人生活拉开

---

[1] 邱雪峨：《一个村落社区产育礼俗的研究》，学士学位论文，燕京大学，1935。
[2] 王纯厚：《北平儿童生活礼俗》，学士学位论文，燕京大学，1940。

帷幕。首先，产妇的娘家会送来一大袋拇指大小的馒头，家人把这些馒头用红线穿成一个圈，挂在婴儿的脖颈上，然后怀抱婴儿到住宅外的一个十字路口，请过往路人一人一下地把馒头掰下来。① 这个过程叫作"掰百岁"，使婴儿的身体健康受到陌生人的加持，把保佑婴儿长命百岁的期盼，寄托在外力上。婴儿逐渐成人，自此以后便可以抛开之前的诸多禁忌了，比如"割脑勺"，婴儿百日后便不用再枕绿豆枕头了。家人会将枕头里的绿豆倒出来，让这些绿豆发出豆芽，然后全家食用。清河的家庭普遍认为，这么做有助于婴儿茁壮成长。

百日这天对于婴儿来说，除了身体成人化的阶段性确立，更为重要的是社会融入的进一步开启。接续"掰百岁"的行动逻辑，家人们会邀请邻里亲朋参与进来，通过帮助婴儿社会化的过程，一起抵御灾厄。清河当地家庭在料理婴儿百日事宜时，戴百家锁、穿百家衣、吃百家饭是必不可少的，这些都需要亲朋好友的相助。在清河当地，戴百家锁和穿百家衣的筹办步骤如下：

> 以白米茶叶少许，用红纸裹之，散给亲友，亲友们则以银钱回赠，将集成之钱，购一银锁——锁之正面镌有"百家宝锁"，反面镌"长命富贵"，系于小孩颈上……此外又有一最简便之法，即任唤乞丐，以二三百文易其小钱百文凑够银锁，盖取其从百家讨得者。……向亲友各家，每家乞布片一块，缝在一起，裁作小衣一件，给小儿百岁日着穿。②

尽管此时婴儿大多尚处于哺乳期，并不能吃五谷杂粮，但百家饭的重要性却远胜于百家锁和百家衣。家里人会向亲朋邻里讨一些

---

① 邱雪峨：《一个村落社区产育礼俗的研究》，学士学位论文，燕京大学，1935。
② 邱雪峨：《一个村落社区产育礼俗的研究》，学士学位论文，燕京大学，1935。

粮食，煮熟以后，用筷子蘸着在婴儿嘴唇边上抹上一抹，代表吃下了有好兆头的饭食。① 在清河的家庭中，要等到婴儿周岁那天行第二次"开口"仪式，婴儿才能被正常哺喂类似成人的食物，在此之前基本要依靠喂养母乳。吃百家饭似乎看起来形式大于意义，但实际上却富含深意。在民以食为天的中国社会，婴儿在这天获得了可以维系自身生存的食物，从此将饭碗捧起来。而决定他能吃上这碗饭的力量，来自家族亲属和邻里亲朋，这也就意味着他已经成人，在这个社会有了一席之地。

婴儿第二次"开口"是在周岁，也是婴儿出生以来的第一个生日。这天清河的家庭会给孩子办一次生日宴，称为"做晬"。家人会备下比较丰盛的食物款待到来的亲朋，席间家人会准备煮熟的鸡蛋一个，捣碎喂给婴儿，作为第二次开口的食物。这次开口以后，在家人眼里，婴儿已经逐渐长大，可以慢慢吃成人日常的食物了。如果说百日安排的事宜意味着婴儿完成身体形塑而初步成人，那么周岁的诸多活动则指向建立婴儿的行动力，这直接关系其作为个体在未来社会的融入程度。在清河本地，家人在给婴儿"做晬"时必须完成一道工序——"剁绊脚丝"。这源自当地的一种丧葬习俗，即人死后用绳子将双脚绑住，使亡灵不四处游荡，这截绳子被称为"绊脚丝"。中国民间传说，在婴儿行动能力尚未成熟之际，一定要把前世的羁绊用刀斩断，不然会妨碍婴儿日后学步。邱雪峨描述了清河家庭为婴儿"剁绊脚丝"的经过：

> 给小孩少许油条吃，意思是吃了油条，腿部强健，学走路快而且稳当。吃后，在小孩两脚间，用刀剁三下，叫做"剁绊

---

① 邱雪峨：《一个村落社区产育礼俗的研究》，学士学位论文，燕京大学，1935。

脚丝"……在周岁期，也就是小孩刚学走步的时期，把这脚丝割断，以便使小孩易于学走。剁绊脚丝时，每剁一下，手牵小孩的人要问道："剁什么呀？"剁的人回答说："剁绊脚丝哪！"这样小孩就会走路。①

上述事宜安排妥当，宾客酒足饭饱，便要迎来"做晬"最重要的事情——"抓周"。家人借观察婴儿无意识的举动，探察婴儿的品性、志向和造化。婴儿抓周的东西，对应着不同的含义，并且男女有别。对于男孩，家人们会准备书、笔、斧头、算盘、鞭子、花、油条等物；对于女孩，则准备针、线、尺、剪刀、珠玉、木梳、粉、镜台之类的东西。将这些物品放在婴儿的面前，任由其抓取：如果抓到书本和笔，意味着他将来喜欢读书；如果抓到算盘，表示他善于计算；如果抓到花，则代表着他的性格轻浮淫乱。② 抓周结束后，做晬也就结束了。

小　结

基于扎实的田野工作，邱雪峨详细记述了清河家庭的婴儿诞养生活。在《一个村落社区产育礼俗的研究》中，作者希望能够揭示婴儿诞养风俗的传统构造，"从纵的方面追溯这产育礼俗的起源、发展和演变；又从横的方面，博采各地方各种族的产育礼俗来比较研究，使这个问题得有完整的结论"。③ 清河当地的婴儿诞养自降生，经历了三朝、十二朝、满月、百日、周岁，其中的洗三、捏骨缝、

---

① 邱雪峨：《一个村落社区产育礼俗的研究》，学士学位论文，燕京大学，1935。
② 邱雪峨：《一个村落社区产育礼俗的研究》，学士学位论文，燕京大学，1935。
③ 邱雪峨：《一个村落社区产育礼俗的研究》，学士学位论文，燕京大学，1935。

移窠、百家饭等抚育的工作和家庭生活的安排，无不彰显了当地人在子嗣绵延上的谨小慎微，尤其是当男婴诞生，为保香火延续，上述节日安排便要尽可能地周到与体面。相关研究指出，育儿家庭生活中的这些风俗具有仪式的意涵，"隔离""净化""重组"的环节是为了引导婴儿顺利地成人。① 婴儿在出生后要经历各种危险，长大成人也就意味着摆脱了这些危险。

婴儿诞养不仅意味着生命的延续，还是中国人世界观的彰显。邱雪峨和王纯厚的研究为我们勾勒出传统中国社会的婴儿哺育伦理——在天人秩序的信仰之下，谋求家族绵续。家庭以一系列伦理原则的形式存在于中国传统社会，而这来源于天人感应的信仰。众多神灵庇护婴儿，它们直接作用于人生不同的阶段。比如，送生娘娘保佑婴儿的诞生，炕公、炕母则保佑婴儿成长。"人"对于"天"是具有顺从性的，其中具有的伦理属性，"乾称父，坤称母；予兹藐焉，乃混然中处。故天地之塞，吾其体；天地之帅，吾其性。民吾同胞，物吾与也"。② "天"具有父母的含义，"人"要承担起家庭的责任，孝敬父母是一种美好的品德，子嗣的绵延则是一种先验的责任。如果要让子嗣绵延下去，人们就要寻求天的庇佑，并在其指引之下行事，这就是所谓的迷信。长期以来，对于婴儿诞养风俗中的迷信，社会学者和人类学者惯于从神圣与世俗的角度加以诠释，但正如玛丽·道格拉斯在《洁净与危险》中所论述的，人类学家习惯于将世界进行二元划分，并为其中的一元赋予先入为主的含义，这往往会割裂人类社会的经验。在对20世纪30年代北京家庭的婴儿诞养风俗的

---

① 李洁：《"人"的再生产——清末民初诞生礼俗的仪式结构与社会意涵》，《社会学研究》2018年第5期，第216~241页。
② 《张载集》，章锡琛点校，中华书局，1978，第62页。

考察中，我们能够发现，传统社会的婴儿诞养风俗构造是逐级推进的，婴儿先要挺过出生时的关口，再进行不断的身体形塑，直至融入人伦秩序，最后在天理的指引下，成为能够承担责任的"人"。中国社会建立在一种长久以来形成的伦理规范之上，天人之际的秩序脱胎自人伦秩序，并不能从所谓的神圣与世俗中进行割裂，这种伦理原则的内核就是家庭的绵续。

第三节　从"天人"到"国民"

　　清河镇的社会面貌是当时北京文化区域的缩影。民国初年，传统诞养旧俗仍为北京家庭所重视，针对各种迷信、禁忌、古法以及数量颇多的产婆，政府与社会力量急于施加改造。1925 年，北平第一卫生事务所建立，立足北平的内城各个区域构建妇幼卫生系统，着手从新法接生、产婆改造、科学养育等方面改变当时北京家庭的婴儿诞养风俗，获得了一定效果。这种立足社区的卫生改造很快引发燕京大学社会学系学者的热情，有赖于北平协和医学院、国立第一助产学校的支持，清河试验区开始推行妇幼卫生工作，试图为当地的育儿家庭塑造一种崭新的制度环境。杨崇瑞、李廷安等一批具有协和背景的医学家参与其中，而作为最早也是最长时间参与清河镇推广新法的助产士，崔润生更是经历了前后过程。爬梳这些医务工作者的回忆录和刊发的文章等资料，我们能够看到他们在当地入户家访、组织母亲会、训练新式助产士、筹建医院的点点滴滴，从而改造清河当地婴儿诞养旧俗。最终，这场社会改良又将走向何方？让我们暂且把指针拨回助产士崔润生踏上清河试验区的那天，解读她的心路历程。

一 调查

  初次上任,是校长(杨崇瑞)送我的。我们乘一辆小汽车,约有半个钟头就到了平北清河镇了。经过校长的介绍,我和几个新同事见了面。校长和我们用过午膳后就离去了。我目送她的汽车消失在远处的烟尘里。回到房间里时,我心情有一种说不出来的难过,眼泪不禁留下来了。①

1932年,初到陌生的清河试验区,崔润生在投入工作前,内心经历了一段挣扎。当时,清河试验区的卫生工作还在试办和推行之中,甚至没有一家像样的卫生所,这样的情景对一个刚从学校毕业的助产士而言,犹如当头棒喝。面对初办时无章可循的尴尬境况,崔润生经历了一段时间的迷惘,但她很快打起精神,在杨崇瑞的帮助下制定了在清河试验区推行新法的方案,并着手实施。崔润生把入户家庭拜访作为开展工作的第一步,她花费了大量的时间与清河本地的家庭建立了联系。在她看来,清河镇虽然距离北京很近,但是整个社会对于科学与卫生的认识仍然比较幼稚,推行新法须从上层人士与知识分子入手。崔润生先是从第一助产学校带来了一些宣传材料,在试验区的图书馆制作黑板报,宣传预防妇女产褥热和新生儿破伤风的注意事项。② 她还准备了多种文字宣传的印刷品,分散赠给家访的家庭阅读,传播科学的产育卫生知识,协助卫生股在试验区发行的《清河旬刊》上开辟了

---

① 崔润生:《一个助产士的自述》,《助产学报》第2期,1948年,第50~51页。
② 崔润生:《杨校长与清河镇实习基地的创办》,严仁英主编《杨崇瑞博士——诞辰百年纪念》,第51页。

专门栏目,加大宣传的力度。①

　　崔润生对家庭拜访的事宜准备得十分细致。她选择拜访的家庭多处于不同的诞养阶段,涵盖了产前、出生时、产后,还对当地的妇科病患者进行了访问。根据时任清河试验区卫生股主任朱邦仁的统计,1932年7月至12月,家访共计进行了577次,其中产前149次,婴儿出生时60次,产后80次。② 由于当地婴儿诞养旧俗根深蒂固,家访日期多选在婴儿出生的三朝、满月等节点上,崔润生将这个部分称作"妇婴卫生谈话会"。③ 需要注意的是,大量的家庭拜访不仅仅是单方面地宣传科学产育和卫生知识,还旨在与当地家庭联络感情,与产妇建立信任。这种信任是通过一系列事件建立起来的。当地家庭接受产前检查的过程,便是一个生动的例子。

　　定期体检是推行新法的重要前提。然而,清河镇家庭的婴儿诞养旧俗已经深深嵌入民众的生活习惯中,骤然废除换上一种所谓的新方法,本地人往往抱持怀疑和抗拒态度。这种抗拒态度难以破解,只有使人们亲身感受到新法带来的好处,以柔性的方式与当地人交流,才有希望突破他们的心防。唐棣在1935年从国立第一助产学校毕业,分配到清河镇跟随崔润生实习,她曾目睹了一个清河产妇从拒绝到接受产前检查的经过:

　　　　我们曾对一位孕妇进行了五次家庭访视,但均被拒绝,后

---

① 崔润生:《河北省清河试验区妇婴卫生工作概况》,《公共卫生月刊》第1卷第4期,1935年,第64页。
② 朱邦仁:《清河试验区卫生股六个月事业之自我批评》,《卫生月刊》第4卷第8期,1934年,第320~321页。
③ 崔润生:《河北省清河试验区妇婴卫生工作概况》,《公共卫生月刊》第1卷第4期,1935年,第64页。

来她的儿子生病来求医治疗，我们给予耐心照顾，并医治好了孩子的疾病，这位孕妇才受到感动而接受了产前检查和新法接生，其后，她成为推广新法接生的义务宣传员。①

清河试验区的新法推广工作依照既定的工作方案不断深入，逐渐取得妇女群体的信任，最终得到更多本地家庭的接纳。亲身感受过新法后，很多当地人甚至成为义务宣传者，清河试验区的妇幼卫生工作也慢慢推行开来。② 按照卫生股规定，助产士的上门接生费为2~10元，其中包含了车马费为本镇2角，5里以内5角，12里以内1元，如果家庭经济条件确实贫困，则不收费。③ 这样的价格为当地家庭所接受。除了上门接生，卫生股还专门设置健康检查门诊，崔润生会在卫生股接待求医的妇婴。但是由于人手不足，如果遇到疑难病症，崔润生只能暂行检查，然后将情况报告给医生，之后由医生进行诊治。

广泛开展的家访和检查工作，间接推动了清河试验区针对婴儿的健康状况普查。1933年4月，清河试验区卫生股开展了五岁以下儿童的健康调查。调查的范围涉及儿童的营养、疾病、死亡原因、母亲生产的情形、家庭概况以及其他与儿童及产妇有关的内容。共计调查了275个家庭中的295个母亲及427个儿童。④ 与此同时，清河试验区还进行了生命统计工作，结合婴儿健康调查的初步结果，

---

① 唐棣：《杨崇瑞与浏阳的妇幼卫生工作》，严仁英主编《杨崇瑞博士——诞辰百年纪念》，第64~65页。
② 崔润生：《一个助产士的自述》，《助产学报》第2期，1948年，第51页。
③ 李廷安：《中国乡村卫生调查报告》，李文海主编《民国时期社会调查丛编（二编）·医疗卫生与社会保障卷（上）》，第7页。
④ 崔润生：《河北省清河试验区妇婴卫生工作概况》，《公共卫生月刊》第1卷第4期，1935年，第63页。

将当地婴儿产育情况档案化,这为接下来试验区掌握并改良婴儿诞养旧俗奠定了基础。尽管新法已经逐渐为清河家庭所认知,但助产士经常会遭遇的情形是,产妇及其家人在旧俗观念下仍惧怕离家,更何况是去卫生所,所以助产士只好前往对方家中进行检查。① 从这个意义上看,传统诞养旧俗的根基仍然难以撼动,要想进一步改造旧俗,必然要从其源头和媒介上入手想办法。这时候,清河当地的产婆引起了卫生股的注意。

二 训练

1932年,清河镇发生了一桩新闻,舆论哗然:

> 平西某村人,陈海波之妻李氏,因分娩遭旧式产婆妄用手术,死于非命。产婆的职业原为接生,今竟成为变相的刽子手。闻为李氏接生之二产婆,因察李氏系属难产,故用所谓割胎之手术,将胎儿取下,以保产妇性命。所谓大手术者,乃以长约五六寸许之铁钩,探入子宫,将胎儿裂体取出。此则不仅是胆大妄为,简直是草菅人命。事隔二日,产妇腹部胀膨,病势沉重,不治而亡。这大概是因染了腹膜炎而死的。李氏之死,实死于二产婆之手,毋庸置疑。②

这则"李氏之死"的报道,反映了旧式产婆在清河试验区被认为是亟待改造的对象。实际上,产婆的形象在传统社会一直并

---

① 李廷安:《中国乡村卫生调查报告》,李文海主编《民国时期社会调查丛编(二编)·医疗卫生与社会保障卷(上)》,第7页。
② 参见邱雪峨《一个村落社区产育礼俗的研究》,学士学位论文,燕京大学,1935。

非负面，而是依靠技术延续下来的中性社会角色。① 国民政府内政部在 1928 年 8 月出台了《管理接生婆规则》，将接生婆界定为中华民国女子非医学校或助产学校毕业以接生为业务者，并对接生婆的从业资质、注册等方面进行了规定。其中明确要求，接生婆的年龄须在 30～60 岁，且身体健康、精神状态良好；接生婆从业前必须学习清洁消毒法、接生法、脐带系切法、假死初生儿苏生法等内容，方可执业；接生婆禁止对妊妇、产妇、褥妇或胎儿施行除消毒和剪脐带之外的外科手术。② "李氏之死"事件之所以引发进步人士的声讨，正是因为事件中的产婆仍然固守旧式接生法，无视官方业已确立的规则，致使患者死亡。

值得注意的是，政府对于旧式产婆的态度耐人寻味，而即便出台了《管理接生婆规则》，仍是强调通过官方举办的训练班，引导这个群体放弃旧式方法，适应新式方法，而非完全禁绝和取缔。清末民初以来，是否要取缔旧式产婆一直是社会各界讨论的话题，政府一直没有施行，自有其难处。一方面，中国的西医教育体系还不足以培养出足够数量的助产士以满足社会的需要；另一方面，旧式产婆活跃在民众之间，民间的各类风俗赋予了其合法性，一味地取缔自然会阻力重重。杨崇瑞在 1928 年撰写的《产科教育计划》中指出，助产士的科班培养与产婆的短期训练是推行新法接生与育婴的途径。她计划在北京开设三种培训班开展教育：一是科班培养，是医学院制定的两年学制本科教育，培养高等助产人才；二是六个月的速成班，面向有一定文化基础的高小学历人群；

---

① 梁其姿：《前近代中国的女性医疗从业者》，李贞德、梁其姿主编《妇女与社会》，中国大百科全书出版社，2005，第 363 页。

② 《内政年鉴·卫生篇》，第 311 页。

三是两个月的讲习班,旨在专门训练旧式产婆。推行这种模式的原因在于,"北平为人才荟萃之区。所有产科医士及助产士接生数目,与旧式产婆接生数目比较,为一与三之比例。由此推之,乡镇更不足道矣。旧式产婆在北平开业者约有千人,推之全国计当有四万户。以其人数之多,人民习惯之深,一时万难消灭"。① 杨崇瑞的建议为政府所重视并采纳。1928年9月,北平市政府成立产科教育筹备委员会,杨崇瑞担任委员。委员会负责北平的产科医生、助产士与接生婆的注册管理,拟定开展产婆训练工作。委员会随即设立了接生婆讲习所为试点,招收了30名女性学员,讲授产期消毒、脐带处理方法和如何识别分娩过程中的危象。至1930年5月,讲习所共开办10班,286人受训。每班为期两个月,考试及格以后发给证书。② 助产教育试点取得了一定成效,还有待进一步普及。1929年国立第一助产学校成立,推动了旧式产婆改造和训练的深入,依托实习基地向城郊铺展,清河试验区的产婆训练由此推行。

1932年7月,清河试验区制定了产婆训练的计划,由卫生股的保健组负责实施。开办训练班之前,卫生股为了掌握当地民意,避免旧式产婆的反感与冲击,专门对区内的产婆进行了调查。调查显示,清河试验区内的40个村庄中,有31个村庄有产婆,年龄为50~85岁(见表2-1、表2-2、图2-2)。对于当地家庭而言,产婆掌管婴儿诞养的解释权与执行程序,人们对她们的知识和能力大多持信赖的态度。③

---

① 杨崇瑞:《产科教育计划》,《中华医学杂志》第14卷第5期,1928年,第65页。
② 许睢宁、董泽宏、贾绍燕:《民国时期北平中医药》,华文出版社,2016,第143页。
③ 朱邦仁:《清河试验区卫生股六个月事业之自我批判》,《卫生月刊》第8期,1934年,第319~320页。

表2-1　1932年7~12月助产工作人数统计

单位：人

	前产		妇科		婴儿		后产		总数	
	新	旧	新	旧	新	旧	新	旧	新	旧
7月	6	5	1	1	2	6	2	4	11	16
8月	12	9	6	2	4	2	1	0	23	13
9月	8	9	3	0	3	4	3	2	17	15
10月	4	8	2	0	2	1	6	8	14	17
11月	9	9	5	0	8	2	4	2	26	13
12月	10	31	3	4	12	11	9	23	34	69
总　数	49	71	20	7	31	26	25	39	125	143

表2-2　1932年12月各村产婆数目统计

单位：人

宛平县属			
村　名	产婆数	村　名	产婆数
黄土南店	2	清　河	6
黄土北店	3	永太庄	2
二　旗	2	商家村	1
回龙观	3	潘　庄	1
唐家岭	2	朱　房	4
后　厂	1	上　地	2
东北旺	1	后　营	1
西北旺	1	安宁庄	1
总　数	15	总　数	18

北平市属		昌平县属	
村　名	产婆数	村　名	产婆数
仓房营	1	三　旗	2
下清河	1	小　营	1
前八家	1	黑　泉	1
后八家	2	马　房	1
树　村	1	前　屯	1
七间房	1	后　屯	1
西柳村	1	西小口	1
		东小口	1
总　数	8	总　数	9

图 2-2　产婆年龄统计

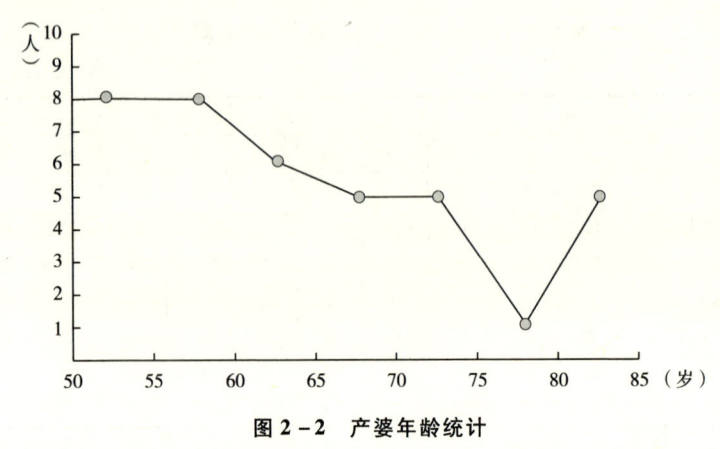

资料来源：朱邦仁《清河试验区卫生股六个月事业之自我批判》，《卫生月刊》第 8 期，1934 年，第 319~320 页。

了解到产婆在当地的深厚群众基础后，清河试验区卫生股在当年 12 月 31 日举办了第一期产婆训练班，宛平县第五区公安局长、清河镇里长出席开学典礼，清河镇本地及 3 公里内的产婆均被通知前来受训，并由公安局负责监督。训练班先后在清河镇举办了六期，有 49 人受训，初步达成既定的工作效果。时任第一卫生事务所所长李廷安记录了清河产婆训练班的规程：

①名称：清河产婆训练班

②宗旨：以训练产婆得有相当手术，减少婴儿、产母之死亡，并促进婴儿福利、产母健康为宗旨。

③范围：因交通之不便，暂以昌九村、宛平东 16 村，北郊 15 村为训练区域。在此区域内之产婆（无论以接生为正业或副业者），皆望其踊跃来班，以受训练。

④资格：年龄在 35 岁以上、70 岁以下，并身体耳目健全者为合格。

⑤课程（口授与实习）。

A. 产科生理解剖学大意。

B. 细菌学大意。

C. 消毒学及方法概要。

D. 脐带处理法。

E. 临产设备与手续。

F. 产前与产后护理概要。

G. 婴儿护理法。

H. 产科用具与药物之用法。

⑥期限：先以10人成班。训练期暂定两周学业。日课2时半，以1时讲解学理，1时半表证手术。期于1年内将划定区域内之产婆训练完毕。

⑦地点：清河试验区新建医院内。

⑧附则：凡经训练满期，并考试及格者，予以毕业证书，并代转请官署发给营业执照，在官署指导与监督之下，执行业务。①

训练班计划在最短的时间内教授产婆最为基本的新法程序，让她们接触和理解浅显的卫生知识，并在课程结束后，赠给每个产婆价值1元2角的工具，包括肥皂一块、剪子一把、刷子一把。这么做的目的一方面在于拉拢旧式产婆，截断传统诞养方式的传播路径；另一方面促使产婆成为推广新法的媒介，通过产婆劝说产妇，使后者接受现代医学理念。人们逐渐认识到，新法要想获得普通民众的信任，必须先获得旧式产婆的信任，在各地的产婆训练班中，"去请

---

① 李廷安：《中国乡村卫生调查报告》，李文海主编《民国时期社会调查丛编（二编）·医疗卫生与社会保障卷（上）》，第7~8页。

西医"是助产士嘱咐产婆遇到危机的唯一处理方式。①

通过举办训练班的方式,清河试验区的产婆改造取得了一定的成绩,但仍然有一些困难。崔润生亲身参与了清河产婆的训练和改造,当地婴儿诞养旧俗之顽固让她深有感触,这也导致训练工作后程乏力,效果很难持久,"曾经训练之旧式接生婆,以积习难改及本区工作人员之缺乏,致监督接生婆接生殊感困难"。② 产婆训练班似乎难以动摇传统家庭的婴儿诞养习惯。有鉴于此,卫生股决定另辟蹊径,开办妇婴保健员训练班,壮大本地助产士队伍。1935 年 1 月,卫生股将试验区划分为十个地区单位,在每个单位选择一个中心村设立训练班,在中心村遴选一位年龄为 20～30 岁、识文解字的已婚女性,资助其学习所用的食宿费用及学费,进行 6 个月的训练。妇婴保健员训练班不是如产婆训练班那样的短期培训,课程设置更加综合,甚至包含算术、家政等课程,并集中学习产科、育婴、生理解剖等医学课程。③ 除此之外,卫生股还吸取了之前的教训,要求这些学员在学习结束后,要在助产士的监督下开展实习,认定合格后再授予营业执照,保健员在待遇上除了前文提及的接生费,还给予每个月 20 元固定津贴,以为激励。

三 控制

在崔润生看来,产婆、保健员的训练是为了更好地推广新法,讲

---

① 许睢宁、董泽宏、贾绍燕:《民国时期北平中医药》,第 143 页。
② 崔润生:《河北省清河试验区妇婴卫生工作概况》,《公共卫生月刊》第 1 卷第 4 期,1935 年,第 63 页。
③ 崔润生:《河北省清河试验区妇婴卫生工作概况》,《公共卫生月刊》第 1 卷第 4 期,1935 年,第 63 页。

习、训练、实践、监督这些手段无不是在教授和巩固新法的知识与技能。剖析训练班教授新法的课程,我们能够发现其中有两个重要内容,即婴儿诞生时的接生以及婴儿断乳前的照料。如果说前者着重卫生知识而依靠医务人员的短暂辅助,后者则更加强调营养知识,需要随时控制婴儿喂养的内容与节奏。清河当地的传统婴儿诞养风俗要求尽可能延长产妇哺乳的时限,这在一定程度上并不符合当时的营养观念:

> 乡村妇女,她们以乳儿可以避免受妊,这是乡妇的节育法……她们由经验阅历,而得此种原则。因此就养成了一种延迟断乳的习俗。又乡间婴儿,除吃人乳之外,没有特别滋补品代替,做母亲的为爱惜小孩的缘故,故不令儿断乳,一直吃到自己复受孕,或因病乳水断绝之时为止。普通的人多令儿吃奶到五六岁,期间虽杂吃些大人之食物,但婴儿因好吃母乳,而不愿就吃饭食之类。婴儿到五六岁,需要自然增加,而母乳之供给不但不足用,反而减少,每致婴儿瘦弱且多病。此所以乡间儿童多不令可爱也。①

传统的中国家庭更加注重初哺,并不主动给婴儿断乳,一定程度上是出于家庭经济状况的考量。近代中国的改良者认为,由于缺少代乳品,婴儿只能以母乳为食,大多营养不良。晚年投身慈善事业的熊希龄就曾呼吁:"查东西各国关于婴儿营养者,大抵初生之孩,予以羊乳,继则人乳、牛乳或代乳粉。六个月之后,加以豆、菜、肉三项食品。除牛乳外,即人乳亦不可多食,此为普通保育之定例。"②他在创办的北平香山慈幼院专门研制了《儿童哺乳饮食营养配制表》,内含鸡蛋、鱼肝油、果汁等营养品,用作改良中国儿童

---

① 邱雪峨:《一个村落社区产育礼俗的研究》,学士学位论文,燕京大学,1935。
② 《熊希龄演讲辞》,《庸报》1930 年 1 月 1 日。

体魄的尝试。抛却代乳品的营养价值分析,这种制定婴儿饮食指南的举措,首先在观念上冲击了婴儿诞养旧俗。体现在风俗的时间点上,婴儿的喂养在初生、洗三、满月、周岁等环节已有详细安排,新法不仅引入代乳品,还强调摄入的数量与频率,这显然挑战了诞养风俗中既有的规则。

除了熊希龄在香山慈幼院的努力,杨崇瑞、叶恭绍等协和系的医学家还将婴儿喂养新法向北京家庭推广。清河试验区的医院门诊宣传养育知识时,崔润生带来杨崇瑞专门撰写的关于婴儿喂养法和育婴技术的培训讲义,文中规定了婴儿不同时期的喂养安排:一个月龄时,母乳每次十五分钟左右,每日六次;从二月龄至十一月龄,除了母乳每日五次外,每餐还要逐渐添加鱼肝油、白菜汤、橘子汁、鸡蛋等营养品;十二月龄时,母乳被牛乳所替代,并在原先营养品的基础上,逐渐增添挂面和馒头干一类的成人食品。[①] 这与北平协和医院小儿科制定的《婴儿饮食指南》如出一辙,我们可以从中更为细致地了解20世纪30年代婴儿喂养新法的内容[②]:

第一节

健全之婴儿,应每四小时授母乳一次,每次哺乳不得超过二十分钟,于万不得已时,须由医师检验后,方可断母乳而给牛乳,婴儿除乳汁外,须渐加下列各种食物:

(一)婴儿满月后,须饲鱼肝油每日三次,每次五滴至十滴,数日内加至半茶匙,过一月之后,即应加至每次一茶匙。

(二)凡一二月以上之婴儿,每日应授白菜水三次,每次一两,渐加至二两(如能用冲淡之橘子汁或西红柿汁代替白菜水

[①] 杨崇瑞:《主妇须知家庭卫生及家政概要》,卫生署,1934,第59页。
[②] 北平协和医院小儿科资料,《婴儿饮食指南》,20世纪30年代。

更好)。凡人工饲育者，以早授为宜。

（三）自四五个月起，每日应授粥两次，每次一汤匙，渐加至四汤匙（如白米或小米粥、麦身粥等均可通用）。

（四）自五六个月起，每日须授青菜泥两次，每次一汤匙，渐加至四汤匙（如菠菜泥、胡萝卜泥、白菜泥、豆角泥等）。

（五）自七个月起，每日可授煮熟水果一次，每次一汤匙至两汤匙，十分熟之香蕉可煮亦可，每日用一个。

（六）自七八个月起，每日可加煮熟鸡蛋一个。自九个月起，可稍给肉末及肝末。

第二节

七至十个月婴儿之食表如下：

早六时　牛乳六至八两（或母乳十五分钟）

早十时　牛乳六两，粥八汤匙，青菜泥（或胡萝卜泥）二至四汤匙，鱼肝油一浅汤匙。

下午二时　牛乳六两，鸡蛋一个，烤馒头干两片。

下午六时　牛乳六两，粥八汤匙，青菜泥（或胡萝卜泥）二至四汤匙，鱼肝油一浅汤匙。

下午十时　牛乳六两（可有可无）

第三节

一周岁左右婴儿之食表如下：

早六时　牛乳六至八两，苏打饼干（或烤馒头片）两片。

早十时　牛乳六两，煮鸡蛋一个（或肉末一汤匙），粥一小碗，青菜泥四汤匙，鱼肝油一浅汤匙。

下午二时　牛乳六两，挂面一小碗（加肉末或肝末），煮熟水果四汤匙，豆腐半块。

下午六时　牛乳六两，粥一小碗，烤馒头干二片，青菜泥四汤匙，鱼肝油一浅汤匙。

第四节

一周岁半左右婴儿之食表如下：

早六时　牛乳或豆浆六两，苏打饼干（或烤馒头片）两至四片。

早十时　牛乳或豆浆六两，煮鸡蛋一个（或肉末、肝末二汤匙），挂面一小碗（加青菜泥），鱼肝油一浅汤匙。

下午二时　牛乳或豆浆六两，饭一小碗，豆腐一块，肉、肝、鱼少许，煮熟水果四至六汤匙。

下午六时　牛乳或豆浆六两，烤馒头干二片，青菜泥四至六汤匙，鱼肝油一浅汤匙。

杨崇瑞的讲义还对人工喂养的方式进行了规定，列举了牛乳、羊乳、乳粉、罐头牛乳、豆浆、糕干以及米粉面的用法。其中，以牛乳为益，须取鲜牛乳煮二十分钟杀菌处理；又以糕干、米粉面较不适宜，因其缺少蛋白质和脂肪一类的营养物质。尤其需要提及的是豆乳，这是北平协和医院儿科推荐的乳婴食物，主要用于解决经济困难家庭的乳婴问题，风行一时。"常有母亲缺乳，而家庭无力雇用乳母，或购用牛乳者。又有一般出外充当乳母者，其自己之婴儿又将用何食品以哺养之。年来生活逼人，妇女迫于自求生计者日见增多，亦感受同一困难。再者中国婴儿在断乳后，少有适当之代乳品。……豆浆为中国各地晨间所用之饮料……其价值较牛乳约贱五倍至十倍。"① 当时儿科会根据产妇母乳的情况，给她们开具加豆乳的处方，产妇家人拿到处方后，定时到卫生所领取豆乳，并定期带婴幼儿到营养门诊进行检查。

---

① 祝慎之：《用豆乳哺婴孩之成绩》，《中国生理学杂志》第2卷，1931年，第33页。

豆乳哺婴的喂养方式是否推广到清河镇,我们没有在崔润生的记录中获知。但能够确定的是,婴儿喂养的新法推广是从两个方面展开的:一是婴儿饮食内容,要求多元化、多种类的食品,而非单一的母乳喂养;二是婴儿喂养节奏,要求在精确的时间点上安排喂养,并反对过长时间的母乳喂养。为了实现改良的目标,卫生股开展的"妇婴卫生谈话会"不再仅限于在家庭之中举行,而是开创了一种崭新的活动方式——母亲会。母亲会是将踊跃参与的当地民众汇集一堂,集中讨论科学养育婴儿的场合,每次会议由助产士主持,或者邀请专门人士讲解有关家庭管理、婴儿营养、婴儿护理,以及产前、产后卫生常识。[①] 崔润生将它组织成一种定期聚会,广泛地吸引了民众参与,获得了良好的宣传效果。短短半年之后,母亲会便在清河试验区固定成立了 4 处,分布在清河镇、三旗村、前八家、后八家等地。母亲会每周举行一次会议,与会者少则六七人,多则三十余人,平均也有十五六人(见表 2-3)。[②] 随着卫生股工作取得进展,区内其他的不少村子也在之后相继成立了母亲会,母亲会也是卫生股向当地居民展示试验区卫生工作的重要窗口,在母亲会上崔润生与当地家庭建立了深入的联系,为之后的入户家访创造条件。

崔润生在母亲会上的宣讲起到了一定的作用。卫生股还定期举办妇幼卫生展览会,通过图表、宣传画、模型和实物进行讲解。[③] 清河医院设立以后,越来越多的本地育龄妇女主动来到医院的门诊,

---

[①] 崔润生:《河北省清河试验区妇婴卫生工作概况》,《公共卫生月刊》第 1 卷第 4 期,1935 年,第 64 页。

[②] 朱邦仁:《清河试验区卫生股六个月事业之自我批评》,《卫生月刊》第 4 卷第 8 期,1934 年,第 322 页。

[③] 崔润生:《杨校长与清河镇实习基地的创办》,严仁英主编《杨崇瑞博士——诞辰百年纪念》,第 51 页。

表 2-3　1932 年母亲会开会次数及到会人数统计

单位：次，人

		7月	8月	9月	10月	11月	12月	总数
清河镇	开会次数	3	5	4	3	4	2	21
	到会人数	7	17	21	26	59	18	148
前八家	开会次数				2	3	2	7
	到会人数				13	21	19	53
后八家	开会次数				4	4	1	9
	到会人数				15	27	7	49
三旗村	开会次数					2	2	4
	到会人数					51	54	105

资料来源：朱邦仁《清河试验区卫生股六个月事业之自我批判》，《卫生月刊》第 8 期，1934 年。

听从助产士讲解各种卫生挂图。在助产士的筹划下，清河试验区还举办了儿童健康比赛会，"每年举行一次，目的在认识儿童缺点，而设法矫正之，同时并有演讲，以示宣传"。[1] 社会股与卫生股将儿童健康比赛的日期定在每年四月四日的儿童节，专门聘请医师检查儿童体格，完全健康，便颁发奖品，鼓励当地人注意儿童身体素质。[2] 这些举措在于掌握当地家庭的婴儿诞养情况，通过在一个区域内打造模范育儿者的方式，了解和控制育儿过程中的细节，以形成一种治理机制，对诞养旧俗进行改造。

小　结

近代以来，随着西方科学的传入，不少传统风俗被贴上了落后、

---

[1] 崔润生：《河北省清河试验区妇婴卫生工作概况》，《公共卫生月刊》第 1 卷第 4 期，1935 年，第 64 页。

[2] 王贺宸：《燕大在清河的乡建试验工作》，《社会学界》第 9 期，1936 年，第 359 页。

粗鄙的标签。中华民国成立，移风易俗上升为国家意志，北洋政府没有能力推动大规模的社会改造运动，国民政府为了塑造有别于前者的进步形象，1930年前后在全国推行风俗调查与移风易俗运动，却仍然收效甚微。① 与政府主导所不同的是，清河试验区推动者是来自医学、社会学、民俗学的专家学者，他们赋予了这场社会改良以理想主义的气息。在几年时间里，躬身社会实践的学者们将自身的知识转化为实践，但由于后续乏力以及战争迫使中断，清河试验的社会改良没有达成目标。

纵观重要参与者崔润生在试验区开展的工作，我们可以将婴儿诞养旧俗的改良归纳为三个方面。一是柔性干预。卫生股工作人员以家访的方式，对清河的婴儿、产妇、接生婆、诞养风俗进行统计调查。在北平第一卫生事务所，生命统计是卫生行政的重要组成部分，政府除了培训专门的生命统计调查员以外，助产士无疑是最佳人选。② 通过一次次主动的医治，助产士让一些清河家庭了解到新法的优势，这为后续的推广奠定了基础。二是阻断传承。由于旧式产婆被认作传承旧俗的关键人物，对这一群体的改造可以阻断诞养风俗中的仪式与禁忌。卫生股开设了训练班向当地的产婆讲授西医知识，并积极拉拢这个群体，与此同时，训练班还开放公费名额，在当地培养了妇婴保健员。三是制度重建。工作人员利用门诊和展览，给家庭普及妇幼卫生知识与婴儿喂养新法，在喂养内容与节奏上重建了家庭的日常安排。通过在试验区举办母亲会和婴儿健康竞赛，卫生股旨在控制当地家庭的婴儿诞养实践。

---

① 湛晓白：《政治文化建设中的改造礼俗思想——以国民政府时期陈果夫的相关论述为中心》，《北京师范大学学报》2019年第3期，第63~76页。
② 许睢宁、董泽宏、贾绍燕：《民国时期北平中医药》，第143页。

总体来看，清河试验区的婴儿诞养改良在柔性干预与阻断传承两方面取得了一定的成效，但没有顺利地完成制度重建。探讨根由，一个重要原因便在于，这次改良没有在道德层面获得合法性，而只停留在技术层面。尽管卫生股组织了母亲会，深入育儿家庭的私人生活领域，但在资料中我们发现，其中的交流大多只是照本宣科的新法讲解，而没有照顾到当地家庭的礼俗秩序。正如我们在上一节讲述的，传统清河社会有着固有的礼俗秩序，对天命观的信仰塑造了当地家庭的育儿生活，解构旧俗实质是对家庭的改造，需要整肃伦理原则，重新建构社会关系，这是清河试验所未及的。而作为一种共同的特质，民国时期的婴儿诞养改良大都局限于此。国家或社会力量引入西方医疗知识与体系，改变了本地人的日常生活节奏，却忽视了人们的道德生活，实际上，正如杨念群论述产婆（吉祥姥姥）在传统社会中的功用时所指出的那样，这类群体的权威性并非完全体现在技术的娴熟上，而是能够在新生儿出生后通过仪式为整个家庭营造出祥和安全的气氛，其社会功能大于医疗功能。[1] 在构建民族国家的浪潮下，个体的诞生和养育被寄予了强国强种的预期，中国的社会改良者要解决的核心问题是，如何将传统礼俗下的"天人"秩序转变为现代意义上的"国民"秩序，体现在婴儿诞养的议题上，能否妥善改变传统社会养育婴儿的伦理观念，重新塑造新的道德合法性，决定了改良能否成功。

---

[1] 杨念群：《"兰安生模式"与民国初年北京生死控制空间的转换》，《社会学研究》1999年第4期，第101页。

第三章

家国的新希望

——1980年代的生育变革

民国时期，社会各界通过公共卫生制度建设，对婴儿诞养旧俗施加改良，却以失败告终。新中国成立以后，政府吸收进步力量，批判继承了原有的改良措施，杨崇瑞被委任主持召开全国妇幼卫生工作座谈会。政府确定了以推广新法接生和育儿为主，改造产婆、培养妇幼保健员的工作任务。[①] 在新法推行下，一批妇幼保健院和儿童卫生研究所建立起来，1949~1954年，北京市的产妇死亡率从7‰下降到0.7‰，基本消灭了新生儿破伤风和产褥热，新生儿破伤风率下降到0.55‰。[②] 基层妇幼卫生工作向北京郊区延伸，女性从传统的社会网络中被解放出来，成为生育政策的坚定拥护者，在国家主导下，婴儿诞养旧俗被逐步废除。

[①] 贺萧：《生育的故事：1950年代中国农村接生员》，复旦－密歇根大学社会性别研究所编《百年中国女权思潮研究》，复旦大学出版社，2005，第308~309页。

[②] 陈海锋编著《中国卫生保健史》，上海科学技术出版社，1993，第137页。

新中国成立后的妇幼卫生工作改善了中国家庭的育婴质量,而直到20世纪80年代,伴随着计划生育政策的深入,婴儿诞养的制度环境又迎来了新的变化。首先关注北京家庭育儿生活转变的是知识界,优生学、民俗学以及社会学者从不同的角度介入婴儿诞养的议题中。优生优育很快在国家的支持下,上升为政策话语,传统的人生礼俗也被民俗学界加以厘清,被赋予新的意义。当时的学者通过田野调查记录下了北京社会的变迁,德国的社会学者罗梅君是这一时期的代表人物。罗梅君在北京大学留学期间对北京海淀、大兴等地的婴儿诞养状况进行调查,整理成了可供研究的民族志文本,为了解80年代的婴儿诞养制度环境与私人生活提供了线索。她在走访中发现,家庭与国家之间形成了共同的利益:为了国家利益提高人口素质,与拥有高素质孩子的家庭利益是一致的。①

在本章中,第一节将介绍20世纪80年代北京的婴儿诞养情况,讲述国家如何贯彻新的生育政策,进而通过什么样的动员形式影响人们的育儿生活,从政策话语与科普话语两个方面展开论述。第二节将依托罗梅君的民族志文本,讲述国家如何重启婴儿诞养在文化上的移风易俗,处理与优生优育话语之间的关系。第三节将从罗梅君提到的育儿读物《父母必读》入手,以文本分析的方式研究80年代北京家庭的婴儿诞养实践及其面临的挑战,进而探讨何种社会机制塑造了育儿家庭的私人生活面貌。

---

① 罗梅君:《北京的生育、婚姻和丧葬:19世纪至当代的民间文化和上层文化》,王燕生等译,中华书局,2001,第109~110页。

第一节　政策与科普

"文化大革命"结束后，中国社会展开了真理标准问题的大讨论。在改革开放的推动下，国家面临经济转型，人们开始用科学的态度反思劳动力要素在国计民生中的作用。以实事求是的科学态度研究人口问题，寻求学理支撑以服务社会主义的经济建设，成为一种社会共识。1979年，中国遗传学会举行第一次学术报告会，吴旻做了题为《关于优生学》的报告，对优生学进行了全方位的回顾，阐明其时代价值，拉开了优生学在我国重建的序幕。尽管这门学科复兴背后显现的是鲜明的国家意志，但不同于传统优生学所具有的精英主义、民族主义倾向，80年代的中国优生学具有医学至上、大众化、实用主义的特征。[1] 其一，它不仅强调预防导致畸形儿和先天疾病的基因遗传，更要求推动婴儿出生后的医学监护、科学喂养以及女性的围产期保健等措施，提高保育水平。其二，它的学科构建不仅限于遗传学、病理学、保健学等医学领域，更着重探讨恰当的社会教育、科普宣传的作用，促进优生学在民众中间的普及，使之更好地被社会所接受。

在社会各界的推动下，优生优育的呼吁上升到政策层面。1982年9月，中共十二大将计划生育确定为基本国策，同年12月计划生育被写入宪法，优生优育旨在"提高人口素质"，成为计划生育政策的应有之义。在国家大政方针的指引下，全国各地的医科大学纷纷

---

[1] 蒋功成：《淑种之求——优生学在中国近代的传播及其影响》，上海交通大学出版社，2014，第224页。

开设妇幼卫生专业 5 年制本科教育和研究生教育，壮大妇幼卫生的专业队伍。各大城市完善了城乡医疗预防保健网络。至 1990 年，全国妇幼卫生专业机构增加到 3181 所，相当于 1949 年的 35 倍。[①] 妇幼保健的专家系统与业务部门的完善，极大地提升了北京家庭的婴儿生养质量。但另一方面，在有关 80 年代的社会调查中我们却发现，一些传统诞养风俗在普通家庭又"死灰复燃"。当优生优育成为一种行政指令，它如何一步步地塑造出新的制度环境，并逐渐影响到人们的私人生活领域，需要我们细致追寻。那些被保留的婴儿诞养旧俗，看似与优生优育的行政指令相悖，实际上却更新了内容，家庭看待婴儿诞养议题愈发具有多元化的倾向。

一 政策

改革开放以后，北京家庭的婴儿诞养制度环境发生了深刻变化。妇幼保健中心和妇产医院等卫生基础设施的大幅增加与完善，使北京市婴儿死亡率从 1981 年的 16.1‰ 大大降低为 1990 年的 8.8‰。[②] 医疗水平大幅提高使北京家庭认识到，虽然国家对生育进行限制，但独生子女的分娩和健康能够得到较好的保障，这在一定程度上缓解了生育的压力。与此同时，政府推动优生优育的政策语言开始渗透至基层社会，从三个方面推动实施：通过市一级的立法确立其合法性，1986 年北京市等起草了《优生保护法（草案）》，优生优育正式在法律层面确认；改革妇幼卫生行政体制，确保上级政策逐级下

---

① 中华人民共和国卫生部妇幼卫生司、中国医学科学院医学情报研究所计划生育课题组编《妇幼卫生科研动态汇编（1986.7~1991.12）》，1992，第 36 页。
② 中国人口和计划生育年鉴社编辑《中国人口和计划生育年鉴 2012》，中国人口和计划生育年鉴社，2012，第 514 页。

沉；面向贴近家庭的居委会、工厂单位推行政策，通过各种手段开展医疗咨询与公共服务。① 政府推动婴儿诞养的制度环境发生变化，人们开始直面国家意志对于家庭生活的重新安排。

立法之后，国家推行优生优育依靠妇幼卫生行政体制，亟须建立一套各司其职、强而有力的科层机制。现代社会将婴儿的诞养过程设定为妇产科和儿科医学从业者主导的领域，专家系统有着一整套用于判定人体是否健康的标准。医学的标准原本无涉政治，但计划生育政策推行初期，行政部门与业务部门却变得进退失据。为了解决北京卫生系统面临的业务部门和行政部门之间的冲突与纠结，卫生部门先是明确了自身职能在于宏观管理、控制目标以及协调关系。北京市卫生局在80年代中期前后在下辖的各区、县卫生局专门设置了妇幼科，便于逐级控制协调以及使行政指令顺畅下达。与此同时，以妇女、儿童保健所和计划生育技术研究指导所为代表的业务部门的职能也得以确认，不再是对医疗场所进行管理，而是负责制订业务计划、组织专业培训、督促落实规划等。② 通过对专家系统的行政权力进行剥离，卫生行政部门重建了科层，进一步制定了工作目标与评估机制。根据北京各地的妇幼卫生现状，北京市卫生局确定了优生优育、提高人口素质、减少发病率、降低死亡率的主要目标，以及降低孕产妇死亡率、围产儿死亡率、婴儿死亡率和计划生育手术并发症发生率的总体目标。行政部门根据各区、县的技术力量和工作条件，将目标分解下达至各地，每年对其落实情况进行评估和检查，对于表现优异的基层单位进行嘉奖，充分调动了各级医疗机构工作的积极性。③

---

① 陈剑主编《人口与计划生育百科知识丛书》第2辑，团结出版社，1990，第511页。
② 王丽瑛：《更新观念 深化妇幼卫生改革》，《中国妇幼保健》1988年第2期，第3页。
③ 王丽瑛：《更新观念 深化妇幼卫生改革》，《中国妇幼保健》1988年第2期，第4页。

行政科层与工作机制的建立，使行政指令得以下达到各企事业单位、街道、居委会、部队等基层社会组织。根据1985年北京市西城区计划生育办公室的工作总结，为了实现上级规划的工作目标，西城区政府从两方面开展工作。其一，督促辖区工厂和学校等单位设立专门的计生科，加强对干部群体的知识培训，在培训基础上开展优生优育知识测验，通过进修、发放结业证书的方式培养了一批骨干人员，各个单位由此成为推广优生优育的主要阵地。[1] 其二，要求辖区内各街道、居委会组织面向社区群众举办科普讲座、座谈会和宣讲会。医院保健科、妇产科组织医务人员深入街道居委会、托儿机构开展讲座，讲座内容不仅涉及优生优育知识，还包含如何帮助家庭纠正旧俗，吸引包括育儿夫妇以及承担保育的祖辈等受众参与进来。有参与的群众高兴地说："这回我可知道怎么使孩子长得又胖又壮了。"[2] 除此之外，北京的军队同样开展了推广优生优育的工作。1985~1987年，北京军区所辖的团级单位相继建立了优生优育咨询站，并配备了专门的宣传人员；而在连级单位中，为了满足青年战士掌握婚育知识的要求，很多连队还开展了"五有"活动，教材、图书、宣传角、课堂、文娱活动一应俱全。[3] 优生优育的行政指令逐渐深入社会基层，北京家庭开始广泛接触优生优育的政策，促使家庭生活发生转变。

生育政策介入婴儿诞养的结果，很快反映在学术界开展的社会调查中。1982年至1985年，中国社会科学院社会学研究所开展了

---

[1] 北京市西城区计划生育办公室：《搞好优生优育 提高人口素质》，《人口与经济》1986年第3期，第12~14页。
[2] 北京市西城区计划生育办公室：《书记挂帅，全党动手，确实控制人口增长》，《人口与经济》1980年第2期，第41~45页。
[3] 张敏才：《迈好优生优育工作的第一步》，《人口与经济》1987年第5期，第42页。

"五城市家庭调查"，记录了80年代北京家庭的婴儿诞养状况。五城市家庭调查以家庭为中心，将生育作为家庭的基本功能，对北京、天津、上海、南京、成都五个城市的居民进行了广泛的调查与研究。其中，调查组在北京市选取了宣武区（今属西城区）的东河沿居委会和朝阳区的团结湖居委会作为田野调查地点，调查对象为已婚妇女，共完成1260人的问卷调查。[①] 调查结果反映了北京家庭在婴儿诞养上的特征：其一，在独生子女增多的情况下，妇女的初育年龄普遍推迟；其二，母乳喂养的时间与比例下降，家庭大多不重视母乳的营养与价值；其三，城市家庭均开始重视婴儿养育质量，发现隔代抚育的负面影响。国家的计划生育政策有效地控制了人口规模，强有力的宣传工作使家庭认识到婴儿养育的重要性，但另一方面，由于双职工的生活安排与公共保育设施的缺乏，一些婴儿诞养的旧俗又流行起来。

如果说大规模问卷调查展现了北京育儿家庭面临的问题，那么同时期社会学者独立开展的田野调查，为理解上述问题提供了解释路径。1982年，来自民主德国的青年学者罗梅君详细调查了北京家庭婴儿诞养的制度环境，将之收录于博士学位论文《北京的生育、婚姻和丧葬：19世纪至当代的民间文化和上层文化》。起初，罗梅君试图自行收集与整理关于中国家庭婴儿诞养旧俗的著作，却难以发现可供追寻的历史线索。在北京大学历史系张芝联教授的介绍下，罗梅君接触到清河试验的相关史料。燕京大学有关北京产育礼俗的调查令其备受启发。[②] 罗梅君的田野工作由此展开，旨在立足于从传

[①] 参见五城市家庭研究项目组《中国城市家庭——五城市家庭调查报告及资料汇编》，山东人民出版社，1985。

[②] 朱浒、赵丽：《燕大社会调查与中国早期社会学本土化实践》，《北京社会科学》2006年第4期，第52页。

统到当下的社会观察，了解包含婴儿诞养在内的风俗变迁。为了方便调查，罗梅君还申请到了北京大学提供的证明文件。一开始，她是在朋友陪伴下走访，之后便独自骑自行车前往约定好的家庭，并对访谈进行了录音或者记了笔记。① 1982 年，罗梅君利用两个月时间在北京各地开展田野调查，后来在 1985 年又进行了补充访谈。

罗梅君的考察地点涵盖了北京的城内与郊区，分散在海淀四季青公社、大兴黄村等几个地方。身为一个外国人，她自然会面临操作上的困难，比如受访者的抗拒、方言名词难以理解，但另一方面，罗梅君的观察来自异文化的审视，具有一定的客观性。言及调查经过，她在《北京的生育、婚姻和丧葬：19 世纪至当代的民间文化和上层文化》一书中提到，"我慢慢了解到，调查也应该是一个跟他们交换意见的过程，这样可以很好地互相了解，他们也理解我提问的目的是什么。此外……我可以发现男女存在不同风俗习惯和作用，但还没有一个特殊的、女性主义的视角来分析"。② 面对不同性别、年龄、民族、出身的受访者，罗梅君在调查中深入北京家庭的日常生活，以观察优生优育话语对于家庭经济的影响。她发现，优生优育的行政指令已渗透到婴儿诞养的细节中，但同样带来一种悖论，"今天的妇女们处于相互矛盾的利益中心：一方面是家庭和她们自己的利益（这些利益也可能就是相互矛盾的），另一方面是所宣传的国家的公共利益"。③ 制度环境的公私分化，令育儿母亲越来越持开放的

---

① 臧健访谈、整理《回首四十年　一个女汉学家的逐梦之旅：德国校友罗梅君教授口述》，北京大学出版社，2018，第 149 页。
② 臧健访谈、整理《回首四十年　一个女汉学家的逐梦之旅：德国校友罗梅君教授口述》，第 151~152 页。
③ 罗梅君：《北京的生育、婚姻和丧葬：19 世纪至当代的民间文化和上层文化》，第 139 页。

态度接触不同来源的信息与知识，兼容医疗卫生知识与传统诞养风俗。

二　科普

从 20 世纪 80 年代开始，国家不遗余力地在全社会确立优生优育的合法性，除了利用行政手段自上而下地予以推广，还充分调动民间力量参与进来，引领社会风气，以便更好地指导民众的生育实践。在这个过程中，优生优育的政策话语逐渐演变为方便家庭理解的科普语言，家庭教育学随之诞生并成为一门显学。不同于优生学着力于基础学理的探索，家庭教育学倾向于从应用层面探讨孕育、养育、教育下一代的居家操作。1980 年 9 月北京市家庭教育研究会的成立是一个里程碑事件，研究会旨在向全市上百万家长大力普及科学的养育知识，家庭教育学很快在全社会流行起来。值得指出的是，北京市家庭教育研究会的工作得到官方的大力支持，时任中共北京市委副书记徐惟诚亲任协会的第三、第四届理事长。作为在中国推动家庭教育学的关键人物，他多次表示家庭教育的成功首先在于婴幼儿期的养育质量，寄托着国家与民族的希望：

"文化大革命"刚刚结束，百废待兴，邓小平同志及时提出了要突出地抓教育的指导思想。这是个得人心的决策。民族的命运呼唤着人才，期待着全民族素质的提高。亿万家长特别是刚刚成为人之父母的"被耽误的一代"为孩子们的成长有望而高兴。……但是当时在家庭教育的研究和指导领域中实在是一片荒漠。没有专门的书籍（更谈不到音带、像带），没有家长学校，没有咨询服务，也没有其他的家庭教育的报纸、刊物。①

徐惟诚认为,提高养育质量的法门在于让家庭获得正确的方法与知识,这需要国家强有力的推动,利用各种手段"送法进家"。其中,一个重要的方式便是组织育儿专家深入基层宣讲。北京市家庭教育研究会先后创办了"母范学堂""奶奶姥姥班""孕妇学校"等家长学校。② 1981 年 5 月 13 日,《北京日报》头版刊发通讯《一所母范学堂》,介绍北京市家庭教育研究会设立家庭学校的情况,徐惟诚(笔名余心言)为该通讯配发了题为《要帮助青年学会做父母》的评论,文章比较了传统社会、资本主义社会与社会主义社会的婴儿养育。在徐惟诚看来,培养高质量的下一代不仅关乎国家的前途,还要与社会主义的意识形态相结合,符合人民共同的利益、理想与道德。

> 在封建社会里,当然只要是自己生的,自己愿意怎样对待都可以。资本主义社会比封建社会进步一些,研究家庭教育问题的人也多一些,可是,家庭总是属于个人私生活的领域,社会不大能够管得了,也不可能去认真管。社会主义社会是以生产资料公有制为基础的社会,我们的人民有了共同的利益、共同的理想和共同的道德,我们后代的状况如何关系到我们事业的前途。③

回顾社会主义的社会改造历程,家长学校为苏联教育家苏霍姆

---

① 徐惟诚:《愿天下父母共读》,《徐惟诚文集》第 7 卷《家庭文化·家庭教育》,商务印书馆,2015,第 219~220 页。
② 曹建国:《全社会都来关心重视家庭教育 北京市家庭教育研究会 5 年来对百万家长普及家教科学知识》,《父母必读》1986 年第 2 期,第 6 页。
③ 徐惟诚:《要帮助青年学会做父母》,《北京日报》1981 年 5 月 13 日,第 1 版。

林斯基（Василий Александрович Сухомлинский）首创，被认为是用来革新家庭的重要途径。目睹了二战结束后苏联的人口消耗、百废待兴，苏霍姆林斯基在1948年辞去教育局长的职位，选择担任帕夫雷什中学的校长，寄希望于通过教育实践改变社会现状。他认为，培养一个良好公民主要依靠父母的家庭教育，教育家长应当成为社会改造的必要手段。苏霍姆林斯基的教育思想之一便是设立面向社会的家长学校，让青年男女从结婚伊始便要学习关于孩子诞生与养育的知识，以提升教养孩子的水平。苏霍姆林斯基在家长学校设立的课程多达250节课，涉及优生学、保健学、教育学、心理学甚至艺术与通识教育等诸多门类，教授家长从婴儿到中学阶段孩子的养育知识。家长学校每周都定期设置课程，不同阶段的家长学习相对应的课程，在不断学习中了解儿童的身体与心理状况、智力发育。[①] 苏霍姆林斯基在家长学校的课上指出，教给父亲和母亲如何增进儿童健康、爱护儿童健康，如何发展儿童的智力、语言能力，如何预防神经性疾病，儿童的健康与道德发展，是家庭教育应该关注的重要方面。[②] 家长学校的设立是为了服务社会主义的建设，不仅要培育健康的体魄，还要在这个过程中贯彻爱国主义精神，满足苏联经济社会发展的需要。

20世纪80年代，改革开放促使社会转型，培育高质量的社会主义接班人成为国家意志所在。作为苏霍姆林斯基教育思想的本土实践，北京市家庭教育研究会创办了中国第一所家长学校——"母范学堂"。该学堂最初设立在北京朝阳区八里庄中学，招收的学员大都是初为人母的女性，共计设置了11堂课，包含家庭道德、妇幼保健

[①] 郑建业：《探索与创新：苏霍姆林斯基家庭教育思想解读与实践》，江苏凤凰科学技术出版社，2018，第163～168页。

[②] 列夏·苏霍姆林斯卡雅：《苏霍姆林斯基家校合作思想概述》，《中国德育》2018第17期，第45页。

常识、婴幼儿生理知识、家长修养、幼儿智力发育及美育等内容，这种形式受到广泛欢迎，很快便在北京市的企事业单位推广开来。[1] 根据当时对现场情景的记录，母范学堂在工厂的受众尤多，听课的女职工之踊跃、认真，大出人们的意料。企事业单位也积极响应，组织本单位的职工参与座谈交流，有的单位还就一些专门的婴幼儿养育问题向专家咨询。[2] 此后在1985年，北京市家庭教育研究会又联合北京市妇联创立了"孕妇学校"，招收了80余名即将做母亲的青年女性作为首期学员。孕妇学校聘请医务界、教育界的专家担任主讲人，包括遗传与优生、围产期保健、丈夫须知、新生儿期的特点与护理、婴儿喂养、零岁至一周岁小儿的教养、夫妻生活共7讲。[3] 不同形式的家长学校在北京兴办，进一步促使科学育儿知识的普及，尤其是孕妇学校除了讲授优生优育知识，还在工人出版社出版了教材《新婚夫妇与孕妇须知》，广泛发行，如何育儿甚至成为北京家庭茶余饭后广泛探讨的话题。

民众对于育儿知识的需求陡增，促使科普影像和大众读物也丰富起来，读物的内容不仅涉及生育与保育，甚至延伸到家庭关系、婴儿早教乃至美育等话题。依据罗梅君的观察，诸如《青年指南》《家庭育儿》《家庭卫生100讲》等读物在北京城市家庭日趋流行的成因在于，"越来越精于阅读的妇女通过大众医学健康指南书籍得以启蒙"。[4] 育儿读物的流行与专家系统的深度整合密不可分。北京市

---

[1] 徐明、贾秀总编著《中国妇女知识全书》，中国妇女出版社，1995，第83页。
[2] 徐惟诚：《把家庭教育的指导纳入职工思想工作的内容》，《思想政治工作研究》1993年第5期，第7页。
[3] 徐明、贾秀总编著《中国妇女知识全书》，第83页。
[4] 罗梅君：《北京的生育、婚姻和丧葬：19世纪至当代的民间文化和上层文化》，第117页。

家庭教育研究会先协调妇联和科协的专家,编写出版了一套早教类图书,随后为了获得更好的宣传效果,协会还与北京人民广播电台联合拍摄了《婴幼儿家庭教育》等电视系列片,在全市范围播映,得到居民的热捧。

除此之外,定期出版的育儿杂志也开始见诸北京街头巷尾的书报亭,这同样离不开国家自上而下的推动。1980年创刊出版至今的育儿杂志《父母必读》便是很好的例子,这份杂志在筹备过程中得到了来自政府、学界、社团组织等多方面的支持。杂志创刊之时,宋庆龄为之题写刊名,康克清在创刊号发表了题为《父母亲的神圣责任》的署名文章,强调杂志的重要价值。[①]《父母必读》的发行得到了北京市政府的支持,要求本市医院的儿科、妇科门诊都应开展《父母必读》的零售和预定,幼儿园、学校则要向家长们积极推荐《父母必读》杂志。[②] 随着育儿读物的广泛流行,家长学校的部分科普职能逐渐被育儿读物所替代,毕竟参与家长学校会占据大量业余时间,对于北京大多数在单位忙碌的育儿母亲而言,读物中的知识与讲解更加具有可获得性。而无论是家长学校还是育儿读物,它们备受热捧的背后意味着,北京家庭对于科学的育儿知识持有尊重态度,并积极接纳到私人生活领域,再进行理解与消化。

小　结

20世纪80年代,北京家庭的婴儿诞养迎来新的变化。伴随着国

[①] 中国出版工作者协会编《中国出版年鉴(1986)》,商务印书馆,1986,第184~186页。

[②] 曹建国:《全社会都来关心重视家庭教育　北京市家庭教育研究会5年来对百万家长普及家教科学知识》,《父母必读》1986年第2期,第6页。

家生育政策的调整,优生优育上升到政策层面,北京地方立法和妇幼卫生行政得到完善之后,政策得以下达到各企事业单位、街道、居委会、部队等基层社会组织,营造出新的制度环境。国家的计划生育政策有效地控制了人口规模,强有力的宣传工作使家庭认识到婴儿养育的重要性,但另一方面,由于双职工的生活安排与公共保育设施的缺乏,一些婴儿诞养旧俗又流行起来。1982年,德国学者罗梅君在北京进行了田野调查,她借鉴了民国时期清河试验的观点与方法,以理解80年代婴儿诞养的制度环境。在罗梅君看来,优生优育的行政指令已渗透到婴儿诞养的细节中,但与此同时,制度环境的公私分离,使得育儿者持越来越持开放的态度接触不同来源的信息与知识。

国家不遗余力地在全社会确立优生优育话语的合法性,除了利用行政手段自上而下地予以推广,还充分调动民间力量参与进来,引领道德风气,以便更好地指导民众的生育实践。培养高质量的下一代不仅关乎国家的前途,还要与社会主义的意识形态相结合,符合人民共同的利益、理想与道德,优生优育的政策话语逐渐演变为方便家庭理解的科普语言。基于以上使命,北京市家庭教育研究会在1980年成立,在北京组织设立家庭学校、"母范学堂"以及孕妇学校,激发了民众对于育儿知识的需求,也促使科普影像和大众读物也丰富起来,读物的内容也不仅仅涉及生育与保育,甚至延伸到家庭关系、婴儿早教乃至美育德育等话题。大量的育儿读物在北京社会流行起来,1980年创刊至今的育儿杂志《父母必读》具有代表性。我们能够发现北京家庭对于育儿知识持有尊重态度,积极将之接纳到私人生活领域。家长学校和育儿读物的产生,一方面彰显了社会主义国家的集体主义传统,另一方面还将养育责任话题化地摆在人们面前。社交与读物使民众的消费意识逐渐觉醒,为市场机制的引入创造条件。

罗梅君关于婴儿诞养的民族志文本,为我们理解20世纪80年代北京家庭婴儿诞养实践提供线索。在接下来的两节中,我们将展开论述,首先根据罗梅君的民族志文本,探讨国家塑造了什么样的制度环境,有别于 30 年代的诞养风俗社会改良,如何影响北京家庭的婴儿诞养实践。罗梅君的文本描写了育儿读物在 80 年代的流行情形,这反映了育儿家庭的私人生活面貌,我们将以《父母必读》为分析文本,通过对这一杂志的分析,呈现北京家庭在婴儿诞养实践上的变化与面临的挑战。

第二节　诞养风俗的国家设定

新中国成立后,在民国时期婴儿诞养旧俗改良的基础上,将改良进一步深入家庭生活之中。婴儿诞养的医疗化从城市向农村推进,大量的赤脚医生被改造,学习现代无菌分娩、产后护理以及疫苗接种等技术,辅助指导哺乳期女性。在集体主义道德的感召下,婴儿的诞生与养育被赋予了爱国主义的特质,一直延续到改革开放时期,优生优育的话语融入其中。在前文中,我们论述了优生优育话语如何塑造了北京家庭的婴儿诞养制度环境,人们已经关注到其背后的道德生活,这也隐含了对待传统风俗的微妙态度。在 1985 年出版的小说《钟鼓楼》中,我们可以发现 80 年代的北京家庭遭遇的现代生活方式与传统风俗之间的冲突和交融。一方面,现代生活方式正在取代古老的民间风俗;另一方面,传统风俗正在融为现代人深层意识中的历史感。[①] 冲突与融合的背后无时无刻不透露出国家的身影,

---

[①] 张钟:《京华市民生活的交响乐章——读长篇小说〈钟鼓楼〉》,《小说评论》1985 年第 4 期,第 33 页。

这一时期，国家在推行优生优育的同时，还处理的一个矛盾便是民族文化与现代生活的关系。分析罗梅君的研究文本，我们能够了解到国家对于传统婴儿诞养风俗的态度，这塑造了制度环境的另外一面。

一 复归

1982年夏季，罗梅君对北京家庭的婴儿诞养情况进行调查。这座城市不断提升的妇幼保健水平和卫生设施给她留下了深刻的印象，在她看来，婴儿诞养中的医学问题有望实现社会性解决，在城市和近郊区，分娩几乎无一例外得在医院进行，妇女们相信医院里有更好的医疗条件，她们会受到更好的照顾。[①] 尽管如此，罗梅君也发现了一些新趋势。在婴儿诞生以后，依照妇产医院的要求养育婴儿虽然已经十分普遍，可是无论在北京的城市还是郊区家庭，人们对传统诞养风俗都持保留态度，"对孩子有决定性意义的重大事件：如洗三、满月和百日，即使在受过教育的北京人的意识中也占很重要的地位：像以前一样"。[②] 在不少北京家庭，这些旧俗似乎正在复归，民众对此的态度似乎有悖于优生优育的行政指令，原本逐渐被摒弃的"旧风俗"或被重新引入家庭生活。

理解传统诞养风俗的复归，需要将之置于80年代的转型社会背景。"文化大革命"后，国家致力于在思想文化领域拨乱反正，设计新的社会秩序。改革开放为思想文化的转变提供了契机，国家不仅对外来文化重新抱持包容姿态，还努力正视民族文化遗产，旧的风

[①] 罗梅君：《北京的生育、婚姻和丧葬：19世纪至当代的民间文化和上层文化》，第123页。

[②] 罗梅君：《北京的生育、婚姻和丧葬：19世纪至当代的民间文化和上层文化》，第132页。

图 3-1　1974 年入学北京大学的罗梅君（居中穿军大衣者）

俗与习惯因而迎来了春天。[1] 以诞养风俗为代表的传统人生礼俗作为中华民族文化遗产的重要组成部分而复归，以唤醒民众在日常生活中的文化自觉。应该认识到，80 年代的民族文化复兴运动并非单纯的文化现象，而是国家从政治层面确认传统文化在社会主义事业总体战略布局中的地位。[2] 从社会动员的视角来看，为了让传统风俗融入当下的社会主义事业，国家号召民众参与精神文明建设。通过强调在生活方式与政治形态两个方面的适应，传统人生礼俗的边界与价值再次被定义。

其一，传统人生礼俗要适应现代的生活方式。礼仪和风俗承载

---

[1] 高丙中：《中国的非物质文化遗产保护与文化革命的终结》，《开放时代》2013 年第 5 期，第 149 页。
[2] 张森：《文化治理：理论演进、西方模式与中国路径》，中国政法大学出版社，2017，第 99 页。

着人与人、人与自然之间的伦理与审美,礼俗的复归意味着这种伦理与审美在日常生活中的回流。80年代的"五讲四美"活动一定程度上反映了这种情形,其主旨在于涤清不良社会风气,在民众中间重建适合经济社会发展的生活方式。1981年,共青团中央、全国妇联等单位向全社会发出《关于开展文明礼貌活动的倡议》,号召全国民众开展"五讲四美"文明礼貌活动。不久,中共中央成立了"五讲四美三热爱"委员会,北京市也成立分支委员会,活动很快在全国铺展开来。相关研究指出,"五讲四美"的内涵阐发来源于中国传统的儒家德育思想,将崇高的理想、美好的心灵、文雅的言行、优美的举动联系在一起,与中华民族优良的文化传统交相辉映。[①]这在一定程度上意味着,"五讲四美"活动使传统礼俗的积极部分得到国家的肯定。正如罗梅君观察到的,"那些以前由母亲口头传给女儿的源自传统医学的行为准则被作为民族遗产,现在获得广泛传播。人们现在知道了为什么这样做"。[②]但另一方面,传统人生礼俗以"讲文明、讲礼貌"的形式复归的同时,还要与现代的生活方式相适应。1984年,北京市"五讲四美三热爱"委员会修订了《首都市民文明公约》,并在全市予以公布,倡导婚丧简朴、计划生育以及文明、健康、科学的生活方式。1986年,《首都市民文明公约》被进一步汇编成《北京市民文明须知》,这份手册印刷15万册,下发到全市基层单位,以此广泛对民众开展生活方式的教育。[③] 传统人生礼俗的复

[①] 李圣传:《作为事件的美学政治——"五讲四美"运动回望与阐释》,《文艺争鸣》2021年第2期,第102~104页。

[②] 罗梅君:《北京的生育、婚姻和丧葬:19世纪至当代的民间文化和上层文化》,第122页。

[③] 王笑儒:《〈首都市民文明公约〉的修订过程及其特点》,《北京教育》1996年第6期,第17页。

归必须适应现代的生活方式,除了找寻文明传统的道德要求,还有现代社会强调的健康与科学,三者缺一不可,国家在其中寻找平衡点与交集空间,引领民众重建新的生活方式。

其二,传统人生礼俗还要适应现行的政治形态。"五讲四美"活动在对生活方式进行重建的过程中,还树立了"热爱祖国、热爱党、热爱社会主义"的基本前提,这也意味着传统礼俗的复归必然要适应当下的"国家-政党-社会制度",参与到社会主义国家的建设中来。1982年的中共十二大上,邓小平在开幕词中提出,要把我国建设成为现代化的、高度文明、高度民主的社会主义国家而努力奋斗,并把建设社会主义精神文明作为今后长时期,至少是到20世纪末的近二十年内抓紧要做的四件工作之一。应该认识到,社会主义精神文明建设的提出,不仅出于中国社会转型的需要,还在于解决80年代国际共产主义运动受挫而给我国民众带来的精神和信仰危机。[①] 国家为了应对内政外交问题,通过弘扬中华传统文化,增强民族自信心与凝聚力。在坚持马克思主义和社会主义思想为基础的同时,发扬中华优秀传统文化在现代化建设中的作用,并加强对民众的历史传统教育。作为首善之城,北京的诞养风俗在复归的同时,有着民族主义的烙印。罗梅君发现,国家对传统诞养风俗的态度转变背后蕴含着政治考量。在20世纪30年代,社会改良者认为婴儿诞养风俗源自不正确、迷信的世界观,民族若要图强必先要涤清封建思想。到了20世纪80年代以后,这些礼俗却被看作民族文化遗产,"被用于共同培养一种新的国家情感,从此又开始把传统医学方案与现代医疗体系的知识和

[①] 刘锋:《变动中的当代中国思想文化及政策调适研究——基于二十世纪八九十年代的考察》,《临沂大学学报》2021年第3期,第75页。

方法相结合的尝试"。①

二 扬弃

传统人生礼俗在改革开放后迎来复归,但国家对此施加了相应的前提,即传统人生礼俗要适应现代的生活方式与现行的政治形态。1986年,《中共中央关于社会主义精神文明建设指导方针的决议》提出:"在广大城乡要积极开展移风易俗的活动,提倡文明健康科学的生活方式,克服社会风俗习惯中还存在的愚昧落后的东西。"具体体现在,国家通过精神文明建设,以移风易俗的方式对传统人生礼俗展开了甄别与区分。作为人生礼俗的重要构成部分,诞养风俗的传承与发展具有代表性,本书第二章提到的那些从婴儿诞生到周岁的传统风俗,在80年代的北京家庭中已悄然发生变化。在罗梅君看来,传统诞养风俗并非全部复兴,而是有条件地传承,"在中华民国时期还广泛流传的方法以及由祖母和曾祖母的经验构成的方法再度流行,然而许多寺庙已经不见了,原先那些在北京被称之为'迷信'的习俗已经不见了"。② 在国家的主导下,婴儿诞养风俗呈现出不同的传承情况:部分已经淘汰,部分得以重拾,部分发生改变。以罗梅君在80年代的观察,对比邱雪峨和王纯厚在30年代的描述,我们可以对此逐一分析。

从婴儿诞生到满月前的风俗。传统诞养风俗中婴儿出生时"送-接"结构的民间信仰已经不再被过度推崇,家庭依然望子心

---

① 罗梅君:《北京的生育、婚姻和丧葬:19世纪至当代的民间文化和上层文化》,第137页。
② 罗梅君:《北京的生育、婚姻和丧葬:19世纪至当代的民间文化和上层文化》,第116~117页。

切，只是人们认识到依赖现代产科医学，能降低婴儿在分娩中夭折的概率，先天疾病与畸形儿的发生概率同样会大幅降低。婴儿的诞生在医生和护士的全程参与下，家人选择特定人物进入产房的"采生"便失去了意义。与此同时，婴儿的"开口"被产科医生赋予新的内容，不再吮吸中药配方的苦物，而是重视以母乳或奶粉为主的初哺。罗梅君还发现，"今天，开始给婴儿喂奶的时间还是相对晚一些：在北京第三医院是 12 个小时以后（1985 年）"。[①] 母乳替代品在当时的流行，使城市女性的哺乳习惯发生了改变，总体的哺乳时间减少。在婴儿诞生以后的第三天，作为北京传统诞养风俗代表的"洗三"环节，在 80 年代逐渐被北京家庭所淘汰。根据李景汉对北京北郊家庭的再访，"洗三"在新中国成立以后便式微了。[②] 而在罗梅君的记录中，这一环节在 1980 年的北京城市家庭中彻底失去了踪影，"洗三在城市里已经不再进行了，在医院分娩使这一习俗显得多余了。只是在农村这一习俗至少还延续到 70 年代"。[③] 传统社会将"洗三"的作用定义为祛除不祥之兆，其中的步骤需要稳婆的全程操持，而随着稳婆这一群体的消亡，在护士和助产士手中，原先的各种程序被单纯的沐浴取代，她们清洁婴儿的身体以提高其抵抗力。

现代产科话语对于诞养过程的干预，直到婴儿被抱回家中稍告缓解，传统诞养风俗的安排这时才彰显出来。回家时，不少北京家庭仍选择将婴儿紧紧包裹起来，这是传统的身体塑形方式，"即使在受过教育的人群中婴儿也被紧紧地裹起来……以便孩子身子

---

① 罗梅君：《北京的生育、婚姻和丧葬：19 世纪至当代的民间文化和上层文化》，第 133 页。
② 李景汉：《北京郊区乡村家庭生活调查札记》，三联书店，1981，第 60 页。
③ 罗梅君：《北京的生育、婚姻和丧葬：19 世纪至当代的民间文化和上层文化》，第 135 页。

长得直……这种对孩子肢体的塑造，限制孩子活动的可能性以及穿衣太多的做法最近几年才日益受到医生们的批评"。① 与这种肢体上的限制相对应的，还有在家中为产妇和婴儿营造封闭的居住空间，为接下来产妇"坐月子"做准备。罗梅君认为，"坐月子"是传统诞养风俗复归的主要表现：

> 认为产褥期的母子不洁净且有特殊危险的想法，甚至渗透到知识分子阶层并广泛传播着。近年来出版的各种生育指南类书籍再三论述旧做法的错误，尤其是想要设法改变产妇的饮食方式，甚至指出了它的危害性，然而让产妇隔绝的观点没有被论及，这方面还是个禁忌。②

像旧时一样，"坐月子"期间产妇要静心休息和补充营养，中医妇科理论将女性产褥期的身体调养视作避免日后疾病的关键。邱雪峨和张纯厚论述过的饮食和禁忌在80年代的北京陆续复原，但有所不同的是，由于家庭结构与居住环境已经发生变化，丈夫更加主动地参与到照料过程中，也有一些城市家庭迫于北京紧张的住房条件，选择让产妇转移到乡村的老家坐月子，在56天的法定产假后重返城市的工作岗位。③

从婴儿满月到周岁的风俗。"坐月子"在80年代被重拾，唤起了人们对婴儿满月后风俗的记忆，但这些礼俗的形式与内容却今非

---

① 罗梅君：《北京的生育、婚姻和丧葬：19 世纪至当代的民间文化和上层文化》，第 134 页。
② 罗梅君：《北京的生育、婚姻和丧葬：19 世纪至当代的民间文化和上层文化》，第 125 页。
③ 罗梅君：《北京的生育、婚姻和丧葬：19 世纪至当代的民间文化和上层文化》，第 131~132 页。

昔比了,有的在时间安排上被合并或简化。在北京的城市家庭里,婴儿的"满月酒"活动得到恢复,却并非完全像以往一样,"像以前一样,满月时举办一个小小的庆祝活动,至少是吃顿面条以示祝愿孩子长寿,但是参加庆祝的人大大减少:在北京主要是长辈,祖父祖母和外祖父外祖母来祝贺。他们的兄弟姐妹及父母的兄弟姐妹只在双方关系特别好的时候才来"。① 伴随着城市家庭规模的变化,婴儿诞养的庆祝范围缩小并且内容被简化。满月时,家人要确定的事情仍然是给婴儿起名字,但这个名字不再是乳名,而是大名,增加的事项是婴儿的落户,家人们会一起讨论分析利弊,选择婴儿应该上什么样的户口,申请最为有利的居住户口。婴儿满月之后,"挪骚窝"的民间信仰内容已经不存,但形式仍然保留下来,产妇会按照约定在满月时给婴儿剪发,带着孩子回娘家住几天,这大多出于情感上的考量。到了婴儿"百日",庆祝活动则更加简化,很多在"满月酒"上有过的内容则不再重复,"在城里还采用一种新的形式,在这个庆祝活动上把孩子介绍给大家:即满月时或百日以后(这些日期是不固定的,就像以前岳父岳母来探望的时间也是在这些日期之间)找一个摄影师照张像"。② 从 80 年代开始,百日留影逐渐成为每个北京家庭都履行的事项,延续至今。我们能够发现,尽管一些传统风俗已经被简化或者淘汰,但新的风俗又产生了,婴儿诞养风俗的主题并未改变,那就是将个人的身体生产纳入家庭的再生产中,一幅婴儿的百日照证明了这个家庭的绵延。

传统诞养风俗在 80 年代被重拾,具有一些表征:其一,一些迷

---

① 罗梅君:《北京的生育、婚姻和丧葬:19 世纪至当代的民间文化和上层文化》,第 135 页。

② 罗梅君:《北京的生育、婚姻和丧葬:19 世纪至当代的民间文化和上层文化》,第 136 页。

信的环节被淘汰或者淡化，如"采生""洗三"；其二，被认定为民族文化特征的环节被重新复兴起来，如"坐月子"；其三，关联现代生活方式的环节被简化或者补充新内容，如"满月酒""百日宴"。诞养风俗不同的传承情况背后存在规律，国家在其中扮演的是守门人的角色，对一些必须坚持的原则划出红线。

三 限制

《宪法》第三十六条规定中华人民共和国公民有宗教信仰自由。但任何人不得利用宗教进行破坏社会秩序、损害公民身体健康、妨碍国家教育制度的活动。同时，国家还试图将传统人生礼俗文化遗产化，支持学术界开展整理与扬弃，对一系列礼俗进行甄别，并对其加以具体的限定。作为主要的学术力量，中国的民俗学界领衔了传统人生礼俗的整理工作。80年代，中国民俗学正值学科恢复时期，在当时的民俗学者看来，将学科优势与现实社会相结合，便成为民俗学振兴发展的当务之急。传统人生礼俗关系到生活方式、移风易俗等诸多方针政策，被视作民俗研究的重要领域。张振犁就曾指出，"今天改造旧的风习、仪礼，发扬其积极因素，为移风易俗、建立社会主义精神文明的任务，民俗学研究工作必须承担起来"。[①] 纵观80年代，民俗学界对于传统诞养风俗的整理工作可谓扎实，但很少探讨其背后的宗教与文化内涵，相关研究大多以批判的态度将之呈现在读者面前。究其原因，我们或许可以从罗梅君对北京社会的观察中找到答案：

---

① 张振犁：《人生仪礼》，张紫晨编《民俗学讲演集》，书目文献出版社，1986，第374页。

部分严格的国家和社会监督机制用于贯彻新的设想：禁止传统方法培训出来的助产士工作，关闭庙宇，实行晚婚，监督怀孕预防措施和生育计划，分配食物和住房。那些支持传统行为方式的人，那些作为妇女所接受的指导而有权势并因此可能作为新世界观和新权力机构潜在反对者出现的人，在全国范围内首先遭到攻击、批评、改造或者驱逐出社会生活，如中华民国时期那样。①

优生优育的行政指令正在塑造新的制度环境，那是一套与传统民间信仰截然不同的科学话语。传统人生礼俗难以得到舆论上明确的支持，在经历了社会动荡之后，人们习惯于将自身的生活方式进行标签化操作，不敢随意触碰国家曾经划出的政治红线。尽管国家支持传统礼俗的复归，但同时也利用社会力量对其在制度环境中的影响加以控制。

如果说民俗学将传统诞养风俗引入大众的视野之中，传统医学则为之寻找到合理的发展空间。中国自古就有着"医俗同源"的传统，婴儿从出生到成人的传统礼俗无不涉及诸如"寒热""阴阳"的中医学理，在民族繁衍生息的过程中，中医学衍生出大量关于妇科、小儿科的方书，更被视作中华民族的宝贵文化遗产。80年代的文化热潮让中医学再次受到热捧，在对北京育儿家庭的调查中，中医调理被广泛采纳，尤其体现在"坐月子"等环节上。罗梅君曾采访一位知识分子，对方表示："每个人的身体或者寒多或者热多，比如我就是热性体质，因此怀孕时我主要吃凉的东西。但产后就麻烦了，因为我还想继续吃凉的，但是不能再吃了，现在必须吃热的。

---

① 罗梅君：《北京的生育、婚姻和丧葬：19世纪至当代的民间文化和上层文化》，第137页。

如果坐月子的妇女吃了凉东西，人们就会担心她感受内寒。"[1] 传统医学干预婴儿诞养过程多规定其中的禁忌，尤其体现在食品属性、坐卧姿势以及温度掌控上。必须认识到，这些注意事项并没有与现代医学发生较大的冲突：一方面，当现代妇产医学在家庭育儿的细节处缺位时，"宁可信其有，不可信其无"的想法便活跃起来，给传统诞养风俗的开展增添了可能性；另一方面，这些禁忌大多也是有章可循的经验知识，可以作为传统医学与新医疗体系相结合的例证，一些风俗较好地为人们所接受。而80年代的北京家庭越发倾向于"妇女们的行为方式只是在那些公众有限且与专业口头传授的人无关的地方才有她们的某种自由空间：那就是在家庭范围"。[2] 家庭被定义为礼俗互动与传承的合理空间。

对比来看，与30年代对传统诞养风俗的强制改造所不同，80年代政府对于诞养旧俗看起来更加有耐心，但这并不意味着国家没有意识到改造传统人生礼俗的必要性。作为社会主义精神文明建设的主要组成部分，移风易俗就是要将合理的部分保留，而在具体工作上采取教育、疏导和示范的方法，循序渐进而不操之过急。[3] 具体而言，整理传统诞养风俗后，国家选择对践行风俗的空间有所让渡：淘汰或者简化那些在制度环境中发挥影响的风俗，比如摒弃具有封建迷信色彩的"洗三"，缩小婴儿满月宴请的参与者规模等；保留那些在私人生活中开展的风俗，并积极扩充新内容，比如"坐月子"、婴儿百日摄像留念等。整体下来，传统诞养风俗被有条件地限定在

---

[1] 罗梅君：《北京的生育、婚姻和丧葬：19世纪至当代的民间文化和上层文化》，第120页。

[2] 罗梅君：《北京的生育、婚姻和丧葬：19世纪至当代的民间文化和上层文化》，第138页。

[3] 沙英：《移风易俗与精神文明建设》，《道德与文明》1987年第4期，第8页。

特定社会单位——家庭之中，这就是婴儿诞养风俗在 80 年代传承与发展的规律所在。

小　结

如果说 30 年代婴儿诞养风俗改良停留在技术层面，旨在塑造崇尚科学的制度环境，那么 80 年代的婴儿诞养风俗改良则深入伦理层面，强调制度环境的文化属性。在罗梅君描绘北京社会的民族志文本中，我们能够发现传统婴儿诞养风俗在改革开放后经历了"复归"、"扬弃"和"限制"等过程，国家是其中的重要推手。首先是复归，"文化大革命"后国家在思想文化领域拨乱反正，正视民族文化遗产，旧的风俗获得了复苏的契机。为了让传统风俗融入当下的社会主义事业，国家号召民众参与社会主义精神文明建设，重新定义传统诞养风俗的价值：一方面要适应现代生活方式，引领民众重建新的生活方式；另一方面要适应现行的政治形态，增强民族自信心与凝聚力。其次是扬弃，国家通过精神文明建设，以移风易俗的方式对传统婴儿诞养风俗展开了甄别与区分，传统诞养风俗并非全部复兴，而是有条件的传承：涉及迷信的环节，被淘汰或者淡化；被认定为具有民族文化特征的环节，被重新复兴起来；关联现代生活方式的环节，被简化或者补充新内容。最后是扬弃，国家依托学术力量整理和研究传统诞养风俗的同时，对践行风俗的空间有所让渡：淘汰或者简化那些在制度环境中发挥影响的传统风俗，保留那些在私人生活中开展的传统风俗，并积极更新内容，使之有条件地限定在家庭之中。

从历史上审视，80 年代中国社会的风俗改良是较为成功的。相关研究认为，这一时期国家对于传统风俗的政治改造从"疾风暴雨式"转为"和风细雨式",移风易俗中重视工作方法,强调破旧立新树典型,进行积极的正面教育,从改革开放前社会风俗变迁的同一化、单向化转向多元社会图景与风俗文化繁荣的结合。[①] 毋庸置疑,政治氛围的转向是传统诞养风俗得以复归的原因。但另一方面,国家并没有刻意淡化对这一领域的控制。制度环境的公私分离为有效地控制创造条件,优生优育成为婴儿诞养的公共话语的同时,传统诞养风俗被有选择地限定在家庭范围之内,家庭在新的风俗实践中绵延、发展,并形成共识,这是一套行之有效的道德机制。

在北京的田野调查结束后,罗梅君在整理素材的过程中厘清了研究的路径。她的哲学基点是历史唯物主义,运用了布迪厄的实践概念,展现一个历史时段内家庭变迁的过程。在她看来,传统风俗被当代中国社会所驯服,天人感应的诞养禁忌与迷信被改造成了符合现代社会的哺育伦理。尽管这种伦理的指向仍然是家庭经济的发展,但这种诉求已经被落实为家庭的责任与义务,成为一种社会共识。80年代,在中国家庭的私人生活领域,如何养育婴儿有着集中化的趋势,育儿者的形象被社会上传统与现代、中国观念与西方观念、革命与消费的多重意识形态所建构起来,与此同时,这种多元化的趋势也使人手足无措,育儿者职责成为一个被广泛谈论的话题。

第三节 母职的"发现"

如前所述,80年代北京婴儿诞养习俗改良成功的原因在于,深

[①] 侯松涛:《改革开放与中国社会风俗变迁动力机制的转型》,《中国特色社会主义研究》2009年第2期。

入家庭的伦理层面,并将一部分传统风俗限定在家庭范围内,这也促生了私人生活领域的嬗变。在罗梅君的文本中,北京家庭的婴儿诞养实践发生转变的一个重要表现就是,育儿者对不同信息来源、结构的育儿知识持包容态度,家长学校提供了一个学习和交流的场所,为了满足广大民众的知识诉求,各种育儿读物在北京社会流传开来。这些读物的内容针对读者的日常需求,进一步反映了80年代婴儿诞养中的亲密关系与生活策略。在众多的育儿读物中,《父母必读》可谓是对北京当地家庭颇具影响力的杂志。《父母必读》于1980年在北京创刊,很快就成了北京家庭争相订购阅读的读物。1985年2月至5月,《北京晚报》举办"最佳杂志大家评"活动。三个月的时间,主办方共收到了5000多张读者邮寄来的推荐票,经过统计,一共有40个刊物入围,《父母必读》是上榜刊物中唯一的育儿杂志。[①]《北京晚报》刊登了一位女性读者的推荐理由:

> 它的文章很注重实用。独生子女的家长,不能从带"老大"中摸索带"老二"的经验,只此一个,务求必成,许多小家庭中又没有老人在,《父母必读》成了很好的"参谋"。……当前的大多数家长,都是在"十年动乱"中成长起来的,《父母必读》反复讲父母修养的各方面问题,帮助我们补好如何为人父母的一课。[②]

《父母必读》杂志迎合了生育政策转变的时代背景,但它刊发的并不单纯是科普类的文章,还考虑到如何从各个方面帮助育儿者成长,这为我们理解80年代的育儿者责任提供了可资分析的资料。近

[①] 《中国出版年鉴1986》,第160页。
[②] 《中国出版年鉴1986》,第162页。

年来，在家庭社会学领域，对于《父母必读》的研究已比较深入。有研究指出，《父母必读》作为婴幼儿照顾模式变迁的镜像，讲述中国家庭如何从依赖祖辈带养到呼吁父母带养，进而使育儿母亲成为养育婴儿的主角。① 有研究者再现了 2000 年后，专业主义、密集亲职和消费主义意识形态对于母亲形象的建构。② 相关研究已发现育儿读物与育儿母职之间的关联性，但忽视了育儿母职在中国是如何产生的。在改革开放初期，中国社会还没有兴起对于母职的讨论，但实际上养育者责任已经为人们所广泛探讨，育儿读物反映了社会转型中母职的产生和变迁，以及诸多话语酝酿的蛛丝马迹。有鉴于此，本节将对 1980 年至 1989 年发行的《父母必读》杂志展开文本分析，从"文章的叙述与主题""编者和读者的互动"两个方面，探求当时北京家庭的私人生活变化，以及在婴儿诞养的母职议题上展现出怎样的共识。

一 讲述

创刊伊始，《父母必读》杂志会刊登一些关于婴儿养育话题的故事和采访类文章，为了迎合大多数读者的阅读水平，这类文章的语言通俗、叙事简单明了，旨在对读者起到启发与激励的作用。讲述类文章主要分为三类：一是革命先驱的故事，二是专业人士的采访，三是普通家庭的经验。细致分析这些文章的内容与风格，我们能够发现 80 年代北京家庭中婴儿养育者的责任内涵。

---

① 李亚妮：《改革开放以来中国城市家庭幼儿照顾理念变迁管窥——以〈父母必读〉为文本》，《妇女研究论丛》2009 年 2 月增刊。
② 陶艳兰：《养育快乐的孩子——流行育儿杂志中亲职话语的爱与迷思》，《妇女研究论丛》2018 年第 2 期。

讲述革命先驱育儿故事的文章，集中出现在创刊开始五年内。这些文章来自先进事迹的见证人或者革命者的后代，故事感人肺腑且寓意深远。比如1981年第1期刊发的名为《母子情——忆江姐在重庆与云儿别离的情景》的文章，歌颂了1947年中国共产党在重庆的地下工作者如何在坚持革命事业的同时担负培育下一代的重任。作者吴维之作为亲历者，写道："我因有个不到半岁的孩子，组织上让我留在重庆。原来任教的学校把我解聘了，为了解决工作上的拖累和经济上的困难，我只好把孩子送到乡下托人看管，独自一人寄居在老战友、地下党负责人蒋一苇同志家中。"① 革命者的母子分离境况引起了重庆党组织的重视，在社会贤达的资助下，一所新生托儿所很快筹办起来，用来收托地下工作者的孩子，收容的孩子里有江姐（江竹筠）的稚子云云。文章以江姐的事迹为重点，描写了革命者如何将婴儿养育与国家前途相关联。文中提及，江姐曾抽时间独自到托儿所看孩子，并嘱咐工作人员对孩子不要娇惯溺爱，直至1948年江姐牺牲时，她仍不忘给幼儿留下遗言："盼教以踏着父母之足迹以建设新中国为志，为共产主义革命事业奋（斗）到底！"②

除了这篇讲述江姐事迹的文章，《父母必读》杂志还陆续刊发了向警予、赵一曼、何叔衡、刘伯坚等革命烈士的育儿故事，多刊登在杂志每一期的头版位置，并占据了相当的篇幅。这一类文章强调在婴儿诞养过程中育儿者要秉持政治情操，以国家的事业为重，"舍小家为大家"，讲述的故事充满了感召力。革命先驱对自家幼儿予以殷切嘱托，期盼其茁壮成长的同时，更希望他们日后投身国家复兴

---

① 吴维之：《母子情——忆江姐在重庆与云儿别离的情景》，《父母必读》1981年第1期，第29页。

② 吴维之：《母子情——忆江姐在重庆与云儿别离的情景》，《父母必读》1981年第1期，第33页。

和民族解放事业。从另一方面看，这些文章也符合《父母必读》的定位，对于革命先驱的追忆同样是为了匡正积弊已久的社会风气，动员普通家庭投身民族复兴的浪潮中。诞养婴儿并非单纯自家之事，还是为国家培养"四化"建设的接班人，这是当时制度环境的特征所在。

革命先驱故事的文章在于激励读者，给予其精神力量。除此之外，帮助解决育儿家庭日常面临的育儿问题，也是《父母必读》杂志创刊的初衷。于是，编辑部增加了对于相关领域专业人士的采访，由此撰写的文章为读者带来了直观、系统、先进的育儿知识。像《月窠儿里的孩子该怎么带——金汉珍教授谈新生儿期保健十要》（1982年第8期）、《北京市崇文区儿童医院主任医师段陵兰谈婴儿保健十要》（1983年第7期）、《婴幼儿营养前景——访北京医学院附属第一医院儿科教授秦振庭》（1984年第10期）等文章，均是基于访谈编辑而成，质量颇高。不限于儿科医学专业人士的讲述，文章的受访者还来自社会其他领域，但都可以依据所拥有的知识背景，给育儿者以实用的建议。比如，1983年第4期刊发的一篇文章，舞蹈家郭明达围绕婴儿美育的话题，讲述婴儿早期身材如何塑造，贴近人们的家庭生活，给育儿者以指导：

> 婴儿出生后，仰卧在床上，有时会无意识地挥动小手，蹬踢腿脚，这就是婴儿特有的舞蹈。他通过这样简单的动作，在舒展、松散胎儿期间蜷屈在母体内圆球一般的躯体，就象婴儿正常情况下的啼哭是唱歌一样。家长应该鼓励婴儿多运动，千万不要用包布将婴儿手脚束缚得紧紧的，这样会妨碍婴儿的正常生长。①

---

① 王维俭：《让孩子从小喜爱舞蹈——访中国儿童舞蹈研究会会长郭明达》，《父母必读》1983年第4期，第39页。

专业人士的采访文章不仅给读者带来了系统的育儿知识，又从多个角度建构起80年代的育儿者职责。在《父母必读》在北京广泛发行，人们交相传阅的背景下，能够在养育过程中贯彻这些知识点的母亲，开始被大众认为是优秀的育儿者，这种建构路径一直随着此类文章在《父母必读》的不断发表而延续至今。但不容否定的是，文章鼓吹的育儿知识并非处于具体的情境之中，尤其是一些来自国外学术研究的翻译介绍文章，并不适用于每一个家庭。由于母亲与婴儿所处的家庭环境和身体状况各不相同，这种冲突在母乳喂养、婴儿早教等话题上体现得尤为明显。早期《父母必读》刊发的文章大多一味地进行宣讲，而很少有文章关注个体差异，以育儿家庭为第一视角展现人们的经历。

　　为了更好地解决这个问题，《父母必读》杂志在80年代中后期增添了一系列文章，由普通家庭讲述自己的育儿经验。这些文章的作者基本上是育儿母亲或者其亲属，通过记录日常生活的点滴经历，与读者分享经验，共同提高。比如，在一篇名为《从"七坐八爬"说起》的文章中，作者介绍了自家孩子学习爬行的经历，"人们大都认为婴儿是'七坐八爬'，即出生7个月能坐，8个月能爬。我的外孙女甜甜就是9个月时才学会爬行的，可小孙孙爽爽出生4个月就爬行得很好了。两个孩子都很健康，可他们的爬行为什么在时间上差异这样大呢？"究其原因，作者得出的结论是，要想婴儿早学会爬行，就必须依赖家长的引导与训练。"甜甜得到的教育、训练是断断续续、点点滴滴的，而爽爽却是连续的、系统的、有横向联系的。"[1] 另有一篇名为《怎样教婴幼儿认识颜色》的文章，作者介绍了对女儿进行早期感知教育的经验：

---

[1] 段烁、弓弦：《从"七坐八爬"说起》，《父母必读》1989年第11期，第14页。

我们教女儿认识颜色主要是掌握两点：一是"察言观色"，二是"随时随地"。所谓察言观色，就是要看孩子的情绪和兴趣，最好在她最高兴和对某一物体的颜色特征最来兴趣的时候教。所谓随时随地，就是不论什么时间，不论是在家里、大街上、公园里，只要一有机会就教。比如说，我们抱着女儿去公园里玩，当她对五彩缤纷的鲜花兴味盎然时，就抓住机会教她认识花的颜色。一旦孩子对认颜色有了兴趣，教起来就事半功倍了。①

这些育儿策略来自实践，经验朴素却更让读者感到亲切。《父母必读》杂志在发展过程中，也一直重视育儿家庭关于优养的经验总结。比如，1984年刊登的文章《谈"照顾"》中，作者结合自家孩子的成长经历，反思照顾问题，最后总结道："照顾过分和缺乏照顾都是有害的。粗暴地对待孩子或满足他的所有愿望，也会给孩子留下不好的影响。照顾，应该着眼于使孩子养成各种良好的生活习惯。"② 这在当时可以被视作观念的进步和更新，人们开始发现婴儿诞养是一个充满温情的话题，而不再是单纯技术性的，文章把诸如"照顾方法""祖辈参与"这样的基本命题带到读者面前，发人深省。

值得注意的是，上述文章的作者大多是正在抚养婴幼儿的母亲。这从一个层面反映了育儿母职在中国社会被施加关注，祖辈难以把握照顾的尺度，婴儿诞养的照料职责逐渐聚焦在婴儿母亲身上。纵览整个80年代《父母必读》杂志发表的文章，可以发现其将育儿妈妈作为主要受众。刊发的文章善于将制度环境中的科学话语与主流文化引导至"三口之家"的私人生活展开讨论，讲述的主题则从"家国一体"的革命传统，到科学至上的医疗话语，再到日常生活的

---

① 李忠忱、甄岳来：《怎样教婴幼儿认识颜色》，《父母必读》1989年第7期，第14页。
② 艾德兴：《谈"照顾"》，《父母必读》1984年第3期，第22页。

育儿策略，国家的意志一步步内化为育儿者职责的一部分，育儿母职的结构有了多元化的趋势，内容也更加丰富。随着《父母必读》杂志的拥趸渐增，读者的活跃程度也不断提高，人们不再满足于被动地接受知识，而是期待更加主动地学习、交流和体验。创刊一段时间后，读者的信纷至沓来，每封信件上都写明问题，迫切想要得到更加准确、明了的回复。因此，《父母必读》编辑部决定增加问答栏目，以更好地满足读者的诉求。

二 问答

《父母必读》在创刊伊始，十分注重杂志的科普性，这奠定了其早期的立身之本。首任主编许慈文在杂志发行 20 周年的时候，撰文回忆创刊时的情景：

> 我们万万没有想到，这小小的 32 开本刊物一出版，竟一抢而光，一印再印。在第 2 个月印数就达到 70 多万。随即，全国各地的读者反应雪片般飞来，他们说是"及时雨"，"太需要了"。有的人买不到杂志来信求购，有的人向我们提出自己在生育、养育、教育孩子方面的种种问题……①

《父母必读》杂志读者队伍能够很快壮大，一个很重要的缘由在于它给育儿者带来的亲切感。在当时的北京家庭看来，《父母必读》是育儿的必备参考，这样的印象持久而深刻。当我们在 2018 年访谈当年的读者时，他们已升级成为祖辈，但依然能回忆起这份杂志带给他们的帮助。一位女性受访者表示："《父母必读》杂志给我们带

---

① 许慈文：《无比的欣慰》，《父母必读》2000 年第 4 期，第 13 页。

来很多帮助,单位里有孩子的人都读过它。在单位,有时候大家还会谈论起怎么更好地教育孩子。"

图 3-2 《父母必读》封面之一,摄于 2018 年

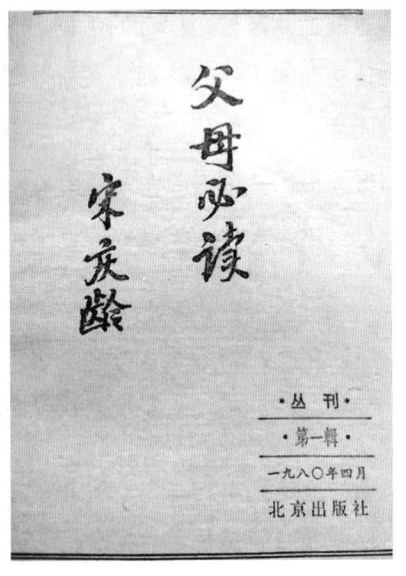

图 3-3 《父母必读》封面之二,摄于 2018 年

《父母必读》为育儿家庭打开了一扇窗户,婴儿诞养并非隐私话题,需要妈妈们彼此交流与沟通,以增长见识。为了满足读者的诉求,编辑部出资,对读者来信中的问题进行分类,分别请有关方面的专家、学者答复。① 为此,该杂志陆续设置了妇幼卫生顾问(信箱)、母婴卫生、营养顾问、咨询处、简复等栏目,刊发问答类文章用于回应读者的疑问。观察这些栏目,我们能够发现问答类文章的形式与主题逐渐丰富,形成了特定的风格,这也在一定程度上反映了当时读者的育儿诉求与处境。

首先在形式上,杂志于 1981~1983 年先设置了妇幼(母婴)卫

---

① 《"简复"专栏编辑的话》,《父母必读》1989 年第 10 期,第 42 页。

生、营养顾问、家庭卫生专栏,用以集中回复读者来信中最有代表性的问题。就刊发的文章形式而言,问答类文章大多直接以单一问题为题目,如《婴幼儿与佝偻病》(1981年第6期)、《婴儿不捆会成"罗圈腿"吗?》(1982年第1期)、《抱孩子的学问》(1982年第7期)、《婴儿湿疹的防治》(1982年第9期)等。在结构上,文章往往先将来信的问题呈现出来。以《婴儿湿疹的防治》一文为例,文章开头便用一定篇幅进行描写:

> 蓉蓉六个月了,长得顽皮可爱,但头上、脸上、脖子上甚至四肢、臀部长了很多红斑、丘疹、水疱,有的已糜烂流水。蓉蓉时常哭闹,总在妈妈的衣襟上蹭来蹭去或用小手搔抓……"婴儿湿疹是怎么得的,怎么防治?"蓉蓉的父母提出了一连串的问题。[①]

随后,文章作者借助医生之口,告知父母详细的防治方法:

> 医生告诉他们,婴儿湿疹,中医叫"奶癣""胎臁疮",认为是因胎中遗热遗毒或饮食失调、内热受风受湿等引起的。西医叫"过敏性皮肤病"……预防婴儿湿疹,要从怀孕开始……药物治疗,中药可服化毒丸、导赤丹、香桔丹。西药可服乳酸钙、复合维生素B、扑尔敏、维生素C等。[②]

此类"一问一答"的文章大多围绕具体的问题进行答疑解惑,作者将前因后果讲述得十分详细,篇幅较长且需要较大版面。伴随着读者来信的增多,以上文章形式越来越难兼顾到不断增多的问题。

---

① 祎生:《婴儿湿疹的防治》,《父母必读》1982年第9期,第40页。
② 祎生:《婴儿湿疹的防治》,《父母必读》1982年第9期,第40页。

有鉴于此，编辑部在 1984 年开始陆续在咨询处栏目进行简短的答疑，随后每期又增设了简复。每篇简复会邀请一到两位专业人士集中回答相同类型的问题，大大提高了答疑解惑的效率。文章的形式多为"多问多答"，阅读起来更加便捷、直观。以《北京儿童医院白汉玉大夫答读者问》（1984 年第 10 期）一文为例，白医师在文章中对婴儿诞养过程中的断奶、体态、出行、免疫等七个问题进行了统一回复。作者行文简洁，一到两句话描述问题，两到三句话解答疑惑。这种文章形式很快便受到了读者的好评，《父母必读》又在 80 年代中后期增加了简复的刊发频率，仅白医师一人在 1989 年就发表了五篇简复。问答类文章不断扩增内容，一方面反映了育儿者在 80 年代中后期已经有了一定的现代科学育儿的知识储备，阅读科普文章的门槛极大降低；另一方面也体现出育儿者要求提高获取知识的效率，家长们想在极短的阅读时间内获得最丰富、最有效的信息。

其次在主题上，《父母必读》早期的来信集中于婴儿优生优育，如《怎样给宝宝喂药？》（1982 年第 1 期）、《四十二天的婴儿为什么要检查身体？》（1982 年第 3 期）、《婴儿青记是从哪儿来的？》（1983 年第 2 期）等与养育照料相关的文章，对这些问题的答复也是基于现代儿科医学的阐释，给予提问者"是"或者"否"的建议。优生优育主题的文章起到了很好的科普效果，一定程度上提升了家庭照料的水平，缓解了育儿母亲的焦虑感。然而，医疗方案很快难以满足家庭面临的育儿困惑，伴随着妇幼卫生水平的提高，优生优育在本地家庭得到落实之后，《父母必读》读者来信的疑问开始转向婴儿早教与素质培养，关于婴儿养育优教的问题逐渐增多，涉及行为、智力与情感早期教养的问题在 80 年代中后期涌现。育儿主题的丰富与拓展，使《父母必读》的回复栏目有所调整，而作为回应的重要表现是《父母必读》杂志参与组织的一场在本地具有社会影响力的科普活动——家庭科学育儿知识竞赛,这次活动体现了北京家庭育儿生活的转变。

1986年4月,父母必读杂志社联合北京市妇联、北京市家庭教育研究会、北京电视台、北京晚报等单位举办了家庭科学育儿知识竞赛。不限于儿科医学和妇幼保健领域,来自社会各界的专家参与设计了围绕婴幼儿优生、优育、优教的100道试题,刊登在1986年4月5日的《北京晚报》及1986年第4期《父母必读》上,呼吁读者答题后邮寄到活动组织方。父母必读杂志编辑部在此次活动的启事中指出,答题者可以参考《父母必读》《人生》《中外妇女》《家庭育儿百科全书》《北京晚报·周末家》等读物里的相关文章,集思广益。① 举办家庭科学育儿知识竞赛的消息一经发布,北京众多家庭踊跃参加,当日的报纸发行量达100余万份,据称有将近10万个家庭参与其中。② 答题于1986年4月30日以邮戳日期为截稿日,最终产生了一等奖10名,二等奖50名,三等奖100名。活动还得到了官方的肯定,在当年的"六一"儿童节召开的颁奖大会上,全国妇联书记处书记王立威、北京市人大常委会副主任张大中出席,高度评价这次活动是对北京家庭的大培训。③

竞赛的100道试题中共有36道填空题、37道判断题以及27道选择题。根据题目设置,大体可以分为婴幼儿优生优育和早教优教两大类。④ 在关于婴幼儿优生优育的问题中,有如填空题"婴儿半岁时体重约比出生时增加_1_倍,一周岁时比初生时增加_2_倍",判断题"婴儿先学爬后学坐好处多。(正确)"这类关于婴儿正常发育

---

① 《家庭科学育儿知识竞赛启事》,《父母必读》1986年第2期,第6页。
② 北京市地方志编纂委员会:《北京志·人民团体卷·妇女组织志》,北京出版社,2007,第404页。
③ 徐明、贾秀总编著《中国妇女知识全书》,第88页。
④ 晓兰:《全国百科知识竞赛大全(续集)》,海洋出版社,1988,第511~523页。

的知识;也有如判断题"由于母体带来的免疫力,6个月以前的孩子一般不易感染水痘、百日咳等传染病。(错误)",选择题"婴儿将奶瓶喝水改为用水杯喝水的年龄是:a. 10~12个月"这类关于婴幼儿喂养和卫生保健的知识。除此主题之外,婴幼儿早教优教的问题同样占据了相当的比例,有如判断题"玲玲才一岁半,非要自己吃饭,又抢勺又撒饭。为了让孩子吃饱,应该由家长喂,不让孩子动手。(错误)",选择题"婴儿合理的生活顺序是:a. 1 吃-玩-睡"这类关于育儿方法和居家教养的知识;也有如填空题"早期教育一般是指 0 岁至 入学前 儿童的教育,这一时期是为儿童在 德 、 智 、 体 、 美 几方面的发展打下基础",判断题"早期智力开发绝非通过孤立的智力训练便能获得预期效果,必须同时注意那些非智力因素。(正确)"这类关于婴儿早期教育与素质培育的知识。

以上问答主题的变化反映了 80 年代北京育儿家庭关注点的变化,从单纯医疗化的优生优育拓展到综合各类知识的早教优教,人们阅读各类育儿读物时也愈发具有自我反思性,育儿读物不再仅仅作为妇幼卫生知识的顾问,还开始成为维持人们的情感生活与亲密关系的知心朋友,综合各类学科知识指导人们的婴儿诞养活动。与此同时,知识竞赛让育儿母职更加明确,一个优秀的育儿母亲必须具备基本的优生优育知识,并且能够善于处理家庭在婴儿诞养期的情感与道德问题,将孩子培养成为全面发展的个体。

小　结

对于《父母必读》杂志的首任主编许慈文来说,创刊的岁月令她终生难忘。2010 年,当这本杂志走过 30 年春秋,她在接受采访时回忆道:"那时候的中国还没有一本专门讲怎么样做父母的刊物,是我们创办了她,我们为下一代孩子的健康成长做了一件很重要的事情。"① 杂志从 1980 年发行至今,筚路蓝缕,几经改版,但唯一不变的是要帮助年轻人做一个合格的育儿父母,让中国的下一代健康成长,在 80 年代的社会大背景下,这份杂志秉持着初心与使命,逐渐成为北京育儿家庭的必备刊物。

分析 80 年代《父母必读》杂志发表的文章,我们能够发现杂志在第一个十年,进行了有效的自我风格定位,将年轻的育儿母亲作为目标受众。在国家的扶持下,《父母必读》被打造成面向北京家庭的宣传平台,当时政府部门要求"学校、幼儿园要向家长推荐《父母必读》杂志,本市的儿科、妇科门诊都应开展《父母必读》的零售和预订工作"。② 但在知识的传播过程中,杂志的风格却悄然发生了变化,文章的主题逐渐从诉说革命家史转向科学知识普及,后来鼓励读者投稿分享育儿经验和妙招,这些文章将制度环境中的话语引入婴儿诞养的私人生活,丰富了更加多元化的养育责任。与此同时,《父母必读》杂志与读者群体的互动从未停歇,自创刊以来收到了大量育儿母亲的求助信,为了解决读者的问题,杂志专门开设了问答栏目。问答是编者与读者互动的重要方式,编辑部会选择有代表性的问题进行解答,这些问题也反映了 80 年代北京家庭婴儿诞养的变化。从单纯医疗化的优生优育拓展到综合各类知识的早教优教,育儿家长面对海量的知识的同时,也会反思自己养育孩子的问题。《父母必读》不再一味强调知识性,而是确立了一种情感和道德的定位,给育儿家长以借鉴。《父母必读》的发展历程正是育儿母职在中

---

① 许慈文:《在父母必读杂志社工作的六年时光是我一生最有价值的时光》,腾讯网,2020 年 3 月 5 日,https://page.om.qq.com/page/OvuIu0ECw5UiGwoIeIRox_Aw0。
② 《家庭科学育儿知识竞赛启事》,《父母必读》1986 年第 2 期,第 6 页。

国的建构之路,育儿母亲越来越被要求具备多元化的知识素养,在家庭生活中寻找到合适的平衡点与策略。

谈起 20 世纪 80 年代北京的流行育儿读物与现如今的母职说法时,一位当年的育儿母亲说道:"当时没有母职的说法,可是社会也对母亲有了一些要求,像处理家庭关系、注重早教、科学育儿,这些要求在那时已经重视起来了,人们经常会讨论。"崇尚母职的意识形态在中国城市社会萌芽,一种道德机制塑造了母职的形态。当婴儿诞养不再完全由国家意志操控,家庭获得更多的选项时,亲子关系被重视起来。在反思现代性的理论推进之下,"伦理"在如今的学术语言中已经超越了原子化个体行为的指涉,而拓展到情感与理性、自我与他人的交织与互动当中。[1] 社会学将这种认识引入实证工作,作为家庭研究的理论工具。近年来,有关孝道的研究借鉴了这种视角,以代际责任为主要变量,解释父母对成年子女在经济与情感上的投入与支持。[2] 但同样在代际关系的研究领域,养育婴儿的亲子伦理问题却鲜有学者涉及。哺育伦理描述了家庭生活中的一种亲子关系的张力,涵盖了两方面内容:其一,婴儿在成长过程中,主流社会价值预设的标准;其二,育婴者在喂养过程中,现实生活经验要求的责任。[3] 哺育伦理是指育儿者践行喂养责任,使婴儿的成长符合价值预设。

作为道德机制的哺育伦理,其运作不再局限于传统社会或乡村社会盛行的以"面子"和人情为纽带的家庭再生产模式,[4] 而是强

---

[1] 参见 Lash, Scott, "Introduction to the Ethics and Difference Debate", *Theory, Culture and Society* 2, 1996: 75-77。

[2] 参见沈奕斐《个体家庭 iFamily:中国城市现代化进程中的个体、家庭与国家》。

[3] 刘新宇:《城市家庭的奶粉焦虑、哺育伦理与市场卷入》,《妇女研究论丛》2018 年第 2 期,第 49 页。

[4] 李向振:《民间礼俗仪式中的人情再生产——以京郊姚村"喝满月酒"为例》,《民族艺术》2020 年第 1 期,第 75 页。

调通过在全社会打造具有共识性的养育责任改变婴儿诞养方式,将业已限定在私人生活领域的文化传统投射在女性身上。中国社会的母职论述由此流行起来。为了让自己符合社会对于合格母亲的期望,女性一方面要践行优生、优育、优养、优教程序,还要让自己了解自家婴儿成长过程的各类细节,全身心投入孩子的身体、情感、心智等素质的培养上。中国社会对于育儿母职的关注从20世纪80年代持续至21世纪,其自身的内涵与形态也在不断变化。在接下来的两章中,我们将从两个生命历程的时段——初哺期与断乳期,基于母职的民族志考察,探索当下北京家庭的婴儿诞养实践。

第四章

"母乳困境"

——2010年代关于初哺的民族志

在绪论中我们已指出，从传统的襁褓风俗到当前的科学养育，人们的关注点往往在"自然状态"与"科学主义"的认识方式上徘徊，而忽略了育儿者在现实中的真实处境。聚焦21世纪以来的婴儿诞养议题，儿童营养学描述了一种基于"母乳喂养－混合喂养－人工喂养"的婴儿哺育质量分析框架，这种刻板的框架显然没有正视女性哺育经历的复杂性与家庭的差异性。现如今随着互联网的发展，育儿母亲坐拥海量、唾手可得的养育知识，她们或许仍然相信养育婴儿是一种出于母爱的照料任务，但同样十分依赖各种权威与知识。一种悲观的看法是，在大众之中流行的、被很多母亲奉为真理的所谓育儿教条和知识规则，正在一点点地试图改造母婴之间天然的联结，异化的诞养实践一定程度上造成了育儿者的精神困境。[①] 但另一

---

① Carter, P., *Feminism, Breasts and Breast Feeding*, p.193.

方面，复杂的社会心态并不是一蹴而就，而是在潜移默化中形成的。有鉴于此，我们在2016年至2019年对北京家庭展开调查，访谈对象为参与抚养18个月以下的婴儿、在一起同住6个月以上的家庭亲属成员，包括婴幼儿的父母以及参与其中的亲属。与此同时，通过在互联网空间的参与观察，参与各种母婴论坛及微信、QQ群组，接近被访群体中的活跃人物，进而与之建立联系，获得了一手的分析资料。我们将基于语境，将访谈中的特定词汇与知识放在故事中一一解释。

本章要回答的问题是：在养育初期，制度环境设定了怎样的养育程序，它又如何反映在婴儿诞养的初期。本章言及的婴儿初哺，指的是婴儿从出生到6个月的早期喂养阶段。① 这个阶段涵盖了婴儿降生、母婴接触以及婴儿诞养的初期，母婴关系得以建立起来，育儿妈妈的责任由此展现。本章将以北京城市家庭的故事为例，第一节将首先从初为人母的女性的个体经验出发，考察婴儿初哺期母职的形态，进而讨论母职的运作是否影响到家庭的生活；第二节和第三节分别讲述外部医疗话语如何介入城市家庭的婴儿诞养实践，以及在这个时期家庭内部成员个体间的需求状态。

第一节　母职的类型化

基于生命历程的角度，通过考察在初哺阶段母婴关系的建立过程，我们将探索早期母职的内涵与外延。晓晴与志南一家为我提供了研究线索。访谈时晓晴是一位全职妈妈，知道自己怀孕的时候，

---

① 世界卫生组织关于生命历程的论述，可见https：//www.who.int/elena/life_course/zh/。

晓晴刚过29岁生日，她干脆地辞掉了干了一年多的猎头公司工作，在家一心备产。志南是一名35岁的金融分析师，他和晓晴结婚四年了。之前夫妇两人没有要孩子，很大程度上是由于志南那时工作还不稳定。结婚以后，志南在职场一路浮沉，在妻子的陪伴下从东北的一座小城市来到北京打拼，进入了一家有名的央企工作。他们的孩子球球的降生为两个人的感情生活增添色彩。志南很少和晓晴拌嘴，尽管平时在单位说一不二，但回到家里他对妻子则是言听计从。我在一个宣讲会上认识晓晴，久而久之便熟悉了。当知道我要做关于婴儿养育的研究后，她把我拉进了一个90人的微信群。晓晴告诉我，孩子刚出生时，她就加入了这个名叫"育人"的母婴群，由于踊跃参加线下的活动，很快便被推选为群主。于是，除了平日里照料儿子、操持家务，利用周末或者假期联系群里的朋友搞亲子聚会，成了她生活的一部分。晓晴告诉我，刚进群可以先静静地观察，不要多说话，以后有机会她会介绍我认识这里的朋友。我发现群里面也有不少"奶爸"，晓晴的丈夫志南就在。聊到我的研究，晓晴很感兴趣并表示支持，她鼓动丈夫来做我的访谈对象。我很快见到了志南。

一　诞生

和志南见面的地方在复兴路的一家星巴克，离他的单位不远。正午的阳光映在咖啡桌上有点刺眼，志南手里捧着一沓报表，姗姗来迟。他在不远处笑着向我打招呼，走近说了声"抱歉"，才坐了下来。几句寒暄过后，我们开始步入正题，话题从工作转到了家庭。当被问起一年前他的儿子降生时的种种，志南似乎来了些兴致，打开了话匣子：

> 我们特意选了一家丈夫能够全程陪同的医院。老婆分娩那天

我真是太紧张了,因为我打算自己剪脐带。医院培训了半天,但是孩子一出生,我整个人就有点蒙了,慢慢凑到跟前看着。脐带比我想象的要粗很多,我手里拿着剪刀直哆嗦,真怕她们娘俩会疼。狠着心剪下去,热泪盈眶,突然感觉那个产房特别神圣。

那一天,志南和我聊了许久,关于稚子未来的人生道路,他每一步都称得上精心规划。可在回家的地铁上,回忆起刚才的谈话,我的脑海中却始终浮现出志南手握脐带剪时战战兢兢的样子,难以忘怀。现如今,北京市的一些妇产医院针对自然分娩,会推出诸如"陪伴分娩""康乐分娩"这样的服务选项,满足像志南这样的准爸爸的需求。临床研究证实,在保证医院常规消毒、结扎脐带正常的前提下,陪产的亲属参与新生儿断脐带并无母婴安全风险。[1] 现如今,由助产士主导的家属陪伴分娩能够为产妇提供情感支持,减轻产痛、缩短产程,提高自然分娩率。[2] 新晋的父亲亲手剪断孩子的脐带,意味着孕育关系告一段落。志南认为这个环节是庄严而圣洁的。可当后来有一次,我问晓晴,志南那天的表现怎么样时,得到的回答更像是一次深情的致谢。"老公进来不一会儿就眼泪汪汪了,我也哭了,觉得靠山来了。他穿着隔离衣,助产士搀着他,他戴着手套把脐带给剪了。我每次想到当时的情景都特别感动,他把我们的孩子带到家里来了。"

现代医学指出,断脐意味着母婴在身体上的完全分离,被认为是人降生后第一次生理意义上的"断乳"。在婴儿出生之时,母亲与

---

[1] 姜梅:《陪伴分娩的家属参与新生儿断脐带的可行性研究》,《现代护理》2005年第18期,第1524页。
[2] 周英凤、袁晓玲:《陪伴分娩产妇分娩过程体验的质性研究》,《护理学杂志》2009年第2期,第39页。

婴儿之间依然保持着一种出于本能的亲密性，父亲即便参与进来，也很难触及这种亲密性的内里。应该了解到，像志南这样勇敢拿起脐带剪的父亲并不是大多数，人们更倾向于将之托付给专业的妇产科医生。在医学话语的介入下，分娩已经不再只是一件家事，降生后的断脐意味着，婴儿被社会赋予了自然人的身份。从此以后，母亲要寻找另外的方式满足婴儿的生存需求，重新建立起母婴之间的联系。

尽管不再身处职场，晓晴却依然保留着工作时的那股干练劲，齐肩的短发，稍快的语速，从容的神态，构成我对她的最初印象。在日常事务上风风火火，但晓晴在儿子球球面前总会流露出最温柔自然的一面，饱含深意的母性表达体现在她看儿子球球的眼神与肢体交流上。她告诉我，这种交流在她第一次抚摸儿子的时候就已经产生了。

  生儿子以后，护士抱来我根本认不出来。一上来谈不上有母爱的涌现，但后来慢慢想着我们家未来的画面，这个孩子快乐地成长，我这一生都要和他牢牢地连在一起，母爱的感觉才真正有了。孩子被护士抱去清洁回来，放在旁边的婴儿床上，我当时想抱他，可是没力气。过了一会儿护士把他抱给我，教我怎么喂，我摸着他的背，他像小猫一样呼吸，感觉激动又难忘。

这种抚摸就是母婴接触。护理学上把婴儿出生后最初的 12 小时称为新生儿过渡期，此时新生儿脏器功能还不完善，需要维持在母亲子宫内的生活模式，母婴接触就是帮助延续婴儿与母体之间的联系。出生后的几个小时，通过与母亲肌肤接触，可以稳定婴儿的心率、呼吸、体温以及血糖。另一方面，对于母亲而言，分娩后婴儿的乳爬与吸吮乳房，则有助于促进母亲的子宫收缩，减少产后出血，刺激泌乳素的分泌，产生泌乳反射。母婴接触是一个母婴双方相互作用的生理过程，母亲为孩子提供在新世界的温暖与呵护，婴儿的乳爬与乳头吮吸则帮助母亲调整身体状态。就此而言，儿科医学描述的母婴接触是一种被赋予健康意义的身体准备，并面向接下来的哺乳环节。

近年来，母婴接触的重要性逐渐被中国社会所认识到，更将其与母乳喂养的顺利与否关联起来。根据医疗卫生部门的要求，医院的妇产科应当尽可能地遵循"三早"准则，即"早接触""早吸吮""早开奶"，第一时间让母亲乳哺自己的孩子，这被视作提升全社会婴儿母乳喂养率的重要举措。然而在具体操作中，不少产妇仍然很难在第一时间接触婴儿。这在一定程度上是由于医院的护理质量与要求参差不齐，不少医院的妇产科更加关注产妇与婴儿的各项指标是否正常，而母婴分离的状况更有利于控制其中的医疗风险。在调查中我们发现，母婴隔离在剖宫产分娩后尤其普遍。晓晴的好友阿农就是剖宫产生的孩子，有一次我们谈到了母婴接触的话题，她却皱起了眉。

> 我是剖宫产生的娃。现在宝宝一岁了，胆子特别小，缺少安全感。我从来没有骂过他，一直不知道为什么这样，所以会联想起来他刚出生时候的事。生完后伤口折磨得我特别疼。儿子出生后三个小时一直在哭，哭完睡，睡完哭，我几次都想让护士给我抱过来，大夫和护士不答应，老公当时也不能靠近孩子。最后终于抱到他了。感觉生完没有及时抚摸他，一直心里有个疙瘩。

阿农认为，早期母婴接触的缺失导致她与孩子没有达成最初的信任，进而恶化为孩子对外部世界缺少安全感。我们姑且不评判这个逻辑是否有依据，但从阿农的表述上能够看出，触摸的迟到对于她而言意味着责任的缺失，这让她内心备受煎熬。可以认为，从剖断脐带到第一次接触,母子经历了一次分离过后的重逢,晓晴将重逢的标志称作"母爱的涌现"。有国外学者指出,母婴早期的肌肤接触意味着母婴之间依恋关系建立的开端。① 在这个过程中,母婴接触为母亲构建起具有情感意义的身体准备。因此,母婴接触的意义不仅是一种立足婴儿健康的保健程序,还是母亲对孩子倾注情感,并与之建立身体联系的仪式。

二 压力

母亲做好了生理与情感的双重准备,新生儿吃上母乳似乎应该是一件顺理成章的事情了。然而在现实生活中,这种设想看起来更像是一种美好的愿望,事态显然要比这复杂得多。在医院的产房里,孩子呱呱坠地之时,也意味着父母要开始履行养育的责任,而压力首先便要由婴儿的母亲承担。接下来,产妇要面临婴儿诞养的第一项挑战——开奶②。而从某种意义上看,开奶的顺利与否将直接决定婴儿养育的方式与内容。

每当谈到自己开奶的经历,晓晴的心里总是五味杂陈。分娩完在医院里的那几天,她虚弱地躺在产床上的时候,各种意料之外的状况接连发生,让她疲于应对。一旁的孩子嗷嗷待哺,她的脸上却写满了无奈。按她的话说,家里家外沸沸扬扬,自己心里百般挣扎,方才造就了儿子的"第一口奶"。

---

① Klaus, M., J. Kennell, "Hunting and Gathering Societies: An Empirical Basis for Exploring Biobehavioral Processes in Mothers and Infants", *Infant Behavior & Development* 7, 1984: 187.

② 开奶,是指新生儿降生以后,母亲第一次乳哺婴儿的过程。

前两天没下奶，球球一直吸也没有，我当时心里有点急，但好在怀孕的时候看过一些书，上面都说新生儿前三天不会饿，他们是带着"干粮"来到这个世界的。第三天的时候，护士拿着量杯准备给孩子冲奶粉，我赶紧拦着，没让护士喂奶粉。后来医生来查房，问我有没有喂孩子吃奶粉，我们说没有。当时感觉旁边的护士脸色就不对了，过来问我为什么不给孩子喂奶粉，说小孩下一步不排泄黄疸肯定高。护士说了我们一顿之后，老公开始动摇了，劝我听护士的话，别太信那些书上说的。婆婆来了，也在一边没完没了说话，让丈夫赶紧冲奶粉，别饿坏了孩子。没办法，我们就冲了一点奶粉。用小勺喂的，孩子不知道是不习惯还是不爱喝，就是喝不下去。最后灌进奶瓶里才喝下去。

　　我还是没有母乳，没办法就只能喂奶粉。婆婆过来说给我按一下乳房就好了，可以快点产奶，可是没想到她这一按，很快就涨了，但只涨不出奶，很不舒服。老公在一旁说，要不找个催奶师吧。婆婆一听就不高兴，说找催奶师干吗，一会就有了。下午，我就开始难受了，发烧，头疼得不行，胸也涨得难受。把球球抱过来在胸前吸，可是就是出不来奶。最后实在没办法，老公赶紧喊医生过来，麻烦他帮我们请催奶师。催奶师来的时候，我已经发起烧了。记得是一个四十岁的大姐，一看就埋怨我们一家不关心我的身体健康。她告诉我们，我这是奶堵了，要是早把她喊来我也就不会发烧了，以后一定要注意。通奶真的太疼了，当时我已经涨得难受死了，一碰就疼，那种感觉就像肌肉绞痛一样。通完老公把宝宝抱到我胸前，孩子很配合，趴着吃上了母乳。第一次喂母乳的感觉很幸福，什么都值了。不过大人和孩子都筋疲力尽，我一天下来折腾得早就困了，迷迷糊糊地睡着了。

在晓晴拉我进的母婴群里，经常会有一些妈妈谈起或者求助有关开奶的事情，她们不少人也有过和晓晴类似的遭遇，彼此很容易产生共鸣。但晓晴很少谈及曾经面临的窘境，她觉得还是自己做得不够好，在产前没有将催乳的事项考虑周到，导致母乳来的不及时。所以，只要群里谈到这个话题，她更多地会向这些妈妈强调孩子第一口吃上母乳的重要性。她经常在群里转发一些公众号，以及里面她看着还算靠谱的文章。比如，教妈妈们认清初乳是一种淡黄色的稀薄乳液；宣传初乳的益处，如富含免疫物质，帮助婴儿胎便及时排泄，降低婴儿黄疸的发生概率；等等。① 晓晴告诉我，关于初乳的这些知识，她在生孩子前只是粗略了解，她也明白，"就算婴儿奶粉有一天接近母乳的效果了，却终究不是母乳"，可是"当时的情况是大家都要求你这么做，压力真的很大，我是被逼无奈"。在医院里对奶粉的妥协，实在是出于下策。在访谈中我们发现，有将近一半的家庭在婴儿诞养初期配合使用配方奶粉，但他们的初衷却并非如此。通过让这些准妈妈和准爸爸多了解初乳的营养价值，晓晴希望他们不要重蹈她的覆辙，战胜各方面的压力，让孩子喝上母亲的初乳，而不是奶粉。

在晓晴的讲述里，她在婴儿养育上的压力主要有两种。第一种压力来自妇产科医务人员的医嘱。晓晴没有顺利开奶时，大夫和护士提醒她补充奶粉，并强调了不遵医嘱的严重后果，迫使晓晴和她的家人服从安排。医院的这种操作被支持母乳喂养者所批评，后者认为产妇生下孩子后前三天没有开奶是常见的现象。婴儿自身会储

---

① 儿童营养学上将母乳按时间顺序分三种：产后 1~5 天为初期母乳，6~10 天为过渡期母乳，15 天到 15 个月为成熟期母乳。

备"褐色脂肪"①，用来抵抗母亲没有开奶时的体内热量需求。医务人员应该鼓励婴儿高频吮吸母亲的乳头，而不是使之放弃转而使用母乳替代品。20世纪90年代，高素珊曾经对北京市的爱婴医院进行深度调查，研究显示，不少产妇及其亲属在医院会收到来自奶粉企业的宣传册，这些企业会借助妇产科的医务人员进行推销，各种广告诱导人们选择某一品牌的奶粉作为新生儿的"第一口奶"，婴儿形成依赖后会极大降低后期母乳喂养的质量。② 医院的产房成为商业介入的场域，形成一种不良的社会风气，近些年被有关部门勒令杜绝。根据我们对北京市几所医院的观察，基本已杜绝了医护人员向产妇及其亲属推销配方奶粉的事件发生，但遇到一些特殊情况，医生仍会以处方的方式给产妇开具婴儿奶粉。做出补充奶粉的建议，很大程度上是医生基于产妇与婴儿身体状况的判断。比如根据调查，当婴儿体重下降7%时，医生会将不同种类的配方奶粉当作营养的补充剂，推荐给婴儿家长。

晓晴感受到的第二种压力来自家庭内部的争执。晓晴的婆婆曾经告诉我："我绝对赞成母乳喂养，我反对的是用'饿着孩子'的方式来达成母乳喂养。"她要求晓晴给球球补充奶粉，是因为担心孙子得不到有效哺乳，一直饥饿会影响身体的代谢和发育。除此之外，在访谈中我们发现，不少受访者有一些针对母亲初乳的成见，多为一些比较负面的看法，导致家庭成员在婴儿初哺上的争执。有一位产妇的母亲提到，初乳里有胎毒，要先吃鹅蛋化解后才能喂奶，所以在此之前要先吃奶粉，不然会导致新生儿过敏、湿疹、皮炎。甚

---

① 褐色脂肪又称棕色脂肪（Brown fat），是一种负责分解白色脂肪的人体组织，多存在于新生儿的肩胛、腋窝与后颈处，在体温骤降的情况下发挥作用。
② Gottschang, S., "Maternal Bodies, Breast-Feeding and Consumer Desire in Urban China", *Medical Anthropology Quarterly* 1, 2007: 64-80.

至还有人认为,新生儿吃初乳会导致母亲产后抑郁症等。这些说法甚至会让很多女性自我嫌弃初乳,认为给孩子吃母乳不健康。总体而言,开奶的过程很容易造成家庭成员在婴儿养育观念上的矛盾。除了像晓晴及其婆婆这样的代际冲突,也有夫妻之间会爆发争执。而面对这种潜在的危机,也有一些家庭会制定相应的策略予以应对,大多数以育儿夫妻之间的配合解决。得知婆婆将要从东北老家过来伺候月子,晓晴就与志南商量,在掌握孩子喂养的主动权上达成了共识。他们约定彼此之间相互不拆台,并且遇到问题两个人第一时间沟通,应对来自家里家外的压力。"我和老公都相信,两个人一起坚持要比一个人孤军奋战轻松得多"。

晓晴认为,为孩子争取第一口奶是母乳很必要。当我问及原因时,她告诉我:"母乳里面含有免疫性的物质,对孩子一生都有好处,不能掉以轻心。"晓晴认为,应该从母乳喂养开始培养孩子的健康体魄,这种观念来自于她平时的阅读。从个体的生命周期来看,婴儿初期的哺乳质量对于今后的健康状况具有深远的影响。《美国医学会杂志》(JAMA)刊登的一项研究就曾表明,母亲顺利开奶,能够帮助婴儿及早获得母亲体内的有益细菌,这些细菌将在婴儿的肠道中繁殖,为婴儿建立起健康的肠道菌群,有助于孩子在成年后预防各种消化道疾病。[①] 而另一方面,从婴儿喂养的短期效果来看,哺乳初期使用配方奶粉与后期的母乳喂养水平之间具有负相关性,哺乳初期的全母乳喂养,对于一岁以内婴儿的母乳喂养水平具有显著影响。

在访谈中我们发现,开奶的顺利能够极大提升母亲的满足感,而这在婴儿哺乳期这个较短的生命过程里,对于促进母乳喂养至关重要。

---

① "Breast-feeding's role in 'seeding' infant microbiome", Medical Press, May 2017, https://medicalxpress.com/news/2017-05-breast-bacterial-infant-gut-biome.html.

"能够给孩子喂奶了,我才感觉到自己对于他的重要性。""开奶以后,我才和宝宝逐渐形成了一种默契感,自己要坚持下去给他最好的。"母乳的供给与需求共同促成了母婴之间的身体联结,但这种联结不仅仅是一种单纯营养上的输送与获取。开奶不顺利的妈妈会产生一种焦虑感,母婴之间在构建上述身体联结的过程中产生了阻断。

三 聚会

2018年的元旦前,晓晴在"育人"群里发起了一项线下的新年团拜活动,地点在东四环一座写字楼的活动室。每个月"育人"的群友们都会约定一到两次聚会,群里的一个成员便把自己公司的活动室开辟出来,作为他们的长期"据点"。聚会的时间往往选择在周末上午的十点半到十二点半。约定这个时间,一是妈妈和孩子的精力相对而言能够保证,二是能够让工作日繁忙的奶爸们也有机会参与进来,育儿爸妈有精力带孩子来待上一会。聚会多则十几人,少则也有五六人,大家围坐成一个圆圈,随意摆放些儿童玩具,孩子们能够在爸爸妈妈的视线内尽情玩耍。

每次聚会前的一个礼拜,微信群里的几个"组织骨干"还会商定一个聚会的主题,大多结合最近大家讨论比较热烈的话题,比如"离乳与工作""回奶""追奶"等。发布聚会信息的同时,作为群主的晓晴还会附上一个报名表,她希望对话题感兴趣并且能够来参会的爸妈先填表报名,这么做不仅可以避免大家初次相见的尴尬,还能够控制聊天的人数与质量。元旦的这一次团拜,晓晴没有特意定聊天的主题,只是发了一个团拜的报名表。有几个妈妈打算利用这个假期,让稍大一点的宝宝见见面。往日的聚会里几个孩子虽然也来,但他们之间的交流却并不多,这次团拜会正好是个机会。孩

图 4-1　母婴聚会，摄于 2019 年

子在一块玩玩具，妈妈们拜年问候几句，就能度过一段轻松自在的正午时光。但谁也想不到，这次聚会的效果大大出乎了晓晴和她的小伙伴们的意料。

那天早上，晓晴和志南提前半小时就到了大家约定的地方，一推门他们发现，活动室内已经站着一位怀抱婴儿、三十岁上下的年轻女士。见到新面孔，晓晴有点意外，报名单上的人她都熟悉，而这位女士显然没有在事前告知要过来。晓晴嘱咐志南把聚会的用品稍做布置，自己和这位妈妈坐下寒暄起来。经过简单的询问，晓晴得知这是一位入群不久的妈妈，不太了解报名的事项，早上看到活动信息就赶忙带着孩子过来了。两个人聊了大约一刻钟，五个家庭的妈妈、爸爸和宝宝陆陆续续到来。晓晴见人来的差不多了，开始张罗大家围坐起来。她先介绍起这位新来的妈妈，告诉大家她这次来是遇到了一些令人头疼的问题。

这位女士名叫阿春，怀里抱的是她三个月的儿子明明。来参加聚会，阿春的确是因为有一件困扰她的事。她随即向大家袒露了苦恼：

我真想放弃母乳了，从孩子满月以后，左侧产后的乳头破损一直都没法彻底好。都是眼看快要好了，但他一吸奶就又破了，一旦破了更是钻心的疼。好几次看到他喝的奶水都是掺着红红的血丝，我心里好难过。不知道在座的妈妈是否有这个体验？现在，我每喂一次奶就像上刑一样，条件反射一样看见宝宝张嘴巴就浑身哆嗦，真的有心理阴影了，想问一下大家这种情况究竟该怎么办。

阿春的话里透露着无助与伤感，让团拜会一开始欢快的氛围瞬间凝重起来，听众们陷入了短暂的沉默。一位名叫小丽的妈妈先开腔了：

伤口一直不愈合，就先不要喂母乳了，先自己恢复好才行。如果纯母乳喂养，导致你情绪低落、身体不适，那么就太得不偿失了，就算要坚持也要先把炎症治好。柚柚妈妈之前也破过，调整了衔乳姿势就好了。今天她不在，一会联系一下让她帮你看看。

阿春抬头望向她，眼中闪现感激之情，可当再说起话来的时候，语调里好像多了些哭腔，"现在母乳不好，感觉家人都不理解我。婆婆的话总是怪怪的，老公劝我放弃。我难道不想给孩子母乳吗？有个朋友，就因为娃第一口吃的不是母乳而差点患上抑郁症，满心都是'我对不起他，我不是个合格的妈妈'"。

听罢，小丽道："我能理解你，我之前带老大的时候，也跟你一样经常乳头破损，最后因为疼给他慢慢断了母乳。可是我现在回想起来，其实也没有什么。所以现在喂二宝，我很早就断奶了。孩子需要的是陪伴，你哪一天病倒了，孩子不是更可怜吗？"

小丽的话得到了一部分妈妈的认可,她们纷纷劝阿春放弃母乳一段时间,先照顾好自己。然而正在这个时候,另一位妈妈小兰站出来反驳小丽她们的说辞:"我也是两个孩子的妈妈,现在坚持母乳喂养二宝,带老大的时候,我身体不好断奶有点早,他已经6岁多,性格很内向,我一直觉得跟只吃了4个月的母乳有关,觉得好亏欠老大。"接着,小兰转过身来,对小丽说道:"你怎么下得了这个心,现在母乳妈妈一定要承受住压力,就算不被家人理解,也要挺住,照顾好了自己又怎么样,有可能耽误了孩子的成长,孩子和自己我们掂量掂量吧!"

小兰的一席话,说得小丽哑口无言,也说得自己湿了眼眶。小丽的话勾起小兰养育第一个孩子时的记忆,她哽咽起来,泪水滑过脸庞。在座的很多妈妈被感动了,有人开始附和。在北京喂养两个娃的艰难辛苦,为人父母都感同身受,可没想到,这里面竟还隐藏着来自母亲的愧疚。氛围被调动起来,越来越多的妈妈开始加入讨论,大家回想着与孩子相处中的点点滴滴,讲述自己的故事,倾听并劝慰着他人。众人你一言、我一语,一场新年团拜会就这样变成了"情感倾诉会"。

阿春对孩子心有愧疚,因为没有完成母乳喂养程序而内心自责。世界卫生组织指出,"产后一小时即开始母乳喂养;生命最初6个月应进行纯母乳喂养;在婴儿6个月龄时增加有足够营养和安全的补充(固体)食品,同时持续进行母乳喂养至两岁或两岁以上"。[1] 世界卫生组织倡导的母乳喂养要求已经成为众多母婴读物的主张,且为不少中国家长所接受。坚持一定时间的纯母乳喂养,已经成为城

---

[1] 参见世界卫生组织关于婴幼儿喂养的建议,https://www.who.int/zh/news-room/fact-sheets/detail/infant-and-young-child-feeding。

市家庭的父母耳濡目染的一种婴儿喂养方式。我们之前谈到的母婴接触与开奶技术，正是为了帮助母亲顺利开展母乳喂养的准备程序。

相关研究指出，现如今的中国社会赋予了母亲一种"哺乳的责任"，在女性践行母乳喂养之时，女性的身体成为"以哺乳为中心"的身体。[1] 小丽的观点显然与这种母职背道而驰。面对因为母乳质量而产生愧疚感的女性，小丽都会劝她看开点，别太迷信母乳至上的说法。她认为母乳喂养的含义已经被很多家长扭曲了，母婴之间的陪伴与亲密的互动反而被忽视。在她看来，喂食母乳只是母婴关系的一部分，母亲应该学会主导这段关系，而不是被母乳的质量牵扯过多的精力。相比较而言，她更看重哺乳的过程，而非母乳本身的意义。

四 追奶

元旦的这次团拜会后，晓晴的心潮一直难以平复。回家以后，她经历了整整三天的思想挣扎，最终打定主意要追奶[2]，从混合喂养彻底转到纯母乳喂养上。当得知这个决定后，志南有些反对。志南觉得球球一直喂得好好的，没病没灾、身体健康，转变完全是没有必要的。更何况孩子都4个月了，食量逐日见长，现在追奶意味着晓晴要花费更多的体力和精力。志南心疼媳妇，劝她干脆放弃，但晓晴这次是下定决心了。她不管志南的反复劝说，开始找一些母乳妈妈来请教，还从网上买了许多相关的图书。

如果说，开奶意味着打响了争取母乳的第一场战役，那么追奶

---

[1] 许怡、刘亚：《母职初体验：基于自我民族志与网络民族志的城市女性哺乳实践研究》，《山东社会科学》2017年第8期，第105~106页。

[2] 追奶，是指哺乳期女性由于分泌的母乳过少，而不能够满足婴儿的食量所需时，通过一定的方法增加泌乳量的行为。

更像是一场漫长的持久战。晓晴有心理准备，知道这是考验毅力的时刻了。在追奶之前，晓晴首先评估了球球现在的喂养状况。球球每天吃的奶粉还是比较多的，能够占到食量的一半，要先从减少对奶粉的依赖入手。她看到一种说法，追奶要从睡前奶开始，让孩子在夜间这个对母乳需求量很高的时段，以高强度的吮吸来刺激母亲的乳房，这样有助于泌乳。于是，晓晴在第一天果断地撤掉了一顿睡前的奶粉，让球球含着乳头直到慢慢地睡着。早上起来，她打算再适度地减少白天的奶粉，可是球球这个时候已经饿得直哭了。看到孩子的可怜样子，晓晴心软了。原先打算撤掉一顿奶粉的计划一时间打消了，她只好想办法从每顿的奶粉减量做起。她先给球球吮吸乳房，之后再给奶粉，但是发现孩子每次吮吸的时候不用力。她只好增加球球吮吸的时间，并缩短每次吮吸的间隔。这样下来，晓晴的精力消耗得很厉害，但是好在每天都能看到进步。从原来每顿添加 90 毫升的奶粉，到每顿减少到 70 毫升，再到每顿 50 毫升，一步步的进步支撑着她渡过了难关。最后，只要每顿用 20 毫升奶粉引着，球球再来吮吸就可以吃饱了。

追奶的过程不仅挑战着晓晴的耐心，还让她体会了切身的疼痛，她遭遇了两次严重的堵奶[①]。对于哺乳妈妈而言，整个母乳喂养的阶段，堵奶都是令人备受煎熬的。追奶刚开始的几天，晓晴想使用吸奶器提高速度，没想到泵完以后就堵奶了。球球吸不出来，乳房又涨得痛。更严重的是，第二天晓晴的乳腺发炎了，晚上还发了低烧，志南见状有些着急了，他劝晓晴过两天干脆放弃追奶。晓晴硬撑着，自己都坚持了一段时间了不能放弃，说着又抱过球球一通猛吸，"说

[①] 堵奶，是指哺乳期女性乳汁在乳腺管中淤积不通，导致乳腺组织水肿，乳房内产生硬块。

不定哪一口就通了"。

晓晴那一次堵奶有点严重，请了母乳指导来到家里，帮助她完成人工排奶。我们发现，很多妈妈在面对堵奶的情况时，都会请专业的母乳指导来通乳。针对晓晴的堵奶状况，母乳指导认为是她的哺乳姿势不对，球球缺少有效的吮吸。她告诉晓晴：

> 在宝宝吃奶的时候，就要保持正确姿势，正确的姿势很舒服，一点都不痛，而且吸奶效率很高。把自己的乳房捏得扁扁的，用乳头去触碰宝宝的上唇，当宝宝张开嘴巴，然后赶紧把乳头尽可能多地放进去，最好让宝宝把乳晕也含进去，不要在宝宝哭的时候喂奶，宁可多试几次，也不要将就错误的姿势。

追奶三个星期后，晓晴终于加入了纯母乳喂养妈妈的队伍。尽管过程漫长而痛苦，其间有过几次波折，让晓晴几近崩溃。但她始终没有动摇，坚持下来总算完成了任务。球球也的确争气，没有出现严重的不适应，这让晓晴十分欣慰。作为从混合喂养转过来的妈妈，最怕的就是孩子在追奶的时候不肯接受母亲的乳房。婴儿长期只用奶瓶吃奶，进而拒绝乳头，很多妈妈会因为缺乏吮吸刺激而无法进行母乳喂养，这种现象被称作"乳头错觉"。

婴儿产生"乳头错觉"的原因有两种最为普遍，都与母亲乳哺的程度和水平有关。一种情况是，婴儿在衔乳姿势上产生偏差，导致母亲泌乳不足或者婴儿吃不到母乳，从而抗拒妈妈的乳头；另一种情况是，婴儿过早或过度依赖奶瓶喂养，奶瓶的流速是恒定的，但乳房奶阵①后的流速是不同的，故而婴儿难以接受。在访谈中，一

---

① 奶阵，是指女性在哺乳时期感觉到乳腺的胀痛，而伴随母乳呈喷射状或快速滴水状流出的生理现象。

位妈妈的讲述令我印象深刻:

> 瓶喂一周后，宝宝就混淆了。除了我以外，家里任何一个人抱她都不会哭。她用小手使劲推开我，宁愿用奶瓶，宁愿接受杯喂，也一口都不吃我的奶，甚至不要我抱。我虽然知道一定有办法让她重新接受我，但是我不确定需要多久，因此烦躁不安。我把哭得死去活来的宝宝递给孩子奶奶抱着，心里很不甘，但也没有办法，只好继续用吸奶器吸出来用瓶子喂，好在她没有抵触母乳。

之前由于乳头破损，这位妈妈只好暂时用吸奶器将奶吸到奶瓶里，喂养三个月大的孩子。可是等到一周后伤口痊愈，她想重新回归乳哺的时候，孩子却产生了"乳头错觉"。对这位妈妈而言，回归乳哺失败起初给她带来了情感上的挫败。但是不同于在奶粉与母乳之间的纠结，她很快就适应了用吸奶器将奶吸到奶瓶喂孩子的喂养方式。

晓晴的成功很快传到了"育人"群里，她的经历让群里的朋友们艳羡。此后，很多妈妈在遇到母乳喂养的问题时，会第一时间来请教她。而每当有人问起来，晓晴会向大家强调两点经验。

第一点是注意把握孩子每天的食量变化。婴儿每天的奶量是一定的，晓晴告诉了大家一个测量计算的方法，比如4~6个月的婴儿，每天奶量的多少是以婴儿的体重和每天的餐次来计算：(体重×120-150毫升)÷餐次/(天)=一餐的奶量。在初期哺乳的时候，母乳不足的现象确实普遍存在。原因不仅包括女性体内激素失调之类，更多是婴儿喂养方式。除了在产后第一时间母婴肌肤接触以及有效、高频率的乳房吮吸，喂养婴儿的时间节点也是十分重要的。有的妈妈向晓晴反映自己的母乳不够，只能选择在睡前给孩子补充奶粉。每每听到这种做法，晓晴都会加以制止，她认为这只是作为母亲的一种心理安慰而已，并不是孩子真的需要这瓶奶才能入睡，这样不仅不利于追奶，反而会让孩子形成错误的依赖。

第二点也是晓晴认为最为重要的，那就是妈妈要时刻保持积极向上的心态。晓晴告诉大家，追奶其实是一个收获自信的过程。就其自身而言，从四个月的时候一天300毫升，五个月以后一天800～900毫升，到最后巅峰时期的一天2400毫升，她发现，"这其实是一个信心游戏，你觉得自己有奶那就一定会有"。保持这样乐观的心态会保证母乳妈妈在大多数时间心情愉快，这更加有利于身体泌乳。晓晴将获得信心与母乳分泌之间的关系，称作追奶的良性循环。她经常劝导群里的妈妈，无论自己的泌乳量如何，拥有良好的心态总是没错的。调整好心情，对孩子还是对自己，乃至对整个家庭都是充满益处的。

球球六个月后吃奶量逐渐稳定下来，晓晴的奶水却依然丰沛。过往的艰辛令她珍惜滴滴奶水，她开始想办法储存每日过剩的母乳。在此之前，晓晴看到很多妈妈会选择使用吸奶器吸出母乳，并使用玻璃容器来存储。晓晴担心玻璃器皿容易滋生细菌，于是特意买来专门的集乳袋。依照说明，她将集乳袋套在吸奶器上收集多余的母乳。在每个集乳袋内，她只装150毫升的母乳，即球球大约一次哺乳的量。封袋前将空气挤出，这样留有母乳冷冻后膨胀的空间，最后放到冰箱的冷冻柜里储存起来。等到每次需要取用的时候，晓晴会先将不超过冷冻母乳量的新鲜母乳放入冷藏柜内冷却30分钟，再倒入储存起来的冷冻母乳中一起加热。

走上存储母乳之路后，每当有育儿妈妈来到家里做客，晓晴都会自豪地展示冰箱冷冻柜里的"存货"。晓晴在每一个集乳袋上都贴上了母乳挤出的时间。她告诉我，她每天都能存下两三袋奶，冰箱里的"存货"越多,她心里也越有底。虽然有的时候球球的哪一顿奶量减少了,她也会紧张,但是冰箱里这一袋袋沉甸甸有分量的母乳储备,让她觉得自己依然是一位称职的妈妈。

对于这些母乳储备,晓晴会每隔5天更新一次,淘汰掉即将过期的母乳。倒的时候,她的心里总是酸酸的,觉得真是可惜了。她曾经考虑做一些手工皂,送给朋友们。后来有一天,一位要好的朋友母乳短缺,见到她有这么多母乳,向她求援。经过思考,晓晴大方地把自己的母乳借给这位妈妈用来救急。向我讲述这件事的时候,晓晴满是自豪之情,她之前从未想到自己会成了另一位宝宝的奶妈。

小　结

或许是个人性格使然,晓晴的婴儿诞养之路比我认识的其他妈妈要顺利得多,除了在初期遇到了些许麻烦,制定的计划大多得到了落实。晓晴告诉我,"哺乳球球的这段日子,也是学习养育知识,提高辨别'伪科学'能力的过程"。需要指出的是,我们讲述她的故事并不是要试图评价婴儿喂养方式的优劣,而是想要呈现一幅刻画母亲早期哺育稚子的生动图景。"降生""开奶""追奶",这三个要素构成了婴儿初哺的时间线索。这三个阶段是母婴联结第一次被破坏与重新确立的过程。本书依靠这个时间线索,从一个崭新的角度描述中国城市家庭中的母婴关系,早期母职(Early Motherhood)在婴儿诞养中生成。与大多数研究依托"自然状态"与"科学主义"的研究框架所不同,本书意识到这背后的道德问题。

晓晴开奶后母乳不够,感觉亏欠了儿子,她宁愿付出大量的精力去追奶,母乳喂养的道德合法性在"追奶"环节中得以体现。但另一方面,与其说她在践行以"哺乳为中心"的母职,不如说她在履行一种以"营养为中心"的早期母职。我将之称为"生产性母职",它以母乳的生产为导向,并以此作为联结母婴的纽带,而非局限在乳哺所体现的母婴身体联系上。让晓晴感到紧张的是母乳的质量,这促使她走上了追奶的道路。

必须指出的是,母乳喂养不仅是在母乳与奶粉之间选择母乳作为婴儿食物的来源,还有在乳哺与瓶哺之间选择乳哺的婴儿喂养的方式。母乳还是奶粉?乳哺还是瓶哺?这两个选择的背后意味着不同的母职形态。在小丽看来,母乳喂养的意义并不是母乳至上,而是在于亲子之间的陪伴与情感交流。在现实中,小丽的观点代表当前部分女性在婴儿诞养上的态度,我将之称为"象征性母职",这种母职强调母亲应该保证母婴相处的时间与空间,它并不反对母乳喂养,甚至认为乳哺的意义重大,但喂养方式应该符合母婴关系和谐的时空背景。

然而,这种母职在婴儿诞养早期,显然并不为大多数城市女性所接受,她们更倾向于践行生产性母职。作为故事展现的一个侧面,我们得以窥视到不少妈妈在孩子降生后的哺乳压力。她们被动地做出一连串的哺育选择,并且要经受内心的挣扎。在西方的女性主义研究中,学者立足于母婴伦理的视角,指出婴儿诞养存在的道德内涵。一项针对澳大利亚母亲的深度访谈显示,以何种方式哺育婴孩与母亲所处的生活环境密切相关。没有履行母乳喂养程序的女性会有负罪感与失败感,欧美社会在婴儿诞养观念上树立了一种"道德正确"。[1] 利用文本民族志的方式,Knaak 考察了 1946~1998 年美国出版物中作者讲述婴儿喂养方式的语气和态度,坚持母乳喂养的女

---

[1] Williams, K. et al., "Giving Guilt the Flick: An Investigation of Mothers' Talk about Guilt in Relation to Infant Feeding", *Psychology of Women Quarterly* 1, 2012: 97-112.

性逐渐拥有了更为正面的社会评价。[①] 对于婴儿本身来说，充分享受母乳，同样是构成美满童年的重要条件。现如今，母乳喂养更像是一道必须去完成的育儿手续。由于客观条件限制，过早地借助配方奶粉与替代食品，可能使育婴者在代际情感互动中处于弱势。而不仅限于哺乳期女性的个人精力，丈夫乃至其他亲属成员的鼓励与支持同样被纳入其中，稍有差池就会给整个家庭招致污名标签。[②]

立足于聚会的观察，我们讲述了这两种母职背后的育儿母亲的观点碰撞，最后以宣扬母乳至上的妈妈群体博得了更多人的眼泪而告终，践行生产性母职比象征性母职看起来更像是一件道德正确的事情。而在接下来的第五章，我们将进一步走进育儿母亲的家庭生活，观察这两种母职衍生出的生活策略与亲密关系。本章第二、三节将围绕生产性母职展开论述，第五章的第一、二节将讲述象征性母职的故事。

第二节　医疗话语和母乳礼物

母乳喂养并不能单纯地冠以母爱的名义，其中的道德合法性建构在一定程度上与医疗话语不谋而合。在现如今的中国社会，儿科已经逐渐从规训婴儿身体的层面跳脱出来，医疗技术应用的重要目的还包括帮助育儿母亲获得安全感。而当医疗话语介入母婴关系之后，当代女性在婴儿诞养过程中的处境却可能与儿科医生的初衷相

[①] Knaak, S., "Breast-Feeding, Bottle-Feeding and Dr. Spock: The Shifting Context of Choice", *Canadian Review of Sociology and Anthropology* 42, 2005: 197–216.

[②] 参见 Smale, M., "The Stigmatisation of Breastfeeding", in T. Mason et al., eds., *Stigma and Social Exclusion in Healthcare* (London: Routledge, 2001).

背离。有研究指出，医疗话语规定母乳喂养的女性应该去做什么，其中隐藏着惩罚性的机制，各种规范和制度往往与母乳喂养的逻辑冲突。①

本节将以红艳家的故事为例，论述践行生产性母职的育儿母亲发展出怎样的生活策略。经由母婴群主晓晴介绍，我结识了红艳。她和晓晴住在同一个社区，有时也会来参加"育人"群里的活动，称得上是群里的活跃分子。红艳在一家知名的船舶建造公司工作，是一名产品质量检验员，勤勤恳恳地工作在一线。老公苏建和她在同一个单位，是这家企业的中层干部。七年的时间，苏建从一名技术员一步步成长为单位里数一数二的工程师，管理着公司的骨干团队。结婚三年，夫妻二人有了可爱的女儿莜莜。第一次拜访红艳家在2018年的2月底，那时候莜莜已经三个多月了。"育人"母婴群里的一场纷争，让我有机会走进这个家庭。

一 体检

一个周日的清晨，红艳在"育人"母婴群里连发了四则文章，打破了群里的宁静。文章来自几个不同的公众号，但都是关于婴儿体检的时间点与注意事项的。文章转发不久，就有两位妈妈回应："没上边说得这么夸张吧，我家宝宝都快一周岁了，就刚出生的时候做过体检，一直很健康"，"每个月自己在家里给宝宝量一下身高体重就可以了，每天保证奶量足够，合理添加辅食就行了"。看到有人这样回复，红艳组织语言怼了回去："体检才能知道宝宝生长发育是

---

① Koerber, Amy, *Breast or Bottle? Contemporary Controversies in Infant-Feeding Policy and Practice*（University of South Carolina Press, 2013）, p.115.

否正常，身高体重是否达标，是否缺什么，医生会告诉你宝宝的发育怎么样。不管多么折腾，一定要带宝宝定时体检。"她要群里的妈妈正视婴儿体检的重要性，言语之间也渐渐有了火药味。群主晓晴觉察到气氛不对，感到事出有因，于是私信红艳一问究竟。果然是红艳心里别扭。事情的起因是她带着莜莜去体检，遇到了一些看不惯的事情：

> 从来没有见过这样的爸妈。排队在莜莜前面的一个孩子，一个半月就八公斤。你看那个小孩的脸涨得肉都颤，呼吸的时候都费力。他妈妈说孩子特别能吃奶，不到一个月的时候就能吃一百八十毫升了，两个小时就又饿了。医生听不下去，批评她不能再这样下去，婴儿肥胖对以后的发育有影响。她还觉得大夫说的不对，胖点多可爱，没什么问题。还有一个孩子的妈妈刚坐完月子，抱怨奶不足。医生问她喂孩子吃什么，她说母乳不够只能加奶粉，还加了一些米粉和羊奶。这么喂的结果是，孩子一个月下来就长了不到一斤，瘦的不行。这些家长真的一点也没有科学喂养的概念，到底是不是自己的孩子呀？要是没有体检，医生不给她们说，她们就这么愚昧下去了。

在红艳看来，体检中医生问诊的环节是很重要的。身体的各项指标检查完之后，问诊的环节可以帮助家长们及时获得育儿反馈和靠谱的建议。根据我们在妇幼医院的观察，现如今的儿科医生问诊往往集中在两点：婴儿出生时的健康水平，近期的饮食和睡眠状况。在对婴儿身体进行各项检查前，医生往往会首先询问家长婴儿出生时的情况。比如，产妇是自然分娩还是剖宫产，是否早产或生产时有异常情况，婴儿出生时的身高体重是否正常。在孩子完成各项身体检查后，医生会结合检查结果进一步询问家长孩子近期的喂养状况。比如，母乳和奶粉的比例，孩子的食欲怎么样，每天的睡眠状况如何。结合上述两点，医生给予家长育儿指导。

儿科的问诊将婴儿的成长发育与喂养方式关联起来，婴儿体检旨在对不同月龄婴儿的身体状况和营养状况进行综合评价。《0~6岁儿童健康管理服务规范》建议，满月体检后婴幼儿应至少进行8次体检，分别在3、6、8、12、18、24、30、36月龄。[①] 医疗介入婴儿成长发育的关键节点，并在不同阶段有相应的侧重点，具体体现在不同时间婴儿体检的项目上。首先，一个月以内的婴儿体检着重于婴儿的体征发育是否正常。通过检查体重、身长、头胸围以及肌张力等，评估婴儿的身体状况。早期体重不增、超重、肥胖被视作异常情况。接下来，一个月到六个月的婴儿体检进一步检查婴儿智能发育。通过考察抓握、翻身、听力、视力等，观察婴儿在神经、心理、运动上是否出现发育迟缓与缺陷。最后，六个月以后的婴儿体检除了上述两项之外，还加入对婴儿饮食状况的询问，医生会提出增加辅食或者帮助母亲顺利断奶的建议。可以看出，婴儿体检遵循了从婴儿的体征健全到智能发展再到营养摄取的逐步检查。

体检过后，医生会结合问诊评估婴儿现阶段的营养摄取与代谢，回应困扰家长的一些问题，如厌奶、过度哭闹、便秘或腹泻等症状的解决之道，以此建立起婴儿发育与喂养方式之间的关系。就此而言，问诊是家长与医生互动的过程。莜莜三个月体检的时候，红艳问了医生好多问题。如想要补充鱼肝油怎么办，钙剂现在要不要补，在母乳喂养中遇到的困难如何克服。她相信医生的专业判断，能帮助解决问题。而对红艳来说，那些对大夫建议置若罔闻的爸爸妈妈，

[①] 《0~6岁儿童健康管理服务规范》，国家基本公共卫生服务项目管理平台，http://www.nbphsp.org.cn/jbgw/06rt/。

完全就是反面典型。

几次串门过后,我和红艳一家慢慢地熟悉起来,也与苏建成了朋友。有一天,苏建出门钓鱼,满载而归,饶有兴致地邀请我到他家尝尝他的烧鱼手艺。苏建是安徽人,大学毕业后来到现在的单位,并在这里认识了红艳。或许由于职业的习惯,苏建喜欢探索生活中的奥秘,他把烧好的鱼端上桌,向在座的人解释烹饪的知识。"鱼腥味是因为里面有胺化物,这是弱碱性的。在菜里加一些醋,用醋酸中和碱性的胺化物,会起到去腥提鲜的效果。"一道菜被他解说得头头是道,红艳在旁也频频点头。对于莜莜的喂养问题,苏建自称是百分之百的科学养育者。在书房的案头,我甚至发现几本专业的儿科医书。孩子还没出生的时候,苏建就在自学了。在他的坚持下,莜莜之前的任何一次体检都没有落下,也深深地影响着红艳的育儿观念。吃饭的时候,我问起莜莜的近况。红艳告诉我,莜莜快满六个月了,马上要去医院做一次全面的检查。这一次体检,她同意我陪他们一起去。

周日,我们一大早就出发了,到了医院苏建赶忙去挂号排队。等了好久,终于拿到体检单,可看到检查项目时,红艳有些疑惑,"骨密度检查、神经性检查我们半个月前做过,一切正常,怎么又做?"苏建说,单子上写的是常规检查,咱们听医院的,花点钱就花点钱。红艳欲言又止,带着孩子进了诊疗室。可当检查结束,体检报告却让红艳大吃一惊。莜莜被诊断为骨密度低、缺钙严重,还被查出腿脚无力,有发育迟缓的可能。医生告诉苏艳,这样下去孩子以后走路可能有问题,最好进行医院提供的"康复治疗"。红艳拒绝了医生的建议。

回家的路上,红艳都板着脸。她自信对孩子的状况非常了解,莜莜的运动能力确实有些滞后于平均水平,但孩子的认知能力却高于平均水平。婴幼儿个体的发育有迟有早是正常的。她在排队的时候还听到那个医生和另一个孩子家长的对话：

> 我刚进去时，就碰到那个大夫用一样的语调和口气跟一个4个月大孩子的母亲和姥姥说孩子肌张力高，发育可能迟缓，影响走路。孩子外婆问她为什么的时候，她又问孩子是不是黄疸高，有没有在出生时缺氧，有没有3个月内让她游泳，得到一系列都没有的回答后，她说："这个情况是很复杂的，综合性的，也说不清楚，各种原因都可能引发。"我那一刻都想笑，如果是这样，我完全可以去当医生了。她又向她们推销"康复训练"，170元一次，一周5次，要做3个月。当孩子姥姥说太贵了的时候，她就一脸无所谓的样子。看着祖孙三个拿着单子走出诊室时，我很想跟出去告诉他们不要买这个单。

红艳把医生的所作所为告诉我，表示以后不想带莜莜再去体检了，就算要去，也一定要了解医生的素质，反正不会再去这家医院。当我问她，是否还会信任儿科医生的话，红艳有些犹豫。她说可能还会，但必须是靠谱的大夫。婴儿的体检于她而言，已然成了一种困扰，她不敢再随便相信和接受任何一个医生的诊断了。红艳认为，那些机械的指标远不如亲生母亲更了解孩子的状况，体检能评估宝宝的生长发育和健康状况，儿科医生也可以提供指导，但最后的决定权一定是在家长尤其是妈妈手里。

二 疾病

体检的这场风波过后，红艳和苏建吵了一次架。苏建认为，应按部就班地在医院做好每个阶段的健康评估，一次偶然事件不能说明什么问题。妻子之前一直与他的观念合拍，没成想却因噎废食，质疑起医学的权威来。苏建劝说红艳，别真到万不得已的时候才想起去医院。红艳这次的态度却十分强硬，和丈夫据理力争。红艳心中保留着一些底气："宝宝一直都是母乳喂养，没有生过什么大病，我才不听那些庸医的话。"过了一周以后，这段不愉快的经历也似乎渐渐被淡忘了，她又开始在"育人"群里活跃起来，在朋友圈里晒莜莜的可爱照片。红艳似乎回到了从前的育儿节奏，然而莜莜一场突如其来的肺炎却摧毁了她好不容易建立起来的自信。

提起孩子在六个月时候的这场肺炎，红艳现在还有点后怕。脑袋打针，做雾化，莜莜从来没有经历过这些，在医院里哭得像个泪人。拥挤的过道、烦躁的家长、匆忙的护士、啼哭的孩子，这些让红艳心急火燎。让她焦虑的事情，不仅是疾病给家长和孩子带来的疼痛与煎熬，还有医生的诊断以及治疗方案到底是否恰当有效。她向我讲述了莜莜罹患肺炎的经过：

最初她只是轻微的干咳，伴随着夜里的反复低烧，持续了3天左右，白天也会发烫，温度徘徊在38℃左右。我初步的判断就是感冒，因为体温没有到38.5℃以上，不需要用退烧药，耳温计测了在发烧，晚上她睡了我就解开她的衣服，用湿毛巾给她敷额头、擦身体，醒了再喂一点凉白开。白天发烧就用退热贴，这个阶段就只给她喂了喉炎清口服液，还是上次感冒医院开的没吃完的药。这时候她已经持续了快2周的腹泻还没痊愈，秉持着不喂多种药的原则，连续5天我都只给她喂中成药喉炎清。但腹泻终于好了以后，她的咳嗽明显严重了，已经从干咳变成湿咳，能感觉到有痰音。于是我就带他到医院请求医生开一些雾化的药，当时医生就听了肺，诊断是肺炎，得用抗生素才行,而且一定要住院。在我的坚持下,医生开了2天的雾化,做了一天明显好转了,可第二天去做,似乎又回到了"解放前"。

苏建下班回家,见莜莜的病情没有好转的迹象,有些责怪红艳没让孩子住院。他买了一套关于小儿肺炎的微课,看了起来。小儿肺炎有很多种,一般的比如病毒性肺炎,靠服用抗生素或者婴儿自身的抵抗力就能好,到了恢复期不用再用药。可是,如果得的是化脓性肺炎,会导致肺部纤维化,不仅要住院2周以上,即便出院了也要半年的恢复期。更严重的是,化脓性肺炎还会损害婴儿的脏器,导致后遗症。苏建把视频放给红艳,红艳看完沉默不语。就在夫妻两人百般煎熬之际,一位邻居阿姨给他们带来了就医的线索。这位阿姨得知莜莜的病情,给他们介绍了一位从海淀医院退休的儿科医生,她的孙子在该医生的诊所看过支原体肺炎,给开了几天的药吃了后就明显好转了。经过简单的商议,红艳和苏建决定带着孩子去试一试。他们找到了这家诊所,把医院之前给的检查结果拿给大夫看了,大夫诊断之后开了5天的药。他告诉红艳,孩子的病没有大碍,吃完药应该会痊愈,如果不放心的话,过几天再来这里检查一下。果不其然,大夫开的药很管用,莜莜服用3天以后,肺部的锣音就消失了,只是偶尔咳嗽。又过了5天,红艳带莜莜去医院复诊,医生说孩子已经不用再服药,养几天就好了。

母婴群里的妈妈得知莜莜的肺炎好了,纷纷向红艳打听这家诊所的联系方式。红艳在告诉她们详细情况后,总会附上她学到的一个心得:即使康复的速度慢一些,能吃药坚决不打针,能打屁股针坚决不注射,一有病就打针,对孩子的身体不好。朋友们都很佩服红艳的胆量与自信,尤其是医院要求孩子住院,她却自己做主抱孩子回家，不是每位妈妈都能有这样的自信。每当听到别人的夸赞，红艳从来不敢托大，而是小心翼翼地给大家解释原委。她认为，一方面起初孩子症状没有那么严重，作为一个上呼吸道常年感染的人，她深知感冒、咳嗽、肺部感染的套路，真的没有医生说的那么恐怖；另一方面她一直坚持母乳喂养，觉得孩子的精神状态还不错，孩子的吃奶和睡眠都没有受到太大的影响。

红艳是一位坚定的母乳妈妈，莜莜从出生到五个月都是纯母乳喂养，这当然也离不开苏建最初对她的支持。当前中国有一种流行的说法，母乳喂养的孩子不容易生病。有统计显示，母乳喂养的婴儿罹患呼吸道疾病的概率比非母乳喂养的婴儿要低72%。[1] 母乳中含有大量的免疫球蛋白，能够帮助孩子构成他人生中第一个疾病预防系统，用来抵抗外在的细菌和病毒的入侵。但是红艳却并不是完全秉持着这种观念，她更愿意相信母乳是沟通自己和孩子关系的一种礼物，"我给孩子送去母乳，孩子反馈给我的是健康和安宁"。母乳对她而言，具有缓解母婴之间紧张与焦虑的精神属性。

我们在访谈中发现，有很多家长认同母乳能够给婴儿提供健康的保障的说法，但也由此产生了一些极端的想法：孩子如果染病，那肯定是因为母乳质量不好。莜莜的肺炎痊愈对于苏建而言，警示的意义大于安慰。他认为，孩子慢慢长大了，但是平时的营养却没有跟上，只吃母乳和一点辅食肯定不够。苏建把自己的想法告诉妻子，红艳也担忧起来。"莜莜现在半岁多了，母乳里面的营养物质是不是已经不能够满足她了，是不是应该给她补充点其他

---

[1] Feldman-Winter, Lori, "The AAP Updates Its Policy on Breastfeeding and Reaches Consensus on Recommended Duration of Exclusive Breastfeeding", *Journal of Human Lactation* 28 (2), 2012: 116-117.

的营养呢?"有一天,她在"育人"群里提出了这个问题。没过多长时间,有几位妈妈回应了她,"你给她想办法在辅食里面加一些维生素 AD,一起补效果好","我们现在在吃益生菌。有的说可以吃转移因子,也有的说可以打蛋白。但我都没弄,我觉得还是益生菌靠谱","我有给宝宝吃牛初乳,感觉还不错"。大家谈到的形形色色的营养品,红艳从来没有接触过,一时间有点手足无措。苏建打算找一些朋友让他们推荐可靠的营养品先给莜莜试试,看看效果再做选择。

莜莜在这场肺炎以后,又感冒了,让夫妻俩的神经又紧绷起来。不过在他们谨慎应对之下,病情没有往严重的方向发展。之后,莜莜安稳度过了两周时间,终于彻底恢复了。看到孩子的身体逐渐好转,红艳重新回到单位报到,当上了"背奶妈妈"①。每天早上,她会备好莜莜一天的口粮,让她的妈妈白天帮着照料孩子。刚上班的时候,红艳心里一直牵挂着莜莜,每隔几个小时就会打电话回家。后来慢慢地放心了,只会在中午的时候打一个电话,报一下平安。

有一天上午,红艳在单位突然接到了妈妈打来的电话。在电话里,妈妈焦急地告诉她,莜莜发烧了。红艳赶紧问有多少摄氏度。妈妈说,莜莜早上开始就有点烧,现在烧到 37.6℃ 了。红艳强作镇定,让妈妈给莜莜多喝水,说她中午下班就赶回去。可是没过多久,妈妈又打来了电话,莜莜烧到 38.2℃ 了。红艳的心一下子提到了嗓子眼,她赶紧挂上电话跑去请假,匆匆忙忙地往家里赶。

---

① 背奶,是指哺乳期女性携带设备,利用白日里的工作间隙,进行吸奶保存,下班后将母乳带回家中,以做自家婴儿第二日的食物。关于"背奶"的论述集中在第五章,在此不再赘述。

三 免疫

在回家的路上，红艳试图说服自己，莜莜这次发烧是一次正常的现象。前一天，她和苏建带莜莜去接种了肺炎疫苗。医生曾经提醒他们，孩子打完预防针后可能会产生些许的不适，发热就是其中的一种典型反应，过段时间自会缓解。然而尽管如此，她的内心依然不安，怀着忐忑的心情踏进家门。莜莜浑身烫得发红，脸上和胳膊上还起了不少的小红斑。红艳来不及再想，赶紧让妈妈帮着包好孩子，一起去社区医院。抱着小火炉一样的孩子，红艳心里不停地打鼓。

在莜莜得肺炎的时候，一位朋友问过红艳有没有给孩子接种肺炎疫苗。红艳回答没有，她看到在疫苗本①上，肺炎疫苗是要两岁以后才打的。朋友给红艳解释说，她所说的不是23价的肺炎疫苗，而是13价的肺炎疫苗。在我们国家，婴儿疫苗分为国家强制接种的一类疫苗及个人自愿接种的二类疫苗。一般而言，一类疫苗都是免费的，二类疫苗是自费接种。就肺炎疫苗而言，国内就分为23价肺炎球菌多糖疫苗和13价肺炎球菌多糖结合疫苗。23价的肺炎疫苗是免费性质的强制疫苗，婴儿两岁以后接种。13价肺炎结合疫苗则是一种比较常见的二类疫苗，一针就要七八百块钱，却是目前最具有保护效果的肺炎疫苗。不过朋友也告诉她，13价肺炎结合疫苗最好在

---

① "疫苗本"即是指预防接种证。国家规定每个儿童应当接受预防接种，预防接种证是儿童预防接种的记录凭证，在儿童出生后1个月内，其监护人应当到儿童居住地承担预防接种工作的接种单位为其办理。当儿童的基础免疫与加强免疫全部完成后，接种证便是儿童身体健康的身份证，在孩子入托、入学、入伍或将来出入境时以备查验。

2、4、6月龄就接种基础免疫,并且在12~15个月龄接种加强免疫。莜莜似乎已经错过了最好的接种时间。红艳把疫苗的事告诉了苏建,苏建赶紧联系了私立医院的一位儿科医生。医生说现在13价肺炎结合疫苗第一针接种时间已经延后到婴儿9个月,莜莜还在接种时间内,可以考虑接种。苏建劝说红艳给莜莜打疫苗:"你马上也要回去上班了,肺炎要是又找上门来怎么办?"红艳被丈夫说动了,预约过后,莜莜便接种了13价的肺炎结合疫苗。可是没想到打完针的第二天,她就发烧这么严重。

虽然心有疑虑,红艳还是劝自己往好处想,带着莜莜赶到了社区医院。医生看了莜莜的情况之后,让她先不用着急,孩子打过肺炎疫苗出现皮疹和发热是正常的。护士也问红艳,孩子在打预防针之前有没有感冒的迹象。红艳告诉护士,莜莜之前感冒了一次,但是都已经是两个星期之前的事了。护士听罢给莜莜贴上了退热贴,并拿了一些退烧药给了红艳,让她先回家等待孩子第二天退烧,实在不行再去大医院。回家以后,红艳赶紧给莜莜吃上奶和退烧药,哄她睡去。莜莜还是没有精神,身上的红斑也没有退。红艳量了一次体温,37.8℃,才稍稍心安了一点。

一家人守着莜莜直到凌晨,莜莜仍然没有一点退烧的迹象,体温一直在38.5℃上下徘徊。红艳的妈妈用酒精和湿布给莜莜擦身体,可擦着擦着莜莜却把晚上喂的奶都吐了出来。每次醒来,孩子都会大哭大闹一阵,让红艳揪心。红艳对苏建说,明天干脆带孩子去大医院看看吧,别耽误了。苏建说再等等看,说不定明天上午就退烧了。吃过第二次退烧药后,红艳又哄着莜莜睡去了。第二天上午,莜莜醒来的时候,哭着要吃奶。红艳喂奶的时候,苏建看到莜莜身上的红斑已经退去,再摸一下头发现开始退烧了。苏建让红艳把心放进肚子里,能够确定莜莜这次发烧肯定是接种疫苗后的正常反应。

不过经过这两天的折腾，红艳感受到的焦虑感不亚于之前的那次肺炎。毕竟，莜莜从来没有烧到这么高的温度。

孩子在成长发育的过程中，很多家长都会思考一个问题：如何让孩子提高免疫力。尤其是在婴儿喂养早期，头疼脑热或许是正常的，但如果孩子逐渐长大，仍然没有形成强大的抵抗力，那些许的不适便可能演变成重感冒。从这个意义上，帮助孩子筑造强大的身体防线，降低各种不适状况的发生概率，是当前家长育儿的重点，由此也折射出不同养育观念之间的交锋。正如苏建秉持的观点，很多家长立足于身体监测，掌握孩子在成长发育中的动向，以此保障婴儿的健康状况。肺炎突如其来，孩子的健康防线一朝失守，苏建不得不反思究竟是哪个喂养环节出了问题。一番寻找后，他感觉孩子身体的抵抗力在免疫系统上出现了短板，除了日常补充一定剂量的营养品，接种疫苗能够帮助孩子健全免疫系统。当前很多父母会认为，免疫疫苗的注射接种是十分重要的一环。他们甚至会时刻关注接种疫苗的时刻表，以及二类疫苗的推广应用情况。

而与之相对的，在我们研究的案例中，也有一些家长认为给孩子接种过多的疫苗是没有必要的。"抵抗力和孩子平时规律的作息、母乳喂养、大量运动分不开。"尽管莜莜平安地退烧了，红艳却愈发地坚定了一个信念：最好的营养品就是母乳，通过打各种针提升孩子的免疫力，反而可能带来危险的后果。除此之外，家长不能只考虑着时时刻刻地为她营造一个温室般的环境，更应该让她在露天环境中得到锻炼。从这以后，红艳除了每天保证莜莜的母乳摄入量，也越来越注重莜莜在室外活动的次数与质量了。她会给莜莜每天安排两到三个小时的户外运动，让孩子与户外的空气接触，通过一次次的室外活动，解决莜莜之前运动能力不足的问题。

在养育孩子的问题上，夫妻俩各执己见，有时候甚至演变为旷

图 4-2　怀抱婴儿的妈妈，摄于 2019 年

日持久的争吵。要是放在以前，苏建每每讲完他的长篇大论，红艳听完都会主动地偃旗息鼓。但是现在，她更倾向于坚持自己的观点，同丈夫据理力争。苏建会向我抱怨，北京秋冬的环境根本不适合孩子出去玩，晒不到太阳，空气又干燥。距离他们家最近的南海子公园，要开车 20 分钟才能到。红艳却对苏建的态度不以为然，有一次和一位妈妈聊到孩子抵抗力的话题，她当着丈夫的面告诉对方：如果一个宝宝没有生过大病，增强抵抗力最好的方法就是坚持母乳喂养并配合一些辅食，没事多去户外运动。

小　结

莜莜马上就要满一岁了，还没有完全断奶。苏建劝红艳应当逐渐减少莜莜的母乳喂养量，多让孩子吃一些有丰富营养的辅食。但是，红艳觉得既然莜莜没有厌奶，她想吃多少就吃多少，用不着刻意去干预。母乳喂养对于这位践行生产性母职的女性有特别的含义，"就像宣传片上讲的那样，我现在真心感觉到母乳是妈妈给宝宝爱的礼物，它独一无二，什么营养品和疫苗都赶不上……是老天安排给孩子的食物"。

可以看出，在喂养孩子的问题上，红艳的安全感并非是医疗话语规训下的产物，而是通过将母乳喂养赋予礼物的意义加以实现。人类学家博阿斯曾经指出，馈赠的一种形式便是"夸富宴"——一些富裕的部落在冬季举办盛会，以近乎浪费的形式慷慨馈赠与会者。而夸富宴本意即是喂养，"Fedeer 的意义指喂养者，字面意义是'吃饱喝足的地方'，也即大家心满意足的地方"。[①] 而在莫斯看来，礼物不仅在人与人之间形成了契约与交换的规则，还在世俗生活与神圣世界之间建立了联系。莫斯将之称为献祭的理论："这些交换与契约不仅把人与物，而且把与他们多少相关的神圣事物都卷入了它们的旋风……交换既是最必要的也是最危险的。但是反过来，与它们交换也是最容易和最安全的。"[②] 在莫斯的经典理论中，礼物作为总体性的社会事实，具有一种精神上的灵性。

母乳是社会学意义上的经典礼物，喂养母乳的过程给红艳带来了自信：母亲通过母乳与孩子建立起亲密的母婴关系，并由此产生了自我赋权的机制，获得了育儿安全感。然而另一方面，红艳在她的故事中似乎还扮演了一种反抗者的角色，对抗医疗话语对母婴关系的渗透。在我们讲述的案例中，苏建始终秉持着科学的婴儿诞养观念，他希望体检与疫苗能够给莜莜带来健康，并且认为科学化的

[①] 马塞尔·莫斯：《社会学与人类学》，佘碧平译，上海译文出版社，2014，第 178 页。
[②] 马塞尔·莫斯：《社会学与人类学》，第 195~196 页。

婴儿诞养是唯一正确的选择。与之相对的是,红艳则经历了观念上的转变,她对丈夫的态度从支持转向了反对。其中的原因有二:其一,红艳认为医疗话语企图一步步地把自己排斥出育儿的决策圈,并且每次总是以切断母婴之间的联系为前提条件;其二,医疗场域内部的一些问题,可能给孩子的健康成长带来风险,使直接负责照料婴儿的母亲陷入困境。

福柯认为,医学权力借由家庭的组织化而形塑了个体的身体。家庭设定了规则,将社会性身体与个体需求连接起来,使得原本处于私人领域的健康问题成为公共事务。从父母与子女的责任关系中跳脱出来,儿童成长的要素需要具备执业资格的医师与机构罗列出来。[1] 进一步来看,身体的医疗化已经渗透到个体生命周期的每一个阶段,进而促成了身体的去家庭化(the defamilization of the body)。[2] 这种悲观的观点指出,身体塑造的过程从个体生命初期就已经开始,婴儿的成长发育也越来越依赖高超的医学技艺,并且需要在医疗的时刻表下被监督完成。婴儿的每一声啼哭,都会引发母亲对于疾病的联想,医疗话语正是利用了人们关于危险的想象,攫取育儿程序上的主导权。

基于中国城市社会的经验研究已指出,母职正是在现代医学主导的制度环境中被塑造出来,医疗话语干预了女性的身体经验,而非其自身的言说。[3] 在我们的研究中同样可以发现,尽管医学权力可

---

[1] Foucault, Michel, *Power/Knowledge: Selected Interviews and Other Writings, 1972-1977* (New York: Pantheon Books, 1980), p. 174.
[2] 约翰·奥尼尔:《身体形态:现代社会的五种身体》,李康译,北京大学出版社,2010,第123页。
[3] 林晓珊:《母职的想象:城市女性的产前检查、身体经验与主体性》,《社会》2011年第5期,第152页。

以合理化诸多的婴儿诞养事项,医学毕竟只能解决世俗层面的问题,无法真正给红艳带来心灵的安慰。经过多方选择,红艳认为所谓的权威话语只能扰乱她原本和谐的生活秩序,为此她制定了营养健康至上的婴儿诞养策略,更加信赖母乳喂养,这让她更加安心地面对育儿的风险。在生产性母职的实践过程中,母乳不仅使母亲获得了履行母职的安全感,还成为她们反抗外部权威话语的武器。

第三节　婴儿诞养的起居冲突

医疗化下的早期母职展现了生产性母职在面对权威话语时所做出的生活策略。在当前的中国城市社会,母亲在孩子成长过程中是不可或缺的,母亲能否满足孩子的需求关系到孩子的成长。有学者认为,这种母职认同来自外在于家庭生活的传统性别意识形态、职场规则及科学育儿知识等多方作用。[1] 可以看出,现如今中国社会的母职实践正一步步地突破传统意义上家庭的界限,孩子的成长不仅要符合主流社会的期望,同时还要凸显文化上的本真性。为了实现上述目标,妈妈们被要求开展各种各样的育儿实践,从孩子呱呱坠地起履行相应的职责。但遗憾的是,母亲的私人生活状态却往往被忽视了,尤其体现在对母职实践过程中的亲密关系关注上。在本节中,我们将把注意力放在育儿女性在践行生产性母职的过程中,家庭内部的亲密关系发生了怎样的变化。我们将从饮食、睡眠以及情爱等个体需求入手,分析家庭成员的需求满足状况。我们将以阿敏

---

[1] 陶艳兰:《世上只有妈妈好——当代城市女性的母职认同与实践》,《妇女研究论丛》2013年第6期,第96页。

和德凯一家的故事为支撑,去探究这个领域。

阿敏是四川人,她和丈夫在大学里结缘,之后远嫁到了北京。来北京以后,她一直在一家公司做前台。丈夫德凯是北京本地人,比阿敏大一岁,在一家国有银行做业务员。阿敏和德凯结婚以后,一直过着温馨的二人世界。他们本来打算不要孩子。2017年初,阿敏意外怀孕了。得知消息后,她脑子里的第一个想法是打掉孩子,毕竟之前没备孕,担心孩子出生以后有健康隐患。但德凯却坚定地表示想要宝宝,并给予阿敏极大的支持和鼓励。于是,阿敏听从了丈夫的建议,很快地办了离职手续,回家备产。谈到丈夫的性格,阿敏说:"我老公平时是一个话少的人,他自己心里有想法,但是从来不说。"怀孕的时候,德凯像换了一个人,天天嘘寒问暖,无微不至的照顾让阿敏备感温暖。十月怀胎,一朝分娩,这对夫妻迎来了宝贝女儿安安。

一 饮食

我认识阿敏的时候,她正在"坐月子"。怀孕七个月的时候,阿敏和德凯商量,分娩以后想请个月嫂。婆婆很快得知了他们的想法,表示不同意。她觉得这个钱花得实在没有必要,"你们都刚工作没什么钱,坐月子的时候,我和德凯的姥姥都能来照顾"。阿敏不好意思反驳,觉得婆婆有点不讲理。她之所以想请月嫂,就是因为不想麻烦双方家里的老人。阿敏只好听从婆婆的话。婆婆在家政公司报了一个培训班,学习了一个月的照料知识,从产妇护理到新生儿护理再到月子餐的制作。阿敏有些心疼婆婆。

阿敏在月子里最深刻的记忆,便是那一顿顿没完没了的汤水。生产完的第一个星期,婆婆安排她一天喝七次汤,说是有利于催乳和排除恶露。丝瓜汤、莲藕汤、白菜汤,让她体验了一周的素食。在对这些菜汤即将抵达恶心的极限时，从第二星期开始，婆婆又改变了食谱。各种补汤登场，不仅有排骨汤、猪蹄汤、鲫鱼汤打底铺垫，每日还以早饭红糖小米粥、午餐酒糟鸡蛋汤、晚餐红豆粥作为固定搭配。婆婆说，这种搭配是为了补充母体的营养，提升母乳的品质。每一次婆婆来家里都会督促阿敏，检查当天的汤喝得是否足够，如果不够的话，还要喝白开水，保证每天都有 3000 毫升的饮水量。

虽然每天各种补汤喝到饱，但是阿敏的哺乳历程却依然坎坷。开奶以后，每天的泌乳量不够安安吃的。婆婆担心阿敏没下奶的时候饿着孩子，所以孩子一哭，就要追加奶粉安抚。每次喝完奶粉，安安就会安稳地睡着。这种情况一直到月子结束，安安对奶粉的依赖越来越重，甚至对母乳产生了排斥。原本生娃前阿敏想完全用母乳喂养，但眼看就要泡汤了，而她自己也陷入了"汤水恐惧症"。根据我们的观察，很多妈妈在讲述催奶辛苦的时候，多会谈及为了增加哺乳量而喝的那些数不胜数的汤水。但也有一些妈妈并不认可这种做法，她们认为喝汤水或者下奶茶对于哺乳没有什么积极作用。晓晴就曾经告诉阿敏：

> 追奶的关键不是你喝了多少汤，高脂肪、高热量的饮食反而会堵奶。重要的是一定要让你的乳房得到尽可能频繁的吮吸刺激，一天坚持 8～12 次，才有可能增加奶量，至少每三个小时就要喂一次。一个容易饥饿的宝宝，比什么下奶汤都好用。

在初哺时期，婴儿的喂养节奏还会影响母亲的日常进食。如果妈妈要坚持母乳喂养，她需要依照孩子乳哺的频率，改变自己的进食习惯。得到晓晴的建议后，阿敏决定改变当前的饮食，坚持多喝水，不再特意吃那些高脂肪、高热量的食物了，只是搭配鸡蛋和牛奶补充足够的蛋白质。之前的各种补汤让阿敏原本曼妙的身材变得臃肿，她早就想改变饮食习惯，所以容易管住嘴。困难的是改变安安的饮食习惯，加强吮吸刺激，这也意味着她没事就要抱安安吮吸吃奶。最让阿敏操心的是，追奶以后安安天天都要上演"黄昏闹"①的剧情。从下午四点多开始，一直到晚上九点前，她在这段时间哭闹得厉害，要母亲的怀抱安慰。但是乳哺的时候，每次安安只是含着玩一会，并不吃奶，之后在床上十几分钟，就又哭闹起来。

每天的"黄昏闹"让阿敏很难完整地吃上一顿晚饭。晚餐的时候，都是德凯和婆婆先吃，阿敏的饭放到一边。之后换婆婆来抱着孩子，阿敏狼吞虎咽地赶紧吃上两口，安安很快又开始闹起来了，她又赶过去接替婆婆哄孩子或者喂奶。只有个别日子安安的情绪稍好，阿敏才有可能把她放在餐桌旁边，边吃饭边看着。她感觉自己的身体随时处于一种待命的状态，真切地体会到"晃得一身汗，抱得胳膊疼，饿得腿发颤"的辛苦。这样的日子熬了大约半个月，在一次"育人"的聚会上，阿敏向大家倾诉"黄昏闹"带来的"宝宝挂在身上的焦虑"。听完她的讲述，一位二孩的妈妈问阿敏，为什么不抱着娃娃吃饭呢？一句话瞬间点醒了她。"每次喂奶的时候，我都是正襟危坐，把它当作使命一样。"阿敏之前确实没想过可以一边乳哺安安，一边自己吃饭。这位妈妈还给她推荐了一款神器——哺乳绑带，用来把孩子固定在胸前，母亲能够腾出两只手来，处理其他的事情。阿敏赶紧下单，第二天她就实现了吃饭、哄娃两不误。

找到了应对安安"黄昏闹"的好办法，阿敏会在每天下午四点多准备好平板电脑、毯子、寿司或者甜品一类便于入口的食物，把

---

① "黄昏闹"亦被称作"婴儿黄昏焦虑症"，主要指低月龄的婴儿在黄昏时分出现情绪波动诱发频繁哭闹的现象。一般认为，这种现象是婴儿神经系统发育不够成熟，对傍晚的光线没有明确辨识能力，且离开母体时间短，对外界环境还不够适应，而引发的个体生理性焦虑。

安安固定在胸前，看看综艺或者美剧，窝在沙发里躺一会。婆婆开始会有疑问，媳妇只看综艺有没有在专心喂奶，后来看到安安哭闹的频率的确下降了很多，也就不再过问了。阿敏当然根本不理会这些，她表示自己越来越明白当妈妈也应该学会享受生活，况且这一天下来真的累得够呛。这段时间能补充一下能量，看点剧调节心情挺好的，真正的考验还是在夜晚。在宝宝快到三个月的时候，阿敏打算及时追奶，实现当初纯母乳喂养的心愿。为了提高吮吸频率，晚上孩子只要醒了就要乳哺，或者用吸奶器吸一次，这对阿敏形成了新的挑战。

二 睡眠

安安在三个月时就能够睡一个整觉了，只是有的时候会在凌晨两点多醒过来一次。醒了以后，阿敏会迷迷糊糊地摸到奶瓶，拿冲好的奶粉哄睡安安，安安喝完能一觉睡到早上七点。而追奶开始以后，安安的睡眠节奏发生了改变。每天夜里两点的夜奶成为一种习惯，而如果安安哪天情绪不好甚至还会哭醒三四次。阿敏心里想，反正追奶需要提高乳哺的频率，所以每当安安夜里哭闹，阿敏都要把她抱过来，喂半个小时左右。开始的五天，阿敏没有在意，可是后来安安夜里醒来的次数增加到了四次。她慢慢地发现，安安沦为"睡渣"的主要原因是每次吃奶的量不够，孩子没有吃饱，自然醒的次数就增多了。想到这里，阿敏决定抓紧追奶，解决这个问题。然而屋漏偏逢连阴雨，睡眠节奏的突然改变，让安安不慎感冒了，进而导致了腹泻。每次夜晚哭醒以后，阿敏还要及时检查更换尿不湿。这样一周过去了，安安的感冒慢慢地痊愈了，阿敏却发现自己的泌乳量不仅没增加，反而减少了。阿敏心中郁闷，安安的吮吸频率很高，每次时长也足够，怎么就追不上奶呢？

一个月过去了，在一次"育人"的周末聚会上，朋友们又见到了阿敏。但当看到她的样子，大家都快要认不出她来了。阿敏的精神状态差极了，和刚出月子的时候简直判若两人。头发蓬乱，眼袋浮肿，无精打采，很明显整个人已经走到了崩溃的边缘。大家把抱着孩子的阿敏让到沙发上。阿敏低声告诉大家，自己真的受不了，不想再追奶了，她要放弃母乳喂养。

放弃母乳喂养只能说是我对于需求和认识做出的无奈选择吧。现在的问题是宝宝入睡都要靠奶睡，其他方式根本不接受，我只要有事情不在家，宝宝基本就不睡觉。现在晚上半夜醒来的次数比之前多得多了。有的时候闹得厉害，我能感到她困了，却怎么也不睡，更烦躁易怒了。

宝宝的作息深深困扰着我。为了追奶，几乎没日没夜地挂在身上喂，不分时段，尽量不加或者少加奶粉，一顿吃不饱就频繁喂。快四个月了，作息已经不如以前的时候好调整。除了母乳这件事，给宝宝一个规律作息的好习惯也是我的责任吧。完全以母乳为第一目标，顾此失彼是不是真的值得。或许我的方法不对，不够狠心和坚持，现在我的状态特别不好，每天很累很累。得不到充分休息，我感到我的世界是灰色的。

每天睡眠时间不到 5 个小时，常常是刚要睡就会被安安吵醒，但是哺乳量也没有显著提高，母乳量不增加让她觉得自己在睡眠上的付出都是多余的，阿敏感到十分压抑。她现在唯一的愿望是好好睡一觉，但根本看不到希望，"我觉得这是没有尽头的日子"。起初，每次安安哭闹的时候，她都以为是孩子饿了起身哺乳，可时间一久，安安已经彻底习惯了这种睡眠节奏。无聊了要吃，烦躁了要吃,想睡觉一定要吃,睡了一半想要睡回去还要吃,一晚醒八次已经成为安安每天的常态。更糟糕的是,这不仅折磨得阿敏筋疲力尽,还让她与德凯之间产生了冲突。安安在半夜频繁地哭闹,也让德凯濒临崩溃的边缘。最初的时候,德凯也会跟着阿敏一起忙活,后来有几次因为安安闹得太厉害,德凯早上起晚了,迟到被领导批评。德凯有些埋怨阿敏当初的选择,阿敏也会陷入自责——自己让安安养成了坏习惯。现在看来,训练安安正常睡觉比什么都重要。

听完阿敏在聚会上的讲述,晓晴劝慰道:"千万别责怪自己,你并没有做错。现在你的感受在提醒你好好休息。什么时候把德凯喊来,一起聊聊带宝宝的事,多给你点缓冲的时间。"一旁的几位奶奶奶爸纷纷点头称是,阿敏只是苦笑着摆摆手。一位15个月宝宝的妈妈先给她出了主意。她让阿敏尝试放弃奶睡,给孩子设计一套每天坚持的睡前程序,固定地做一些身体活动。孩子做累了自然地入睡,会慢慢形成规律的睡眠。她还让阿敏考虑改变宝宝的睡眠空间,从和妈妈拼床到独立的小床,每天在小床里完成这一套睡眠程序,孩子就能形成独立睡眠的意识。"另外,入睡时间不要太晚",这位妈妈提醒阿敏。晚上七点一过,妈妈就应该带孩子走睡前程序了,八点左右孩子也就该睡着了,这是为了培养她的生物钟。

这位妈妈刚刚说完,晓晴却摇起头来。她反对刚才的说法,认为这种睡眠训练是没有必要的,会对孩子的性格与精神养成有负面影响。

我特别不赞成独立睡眠。睡眠训练太残忍了。生物自己发展出来的。这么小的宝宝能做睡眠训练吗?这样孩子肯定哭得稀里哗啦，让他自己适应？不能让孩子老是哭，孩子会缺少安全感。哭声免疫法①不是已经被证明失败了吗？可是现在很多公立医院还让妈妈拉长喂奶的间隔，说是这样能够提高宝宝的吸吮能力，我真是够了。

批评完这个观点，晓晴随后给阿敏提出了自己的建议。她劝阿敏把精力集中在白天的陪伴上，更加高效的陪伴能让安安的精力多释放一些，等到晚上就会睡得安稳了。比如在小区里多转上几圈，多陪她玩玩玩具。而关于夜奶，她和大家的意见一致。依阿敏现在的精神状态，必须保证自己有充足的时间休息。这个道理显而易见，母亲没法保持良好的心情是谈不上母乳喂养的。

大家的话让阿敏下定决心，必须逐渐停掉安安的夜奶了，只有这样母女二人才能各自安歇，不再互相折磨。第一天是最煎熬的，安安凌晨时分准时哭闹醒来，阿敏拒绝喂奶，安安不肯睡觉。就这样双方僵持了半个小时，阿敏给安安喝了一些水，抱在怀里不断抚慰着。阿敏和德凯费尽心思，两个小时后，安安才重新睡着。早上，阿敏定在七点半的闹钟准时响起，她本来打算把安安的一顿早餐固定在这个时间，形成吃早饭的规律。可是，安安闹了大半夜还在睡觉，阿敏看女儿没有醒的意思，便没有刻意地唤醒。等到快八点，安安醒过来，阿敏才喂她吃上了奶。令人意想不到的是，停止夜奶的效果在第二天晚上显现。安安在凌晨两点多的

---

① 哭声免疫法（CIO）是一种20世纪欧美社会流行的婴儿睡眠训练方法，始见于心理学家约翰·华生在《婴儿和儿童的心理学关怀》中的论述。哭声免疫法讲究父母在对待婴儿的时候，秉持"哭了不抱、不哭才抱"的信条，对婴儿展开完整睡眠的训练。当前中国社会对这一方法存在对立意见。提倡者认为，这种育儿方法能够帮助父母缓解育儿压力，并培养婴儿独立睡眠的能力。亦有反对者指出，哭声免疫法不利于婴儿健全人格的发育，会造成母婴关系的裂痕。

时候醒了过来,但是她心里似乎明白,哭闹是换不来奶的,只是象征性地闹了一会就消停了。喝完热水,阿敏就抱着她睡了,一直睡到了早上七点。到了第三天晚上,安安和第二天一样,只起来闹了一次。她自己坐着哼哼唧唧了一会,阿敏拍拍她的背,抱着哄了一刻钟就好了。就这样,一个礼拜以后,安安可以睡回一个整觉了。尽管有的时候晚上也会有反复,起来哭闹一下,但阿敏只要简单地哄哄晃晃,女儿很快就能入睡。在大多数时间,安安可以一觉睡至少四个小时。女儿不闹了,阿敏也得到充分的睡眠,她的精神状态好起来,平日里也有了笑容。

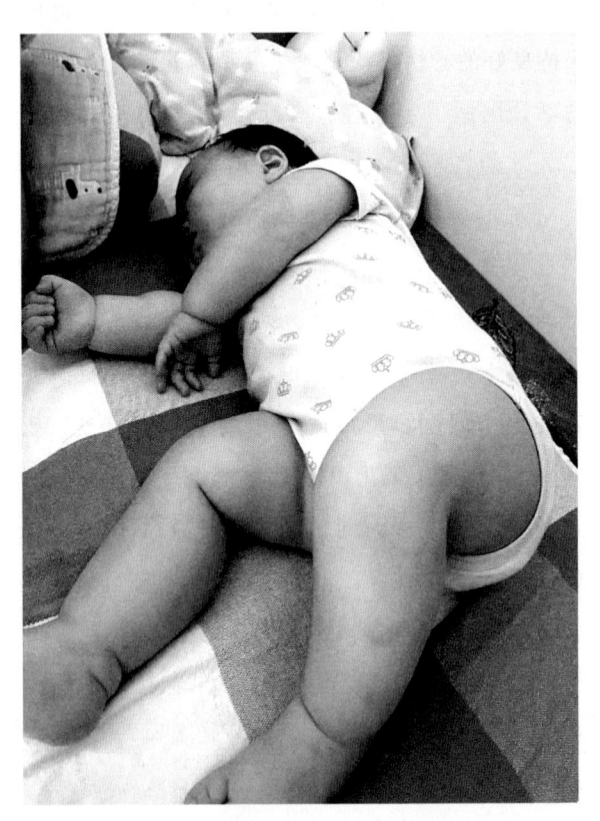

图 4-3 熟睡的婴儿,摄于 2019 年

在我们的观察中，既要照顾好孩子又要保证自己充分的睡眠，这是当前很多妈妈焦虑的源头。为了解决夜奶的问题，有的家庭甚至为此在孩子半岁前雇用一名育儿嫂。妈妈晚上用吸奶器将吸好的奶交给育儿嫂夜里瓶喂，白天则会亲自乳哺。虽然晚上涨奶的时候仍要起来吸奶，难以保证整夜的睡眠，但是妈妈在育儿嫂的帮助下可以减少起来的次数，能保证夜晚拥有足够的睡眠时间，睡眠质量的提升也有助于提升母乳的质量。然而必须指出的是，家庭长期雇用育儿嫂的情况并非是我们观察中的常态。这一方面是由于雇用育儿嫂的花费不菲，另一方面的原因还来自家庭成员之间的观念冲突。有的爸爸或者妈妈会觉得喂养孩子本来就是自己的事情，不方便托付外人。为了缓解阿敏的疲劳，晓晴就曾经建议阿敏家请育儿嫂，可是德凯并不乐意。陌生人晚上在家让他很不自在，他宁愿选择自己帮助妻子在夜间喂奶、换尿布。德凯平日里十分忙碌，每天早上开车从南五环的家奔往西三环的单位，通勤就要一个多小时。阿敏心疼德凯，想到他要早起，所以一直都主动承担夜间的照料工作，舍不得叫醒丈夫。可是有的时候，阿敏也会心生委屈。她感觉自己已经付出了这么多，却得不到丈夫应该有的体谅与尊重。有一次，安安半夜哭闹起来，阿敏怎么也哄不好。德凯一下子来了脾气，冲着阿敏咆哮起来。

三　情爱

其实，自从阿敏决定开始追奶，她和德凯之间便积累下了不少的矛盾，其中有一大部分是关于母乳喂养这件事。有一天傍晚，阿敏在客厅用吸奶器吸奶，费了九牛二虎之力终于收集了一瓶母乳。赶上安安突然哭闹，她便把瓶子放在桌子上，然后转身去哄孩子。

正在这时,德凯下班回家,穿过客厅的时候不小心碰了一下桌子。盛着母乳的瓶子没有盖上盖,应声倾倒,母乳瞬间洒得到处都是。阿敏哇的一声尖叫,登时指着德凯:"你怎么这么不小心,孩子的一顿饭就这么没了!"德凯见状有些不安,只是一句话没说,默默地拾起瓶子,去拿拖布。德凯打扫地面的时候,阿敏仍然在一旁不停地说着丈夫,并要求他必须为今天的行为向自己和安安道歉。德凯这下终于忍不住了,"不就是一瓶奶吗?我又不是故意的"。阿敏难消怒火,赌气地抱着孩子回卧室,重重地摔上了门。阿敏自然理直气壮,追奶时候的一滴母乳意味着妈妈要付出十滴汗水,"我这么不容易,他做错了事还这样的态度,我要一个道歉怎么了?不尊重我,还不重视孩子的母乳喂养"。阿敏进而认为,德凯之所以拒不道歉,根本原因就在于他对待母乳喂养的态度很消极,压根也不想让自己再追奶了。丈夫用这么粗鲁的方式对待自己,阿敏连续几天都不给德凯好脸看。

这件事让两个人的关系空前紧张。终于在安安五个月的时候,阿敏和德凯之间的矛盾爆发了。有将近一周的时间,安安连续好几天腹痛呕吐。阿敏有些担心安安得了肠梗阻,就和德凯一起带着孩子去了医院。在诊断之前,医生让安安先去做腹部透视。等检查结果用了半个多小时,这让他们焦躁不安。阿敏抱着安安走来走去,德凯觉得心烦,让阿敏坐着。阿敏当然不甘示弱,回呛了德凯几句。就这样一来二去没过一会儿,他们就因为孩子生病的事吵了起来。安安哇哇大哭起来,而正在劲头上的两口子却根本无暇顾及。旁边一个孩子的爸爸看不下去了,他走到他们面前告诉他们,检查做好了,快去找医生看看,别在医院里吵了。两口子这才冷静一些,把注意力放到安安身上。

在医院里的这次争吵让阿敏与德凯展开了长达两个月的冷战。

阿敏向她的朋友谈起这件事，越聊越委屈，说着说着哽咽了。她哭诉，作为一名全职妈妈，她不仅要忙孩子，还要操持其他的家务，已然使出了浑身解数。遇到孩子生病，没有人比当妈的更揪心了。作为安安的主要照顾者，阿敏都会反思自责一番。德凯不仅不理解她，反而说她没有尽到妈妈的责任，这是最令她不能释怀的一点。回忆没有安安的时候，他们平时争吵都很少，更谈不上会在公共场合撕扯了。想到这，阿敏更委屈了。"他之前从来没有骂过我，现在是看我越来越不顺眼了，生完孩子我就抓不住他的心了。"由于工作需要，德凯会经常出去应酬，有时候很晚才能回家。这放在以往，阿敏会打电话过去，劝他少喝点，然后在家安静地等他回来。有了孩子以后，她本来以为能够拴住丈夫，让他多顾家一些，但是情况并没有好转。而与此同时，阿敏也越来越不放心德凯晚归。她觉得在丈夫心中，自己越来越没有吸引力，德凯应该是不想回家了。

  关于夫妻感情恶化的问题，德凯有着他自己的看法。他承认自己对阿敏的感觉的确不如婚前了。但是主要的原因在妻子，阿敏过分坚持自己认为对的婴儿喂养方式，这严重损害了他们两个人之间的夫妻感情。阿敏每天都围着安安团团转，给安安扮笑脸、用温柔的话语，可转过身来对着德凯，却一百八十度大转弯，突然换了冷漠的表情和语调。为了追奶，阿敏每隔几个小时就要乳哺一次，这极大地消耗了她的精力，也似乎让她失去了和德凯之间性生活的兴趣。有好几次德凯主动爱抚妻子，阿敏会以"自己很累""今天没有兴致"这样的理由来回应德凯。"她现在觉得和我在一起就是浪费了睡觉的时间。有了安安，她不需要我了。"德凯感觉是阿敏对自己没有了兴趣，而不是像妻子所说的那样。他当然了解哺乳期的女性雌激素分泌不足，或许会对性生活产生厌倦。他也知道妻子在乳哺孩子以后很累，的确需要休息。但他坚定反对的是，妻子盲目长期坚持这种损害夫妻关系的喂养方式,并拒绝给现在他们的这种生活状态加上一个期限。

没有怀孕的时候,阿敏和德凯的关系称得上如胶似漆。有了安安以后,情况就发生改变了。阿敏感到丈夫没那么爱自己了,德凯觉得阿敏不顾及自己的感受。安安两个月的时候,由于侧切伤口还在疼,阿敏又被各种汤水折磨得身心俱疲,无暇顾及房事的问题。而等安安半岁了,每当两个人有了一些兴致,孩子突然地一阵哭闹,便很快让整个气氛荡然无存。阿敏从一本书上看到,房事后不宜哺乳。性生活会让女性情绪发生变化,影响新陈代谢,让乳房分泌"热奶"。宝宝喝过这种母乳,会消化不良,对肠胃不好。她告诉德凯,为了"安全"地哺乳,哄安安入睡,把性生活的需求先放在一边,毕竟喂养孩子要紧。

与德凯的这场冷战让阿敏心灰意冷,她常抱怨道,"我怀孕的那个时候在家就是众星捧月,现在可好了,完全是一个照顾孩子的老妈子,这种落差真不好受"。每当这个时候,朋友们都会安慰阿敏,不要和德凯一般见识,还是应该把精力更多地放在孩子身上。比如,晓晴就劝她,在哺乳期一定要保持好心情,切勿经常吵架,"难免会和对象因为这样那样的事吵架,我和志南也经常这样,但你一定要注意心平气和地处理,'小不忍则乱大谋'。要知道你的心情舒畅,奶水才能慢慢多起来"。阿敏望着婴儿车里熟睡的安安,似乎听进去了晓晴的劝慰,微微点了点头。可想起还要继续追奶,她又不由得叹了口气。阿敏为了调整自己的心情,正在学习自我暗示的方法,多想想生活中的美好。现如今,她用吸奶器的时候不再看综艺节目和肥皂剧了,而是拿出安安的照片和视频看一段时间。

小　结

我问过阿敏，下一步准备怎么经营和德凯的关系。阿敏对此表现得很冷淡，只是告诉我，"这个问题你还是问他比较好，我不知道"。阿敏想不通，有了安安之后，她和丈夫的关系为什么会一步步走到今天这样的境地。而最让她不解的是，德凯竟然如此反对母乳喂养。在她看来，母乳喂养没有冲奶粉、洗奶瓶、消毒等烦琐的程序，一下少了好几项家务，丈夫应该表示赞同才对。但现在的情况却是，丈夫为了这件事和她闹得不可开交。在阿敏看来，德凯说到底就是不懂母乳喂养对于孩子成长的利害关系，至少不是很了解。"可能对他来说，孩子吃母乳或者吃奶粉没什么区别吧。"就是这种无所谓的心态，她完全不能接受。其实，她并不知道德凯的全部想法。德凯之所以觉得自己没有任何错、不肯妥协，一方面是为了妻子的身体考虑，另一方面追奶要求频繁乳哺，这打破了原先良好的家庭氛围。"以前每天回家，她都会给我一个拥抱，我能感受到爱，现在她的任务就只有奶孩子。"

在对不少家庭的访谈中我们发现，丈夫对婴儿诞养的理解会左右妻子母乳喂养的决心和维持时间。亦有相关研究指出，如果丈夫认为母乳喂养对孩子是最好的，并且是值得坚持下去的，能增强妻子母乳喂养的意愿。但相反，如果丈夫给妻子灌输母乳喂养对家庭的负面影响，比如可能让女性身材走样并且影响夫妻间的亲密关系，这将强化女性及早断奶或者放弃母乳喂养的想法。[①] 德凯正是基于上

[①] Freed, L. et al., "Accuracy of Expectant Mothers' Predictions of Fathers' Attitudes Regarding Breast-feeding", *Journal of Family Practice* 2, 1993: 148.

述原因反对妻子母乳喂养。而除此之外，还有一部分原因来自丈夫的隐私心理，比如有的男性就曾经表示，不支持母乳喂养的原因还包括不愿意妻子在公众场合或者单身人士面前哺喂。有研究者将这种不利于母乳喂养的心理归结于男性缺乏母乳喂养对婴儿健康益处的知识。[①] 这显然有失深刻与全面。

阿敏践行生产性母职依托于家庭内部资源再分配的家计过程。围绕着母乳的产生，在日常饮食与睡眠安排中，阿敏与孩子建立了排他性的母婴联结。而在德凯与阿敏争执的背后是生产性母职与家庭生活秩序的冲突。在我们论述的这种早期母职中，母乳是达成母乳喂养的必要构件，而这却影响夫妻关系的和谐。有学者指出，母乳喂养营造了温情和谐的家庭氛围，但长此以往也会影响夫妻关系主导的核心家庭秩序。[②] 睡眠、饮食以及性生活的质量，同样影响不少家长是否提前给孩子使用配方奶粉。阿敏和孩子发展出一种抽离于曾经"二人世界"新的亲密关系形态。丈夫的被剥夺感源于此，母婴之间依靠乳哺建构了依恋关系，由此边缘化了丈夫同时也是父亲的德凯，使之对母乳喂养持反对态度。现如今，"丧偶型育儿""诈尸型育儿"的说法屡见不鲜，人们普遍从丈夫主动抽离育儿的角度进行诠释。本书从另一个角度，展现了这一现象背后的社会机制，丈夫的抽离或许是一种被动的过程。

[①] Shaker, I., J. Scott and M. Reid, "Infant Feeding Attitudes of Expectant Parents: Breastfeeding and Formula Feeding", *Journal of Advanced Nursing* 3, 2004: 260-268.

[②] Schmied, V., D. Lupton, "Blurring the Boundaries: Breastfeeding and Maternal Subjectivity", *Sociology of Health and Illness* 23, 2001: 17.

第五章

体面的克服

——2010年代关于断乳的民族志

本书第四章论述了当前中国社会流行的两种早期母职形态，即生产性母职与象征性母职，并阐释了相应的家计过程。生产性母职的实践往往依靠家庭内部的资源再分配，象征性母职的实践则依赖家庭外部的市场化机制。在初哺阶段，婴儿与母亲经历了人生中的第一次分离与相聚的过程——分娩后的断脐与母婴接触。但伴随着诞养过程的深入，早期母职也发生了潜移默化的转变，断奶预示着早期母职的转变。在社会学研究中，学者将"断乳"（weaning）作为生命历程中关键的时间节点，用来解释个体从一种阶段走向另一种阶段的个体经验。而与此同时，断乳同样具有隐喻的意义，生理性断乳背后有着深刻的社会学意涵。霍林沃斯在1928年就曾经提出著名的断乳理论。他认为，"生理性断乳"是指母亲主导改变婴幼儿营养摄取方法，使之适应外部环境的变化；"心理性断乳"是指个体在青春期产生摆脱家庭成为自由独立人的冲动。① 而无论是个体的生理性断乳还是心理性断乳，其共同特点是个体在断乳前所形成的习惯与新的需求不适应，产生了矛盾，个体必须予以改变和克服。费孝通在《生育制度》中，同样将断乳分为"生理性的断乳"与"社会性的断乳"：

> 我们的社会生活是和生理相类的。婴孩靠母乳才能生长，但是长到一个时候，却不能老是靠母乳了。母乳不但不能满足已长大了的孩子的营养需要，而且对于孩子的消化能力也还有不良的影响，于是在一定的时候，孩子要受到不痛快的断乳。抚育的末期必须有一个社会性断乳的过程。②

本章所考察的婴儿断乳期，以婴儿断乳后三个月为限，在此前后，家庭成员关于养育的认知与责任观发生了显著的变化。本章将论述婴儿断乳在北京家庭的发生，而在此之前母职的运作将迎来转变，产生新的生活策略与亲密关系。第一节和第二节将分别讲述两个北京城市家庭的故事，观察消费主义对婴儿诞养的影响，以及照料劳动分工和雇用下的家庭内部秩序。第三节将依托一位育儿母亲的个体经验，论述婴儿断乳期母职的转变，进而如何影响到家庭生活。

第一节　育儿品味和公共价值

此前，我们剖析了医疗化婴儿诞养对于现代母婴身体的规训作

---

① 参见荫山庄司、田中国夫、仓盛一郎编著《现代青年心理学》，邵道生译，上海翻译出版公司，1985，第67页。
② 费孝通：《生育制度》，群言出版社，2016，第144页。

用。研究发现,儿童保健学与营养学的理论架构建立在进食状况与体征表现间的因果关系上。而在实践层面,就界定婴幼儿的成长过程是否正当,医疗话语设定了人体发育的量化指标与时间节点,并由专家系统给出诊断结果。而红艳的故事却告诉我们,去医院咨询的经历并没有缓解女性在婴儿喂养上的焦虑,反而增加了她们内心的不安。而除了医疗话语,就婴儿身体健康的定义,传统知识同样有着另外一套判断标准。传统中国的襁褓之道更注重婴幼儿身体的功能面现象,而较少留意现代儿科医学强调的形体面发育,因此与后者形成了观点上的不同。[①] 传统社会哺育知识的影响力在中国城市家庭逐渐呈现弱化趋势。

中国社会的婴儿诞养观念背后的道德合法性直接体现在界定婴儿成长发育是否正常的标准上。我们同样发现,在初哺阶段,实践生产性母职是一件道德正确的事,而重视营造和谐的母婴关系的象征性母职,在此时则显然缺乏城市女性的认同。然而伴随着婴儿诞养实践的推进,这两种母职的社会认可度正发生潜移默化的转变。当育儿父母走入琳琅满目的母婴超市,各种品牌的婴儿食品不仅挑动着家长们的神经,还考验着人们是否能在其中游刃有余、从容应对。本章将立足于前文研究,探索象征性母职下的家计状况。研究将关注当前育儿母亲对于婴儿食品的态度,通过论述一个家庭卷入婴儿食品市场的过程,展现育儿家庭在制度环境中的生活策略。

我们将从育儿母亲如何认识婴儿养育责任,走进故事主人公的育儿生活。"育人"群的群主晓晴自追奶以后,冰箱里的母乳越积越多。有的妈妈得知以后,会来求助,从她这"借"点母乳,一缓燃

---

① Hisung, P. Z., "To Nurse the Young: Breastfeeding and Infant Feeding in Late Imperial China", *Journal of Family History* 3, 1995: 235.

眉之急。晓晴本来很乐意借出多余的母乳，然而久而久之，她的态度发生了转变。有一次，我问起这件事，晓晴说她以后不想再借了：

> 第一，如果对方是陌生人，我根本不愿意给。第二，如果给了那我肯定想要回报，可是回报该多少钱，没有一个准确的市场定位。第三，买卖母乳本身就是一个不太合法的事情。第四，对方是不是对我无条件信任，吃了我的奶之后，万一小孩拉肚子，会不会来找我，这东西很难界定的。所以，现在再有人找我，给多少钱我都不会卖了。

晓晴有这个想法，来自于她的朋友小丽的劝告。有一次小丽来串门的时候，晓晴正为一件事发愁。有一位妈妈借了晓晴的母乳，孩子吃了以后，却意外地感冒了。孩子的妈妈给晓晴发了微信，没好气地质问是不是母乳过期了，晓晴感到委屈。她问小丽，自己是不是要承担责任，小丽听完，劝说晓晴以后不要再把母乳给别人了，这才有了晓晴在这件事上的态度转变。小丽是一名重点小学的教师，她的丈夫阿峰则在政府任职，是一名训练有素的财务人员。2012年，两个人在一次聚会上相识，最后在朋友的撮合下喜结良缘。第二年，小丽和阿峰迎来了第一个孩子——亮亮。之后的几年，小丽经历了全职妈妈回归职场的人生蜕变。可是，丈夫却一直想说服妻子再要二胎，最后小丽妥协了，又回家待产了。2018年初，两口子又迎来了第二个宝宝——明明。五年时间并不长，但小丽的观念却发生了天翻地覆的变化。

一 称职

小丽在母乳喂养两个月后，就开始给儿子增添奶粉了。让孩子早些告别母乳,是她自己做出的选择。小丽的出发点是"戒了母乳以后,孩子会更加好带",这种认识来自于她带老大时候的经验。四年前,小丽有了自己第一个孩子,初为人母的时候,她痴迷于各种育儿知识,按她的话说,"当时我家里到处到摆着这样那样的书,我还做了好多卡片贴在墙上、冰箱上,害怕自己忘记,随时提醒"。小丽说起三年前第一次育儿的感受,画面还历历在目:

> 二胎真没一胎那么上心了,一胎娃晚上哼一句我就能醒来,现在两娃睡在我旁边的婴儿床上,哭声震天我都还在睡。只有涨奶能让我醒过来,可能晚上泵奶的频率降低了,感觉奶量一直上不去,给孩子全母乳的想法也没之前那么坚定了,还是一切随缘吧,有奶就多喝点,没奶就少喝点,觉得很多讲究都没有必要,我也不想为难我自己了。当时我妈妈来照顾我,把老人也折腾得够呛,孩子没有那么金贵,皮实点挺好。

成了二孩的妈妈,小丽对于母亲的喂养职责有了新的认识。在访谈中我们发现,很多母亲担心过长的哺乳期会使自己丧失工作能力,导致与社会脱轨。但小丽的表述却恰恰与之相反,同样代表了一类女性的看法。"到时候就不用麻烦爸妈来家里帮忙了,我自己调整时间照顾孩子",不依赖父母履行母职在她看来是同样重要的。亮亮刚出生的时候,小丽的妈妈不放心月嫂,要来家里帮着带孩子。小丽知道母亲的性格火暴,担心她与月嫂之间会发生口角和摩擦。事态的发展证实了小丽的担忧,不过问题却出在了母亲和丈夫之间。

从医院回到家里后,阿峰担负起照看老大亮亮的重任,此外他又不想小丽的妈妈太过于操劳,希望可以帮她多做一些家务,让她少操一点心。但毕竟平时家务做得少,经常会忙中出错。岳母看他老是忘记这个、忘记那个,慢慢地开始失去耐心。一天晚上,阿峰给大儿子亮亮洗完澡，躺在客厅的沙发上看手机。小丽妈妈去卫生间的时候，看到浴盆里的水没倒掉，亮亮脱掉的衣服也没洗，地板上全都是水。她本以为阿峰已经收拾干净了。小丽妈妈一边收拾，一边发起牢骚来。小丽在一旁，让妈妈少说两句。妈妈却更生气了，并且越说情绪越激动。阿峰玩着手机游戏，小声嘟囔了一句：那么计较干吗，不想做就不要做呀。一听到这句话，小丽妈妈的火气一下上来了，走到沙发边正面指责阿峰。眼看双方就要吵起来了，小丽对他们喊道：你们再吵下去，我搬出去了，这日子没法过了。但小丽妈妈忍耐多日的怒火已经延烧，说"今晚就是要吵个痛快"。阿峰见状只好服软了，向岳母赔不是。最后在月嫂和小丽的劝说下，小丽妈妈的情绪才慢慢平静下来。这场争斗让小丽一夜没有安睡，她觉得这样下去不是办法，要让妈妈早点回家。她考虑到，一方面老人年纪不小了，不能再太过劳累，而另一方面，原本和睦的家庭氛围这样下去会被破坏，这与两口子请妈妈过来帮忙的初衷适得其反。

出了月子之后，小丽就让妈妈回家了，自己腾出时间处理一些家务。而在婴儿养育上，阿峰的参与度却逐步提高了。阿峰很体贴，她告诉小丽，母乳不够不用勉强，能喂多久是多久，没有了喂奶粉就是，洗刷奶瓶的事他来做。就这样，在孩子断奶的问题上，小丽和阿峰达成了共识。遇到孩子成长发育中的问题，两个人一起寻找解决之道。小丽告诉我，在生老大的时候，丈夫很少会表现出这种理解和帮助。而在二宝断奶的那段时间，阿峰有一个瞬间却让她感动得差点哭了。

有一天半夜三点多，我睡觉的时候被孩子一阵哼哼声给闹醒了。我那天特别累，特别不想起来带孩子，可是没办法，只能起来给孩子冲奶粉。我起来找到奶瓶，准备泡奶粉，给孩子喂奶粉的时候，老公站在我身边，把奶瓶接了过去。他接过奶瓶的那一刹那，特别打动我。

自从怀了二宝以后，老大的照顾任务大多由阿峰承担。晚上小丽睡得早，都是阿峰哄儿子睡觉，早上他还要起来给一家人去买早点。如今老二也断奶了，进入混合喂养的阶段，阿峰又承担起了另一部分育儿的责任。从纯母乳转换到配方奶粉，商品属性在婴儿饮食中变得重要起来，人工喂养要求家长对相关信息与知识进行高强度的整合。研究发现，在当前的中国城市家庭，男性也越来越多地参与到育儿环节之中。数据显示，在2015年的中国婴儿食品购买群体当中，男性占据了其中的47%，"奶爸消费者"已经成为市场中不容忽视的群体。[①] 我曾经访谈这类群体购买奶粉的经过，一位受访者就曾表示：

我在朋友眼里是挺靠谱的奶爸，养孩子不该只靠老婆吧。经常上网看怎么样给孩子囤货。我妈一开始老是（对买奶粉）挑三拣四的，说这都应该是老婆的事情……断奶后每次看到我在网上海淘，她都不作声了……我老婆以前老是怪我不帮她，现在高兴我找到好东西。

现如今，核心家庭形成了夫妻协商主导的组织形式，最大限度调动双方的社会资源，发展出了有利于提升喂养水平的生活策略。从目的来看，策略行为不仅包含了如何寻找到恰当的婴儿食品以有效补充或替代母乳，还考虑到怎样使这个程序符合制度环境的要求。在研究中，我们发现当前育儿父母制定的育儿计划，很大程度上受到来自市场的观念影响。关于购买奶粉的事项，阿峰就告诉我，因

[①] 参见《2015年婴幼儿奶粉消费者全景洞察报告》，艾瑞网，http://news.iresearch.cn/zt/252159.shtml。

为人工喂养导致婴儿生病的例子太多了，不仅是奶粉本身的质量，还有家长选择的问题。根据他的经验，家长一定要把握好三个要领，千万不能马虎大意。

第一，为孩子选择合适段位的奶粉，并且要按照具体情况转变奶粉的段位。一般情况下，婴儿奶粉分为一段、二段、三段，这三个段位的划分依据婴幼儿的年龄，配方不尽相同，并且价格也不一样。① 一段奶粉面向0~6个月的婴幼儿，二段奶粉面向6~12个月的婴幼儿，三段奶粉面向1~3岁的婴幼儿。一段的奶粉最容易吸收，配方最复杂，价格最贵，以此类推。需要注意的是，婴儿需要按照年龄服用对应段位的奶粉，不能乱用。在换奶粉的同时，还要考虑到孩子自身的成长发育状况，适时恰当、循序渐进地转变奶粉的段位。

第二，为孩子寻找产地合适的奶源。阿峰认为，澳大利亚和新西兰是传统的畜牧业大国，奶粉企业拥有自己的牧场，气候也很适合牛奶的生产，并且长期以来都是口碑不错的优质奶源基地。最重要的是，澳大利亚的奶粉检验机制十分严格，与药品检验机制类似，奶品在源头就进行了很好的质量把控和监督，更加让人放心，因此他更倾向于购买这里生产的婴儿奶粉。

第三，为孩子购买到价格合适的奶粉。阿峰认为，实体店房租高，卖的产品鱼龙混杂，货源很难得到保障。网上很多商品的价格又高很多。他发现一些号称直邮的网上买家发货太快，从澳大利亚到北京只用三天时间，这很有可能是在作假。他认为，最好的方式是找到靠谱的奶粉代购，最好是彼此认识的亲朋好友推荐，这样最安全。能不能顺利买到质量和价格都合适的奶粉，最考验家长能力。

---

① 也有一些厂商将三段进一步细分为六段。

二　品味

阿峰购买婴儿奶粉的三条要领蕴藏着玄机。寻找一种适合自家孩子吃的奶粉，往往是一个反复尝试和甄别的过程，而相关婴儿奶粉产品的知识，不仅包括各种配方和营养物质，还有人们对它的印象以及它在市场上的定位。在计划经济时期，政府对于婴幼儿喂养方式的态度不置可否，乳制品计划供应是家庭除了母乳喂养的唯一选项。面对被动的市场安排，人们最先感受到的是物资匮乏带来的紧迫感。当时的父母大多关心的不是人工喂养健康与否，而是要尽力为自家孩童争取到难得的婴儿奶粉。小丽的父亲就曾经向我讲述他当年淘换奶粉的经历。

> 我们那时候，奶粉要凭婴儿出生证明。我花了五元钱从送牛奶的人那搞到了一张牛奶卡。每个月一张卡，卡上写着1～31的日子，一个个格子分清楚，取了之后就一定要把这个日子划掉。杭州的奶粉是敞开供应的，虽然不是"光明"的，起码也可以作为孩子营养的补充。

另据一位照料儿媳坐月子的婆婆回忆："肯定还是母乳好，只是营养不够。我们那时都会用奶粉，什么都不耽误。"在她的记忆中，婴儿奶粉是强壮新生一代的典范，反映在80年代城市育儿的制度环境中。国家倡导科学的优生优育政策，自然状态的传统养育知识自然缺少了承载体与存续动力。改革开放以后，国有奶品厂纷纷改制，大量的婴儿奶粉品牌涌现出来。婴儿食品不再是过分紧缺的物品，国产奶粉逐渐获得了人们的认可。然而，自中国奶制品污染事件发生后，这种信任瞬间崩塌。婴儿奶粉的消费结构在短时间内发生了巨大的变化。[①] 城市家庭对食品安全的关注与日俱增,社会上母乳喂养率的下降趋势却并无改观。伴随进口的母乳替代品不断增多,育婴家庭将之视为优质、高端、安全的代表。是否应该摒弃曾经的婴儿养育观念,转而自行开发适合自己的哺育模式。作为运作的机制载体,育儿网络与阶层区隔在家庭生活策略的制定中发挥了重要作用。

在阿峰和小丽那里,对于婴儿奶粉的印象大多来自同样养育孩子的同事和朋友。而在最初,阿峰对于奶粉秉持着不一定要买最贵的,价钱高的不一定适合自己的孩子的观念。因而,他在选购奶粉时,更多会关注并购买大众定位的产品。根据我们的市场调查,婴儿奶粉在市场中依据价格,可以划分为三个档次。

首先,高端定位的婴儿奶粉,这一类产品多是原装进口自欧美和澳大利亚,奶粉的价格800克单罐要300~400元人民币。其次,大众定位的婴儿奶粉,这一类产品多是国内灌装,奶源来自国外,奶粉的价格800克单罐低于300元,但在150元以上。最后,低端定位的婴儿奶粉,这一类产品多是国产奶源和品牌的奶粉,单罐的价格在100元左右。

最初,小丽和阿峰购买了某个大众定位的美国品牌奶粉。明明喝了以后,身体却有些不适应,不是便秘就是上火,这让两口子有些头疼。随后,朋友给小丽推荐了一款日本产的奶粉,她买了一罐试着给孩子喝了段时间,上火的现象得到了缓解,可是每当冲泡奶粉的时候,她总是觉得有点稀,又有些担心是不是这个品牌没有足够的营养。于是,小丽经常在朋友圈里打听别人家宝宝用什么奶粉,

---

[①] 何海泉、周丹:《婴儿奶粉安全性对消费者选择行为的影响》,《财经理论研究》2014年第1期,第78~84页。

如果别人推荐了某种奶粉，家里的孩子吃得香、睡得好、长得快，她便会和老公商量着买一罐试试。为了规避育儿过程中的风险与不确定性，父母们不得不寻求养育模式的改变，其中不少知识便是通过育儿者的社会交往网络得到的。在母乳喂养时期，年轻的父母还处于观念调适阶段。但随着社会网络中信息资源的丰富，他们开始摸索适合自己的养育模式。

有一天，小丽去朋友家串门，看到朋友家的宝宝也在吃奶粉，就聊起奶粉的话题。朋友从厨房拿出了奶粉，她没有讲太多自己的使用体验，而是先向小丽介绍起奶粉罐上的学问来。朋友告诉小丽，现在判断奶粉好不好方法其实很简单，就是看罐子上的盖子是不是设计得足够高。有实力的厂商，不仅配方讲究、品质出色，更会在包装上做学问。奶粉罐的盖子设计得越高，奶粉的档次也越高。小丽听得云山雾罩，急忙打开奶粉罐一探究竟。朋友给孩子吃的这款奶粉，用了一种名为"锁鲜盖"的技术，冲奶粉的时候勺子和奶粉是分离的状态，打开之后充满了科技感，并且使用的体验很好。小丽不禁赞叹，这个设计触摸起来很有质感，不仅保存了奶粉的口感与营养，更重要的是，它看起来就让人觉得很上档次，里面的奶粉肯定也不一样。

回家以后，小丽急忙把当天的发现和丈夫分享。他们从网上搜索了相关品牌和系列的信息，果然一些有名的品牌会在高端系列里使用类似的设计。阿峰联系了之前一直帮着买奶粉的朋友，这位朋友是阿峰一位同事的弟弟，长期在澳大利亚留学，平时会利用朋友圈做代购，赚取零用钱。阿峰把自己的想法告诉对方，嘱咐下一次买这种包装的奶粉，尽管这种奶粉的价格要比之前的高三分之一。我们在观察中发现，大部分被访家庭都尝试过海外代购婴儿食品，而这些消费行为无一例外的都是通过社交网络里的强关系（亲朋好友）实现的。而另一方面，伴随着育儿网络广度与深度的拓展，育婴者对于喂养责任也正在产生新的认知。依托互联网的组织媒介，人们重新找到了更加可信的专家系统——同质参与者组成的网络群组与社交论坛。

　　为了找到合适的奶粉，小丽加入了一个号称专业私单代购婴儿奶粉的 QQ 群。在这个群里，经常有人发布相关的产品信息和对应的国外货源。每当有品牌的婴儿奶粉产品信息弹出，群里的朋友们便会对相应的产品进行咨询、点评，有的还会分享自己使用的体验。遇到一致好评的产品，大家会争相购买，争着把紧俏的好货"囤"起来。群里有时会充满火药味。有一次，一位朋友在群里询问关于断奶过程中婴儿奶粉和母乳比例的问题，引发了群友们的争论。这位群友显然是一位育儿妈妈，因为马上就要结束产假了，打算给四个月的孩子断掉母乳，但又觉得心中愧疚。在每天用多少奶粉取代母乳的事情上，她感到十分纠结。小丽在群里试着劝说这位妈妈，放下对奶粉的成见，不要被束缚住。小丽本人有些质疑现在社会上流行的"自然离乳"①的说法，"群里好多妈妈都想自然断奶，（这样做）孩子以后缺少适应环境的能力怎么办？"她认为，断奶的过程对于孩子和妈妈而言是一种挑战，但未必是一件坏事。一方面，它可以让孩子从小就学会适应环境，这对于他的独立和成长有帮助。另一方面，妈妈也可以从中认识到自己才是婴儿诞养的主导者，而不会总被各种外部话语所恐吓。

　　在小丽看来，孩子在成长过程中，与其他的同龄人进行比较，对

---

① 自然离乳，是指将断奶的决定权交给婴儿，随着婴幼儿的成长发育，由婴幼儿自己决定断奶的时间与方式。自然离乳的观念来自 90 年代的美国，支持者将与之相对的断奶方式称作"强制断奶"，并指出其对婴儿性格养成的不良后果。

于教养孩子非常重要,这种比较在婴儿阶段就应当开始。对比的内容不仅是体魄,她还看重孩子性格和情商的养成。有时候,在公共场合听到五六岁的小孩号啕大哭,小丽总会皱起眉头,她觉得孩子这样旁若无人地大声哭泣,一定是父母没有给他养成良好的习惯。她的观念是,"宝宝本身没有不好带的,只是现在的大人太过于围着孩子转,这样只会纵容小孩的坏脾气与任性"。自己的孩子应该从小学会自控和节制,做一个体面的人,这样才符合家庭自我定位的社会阶层。

除了孩子的成长,还有小丽对自己的认识。小丽要成为别人眼中的"辣妈",不仅要把身材恢复到以往的样子,更多地还要展现出乐观、积极的生活观。小丽告诉我,这是育儿女性应该有的生活态度,"天天围着尿布、背奶袋、奶泵的日子,我觉得有些过时了,现在的女人有知识、讲平等,她的生活中不应该只有这些事情"。小丽认为,在带孩子的事情上,婴儿奶粉能帮助她更加游刃有余地处理突发状况。给孩子最好的奶粉,意味着爸爸妈妈已经尽到了力所能及的喂养责任。妈妈们不应该心里只有母乳够不够,并为此殚精竭虑,还应该展现出从容自信的社会形象。

三 进步

育儿网络与阶层区隔蕴含的信息与符号,产生了可资大众讨论的素材与空间。当前人们开始将注意力聚焦于婴儿的哺育质量,婴儿健康成长的标准正在被重新定义。除了要找到符合自身需求的奶粉,阿峰在购买婴儿奶粉和辅食的时候,还很看重品牌和商家背后的故事。为了了解婴儿奶粉的相关知识,阿峰最初接触的是关于配方的内容,但很快他的兴趣点便转移到了奶粉厂商和整个产业之上。阿峰最喜欢的是一家英国奶粉生产企业,尽管儿子吃不惯该企业的产品，但是这一点儿也不妨碍阿峰对这家企业的推崇。

> 我接触的奶粉里面，感觉最好的是这一家的，我的评价就是进步。它的奶源都是来自爱尔兰的大牧场，在一百多年前就一直在那有自己的牧场，从不进口奶源。它一个公司就给半个英国供应奶粉。这个公司历史很悠久，有300多年的历史了，但是没有出过一起安全事故，我最佩服这一点。说明什么？说明人家不光有先进的生产技术，还有优良的管理，每个生产环节都很严格，一共经过250个工序，才能完成灌装……这家公司很低调，只在英国和我国香港有品牌授权，但是酒香不怕巷子深。

从阿峰的话里，我能够感觉到他对这家公司的推崇。这家诞生于1711年的企业，从事专门的乳业生产已有300多年，并且是全球少有的最安全的乳业代工厂家，法国和德国的品牌乳品企业会将这里生产的奶粉进行贴牌销售，更证明了这家生产商在业内具有良好的质量口碑。低调严谨的企业文化吸引了像阿峰这样的消费者，阿峰将之称为"进步"的企业，不仅是在技术上追求卓越，更重要的是遵循食品行业的职业道德。他告诉我，一定要尽可能用历史悠久的，在全球很多国家和地区都有销售，而且是专业做奶粉的大厂的产品，它们经得起时间的考验。

在如今的中国家长看来，婴儿奶粉本身的食品属性同样存在着一种"道德正确"的意涵，关涉商品的品牌、奶源地与历史、生产线与配方等内容。而不同于医疗话语与传统知识描述的婴儿食品属性，它们同样构成了衡量婴儿养育水平的参考。许多受访者表示，其他家长都给孩子吃原装进口的奶粉，自己不这样做，心里就会不踏实。婴儿奶粉的品牌形象、生产地标识被用于判断哺育的过程是否正当，商品属性成为婴儿成长标准的一部分。现如今，哺育质量被

图 5-1　海外婴儿奶粉买手

家庭重视的同时，婴儿的社会形象也在发生变化。在生育政策转变与市场转型背景下，奶粉焦虑一方面来自婴儿被社会赋予的弱者形象。全社会有责任为儿童创造安全的成长环境。反复变更、不断尝试各种饮食组合是当前城市家庭在混合喂养阶段的特点。育婴者寻求在市场中规避风险，这使得婴儿的成长标准在消费符号系统中被塑造。

阿峰和小丽养育两个孩子，在经济上已经捉襟见肘了。但就算委屈自己，在购买母婴产品和各种奶粉辅食的时候，他们依然会选择价格不菲的高端产品。每当看到自己身边的这些育儿爸妈，小丽总会告诉我他们都不容易，里面的艰辛她能够体会。小丽有一个大学同学，去年和她一样生了娃，婴儿喂养的道路却并不平坦。小丽有的时候会和她一起交流育儿心得。由于已经生了两个娃，她很想把自己认同的婴儿养育观念传递给大学同学。有一次，大学同学问小丽有没有什么办法能够少堵奶，她现在很难得到休息，精神状态也很差。小丽劝说她，孩子已经四个月了，干脆断奶算了，这样母婴双方都能解放了。可是，大学同学的回答却让她有些讶异。小丽本以为对方是出于对母乳喂养的认同而一直坚持，但没想到的是，"她说觉得市面上的奶粉太贵了，才会坚持背奶，这样可以节省一大笔育儿的钱"。同学的处境让小丽非常同情，"他们夫妻都在一家小公司上班，每个月的收入太低了，所以从那之后，我不再在她的面前说我们家在用什么奶粉，害怕刺激到她"。

为了降低新生儿死亡率，满足工业社会对劳动力的诉求，婴儿奶粉得以问世。一段时间以来，人们称赞婴儿奶粉打破了哺育的时空限制，对于妇女解放具有非凡的意义。然而，伴随着生活水平的提高，母乳喂养与人工喂养的差别被构造出来，婴儿奶粉又沦为公众批评的对象。需要指出的是，西方社会在当代重新找回母乳喂养的正当性，并不仅仅是出于对科学喂养的反省，更是建立在20世纪中叶以来对现代食品工业的批判思潮之上。而与之相应的，中国社会则走过了一段迥异的历程。在婴儿诞养的问题上，中国家庭体验到的更多是来自市场转型带来的阵痛，人们倾向于将当前的困境归因于市场制度的不完善。现如今，大众正逐渐将婴儿诞养公共议题化，不少育儿爸妈希望国家介入婴儿食品的市场当中，更多地展现出社会公平的意涵。

有一次，阿峰发来微信，询问我社会学做研究主要关注什么？

这个问题一时让我无从回答，只能简单地做一点解释。阿峰对我说，养了两个孩子以后，他觉得经济压力很大。"市场上不需要太多品牌的婴儿奶粉，这样只会给家长造成经济负担。英国的婴儿奶粉市场上只有四个品牌，国家设定的准入门槛很严格。无论是有钱人还是普通家庭，孩子们都能吃上同样品质的奶粉，我认为这就是一种社会公平。"阿峰显然是有感而发，他推崇的这个奶粉品牌是英国奶粉市场占有份额最大的品牌，价格相对便宜，在当地普通家庭的购买力范围之内。国家很早就介入婴儿奶粉市场，英国政府将奶粉作为福利产品，统一采购并对其进行财政补贴，以控制价格。

小　结

本章通过讲述阿峰和小丽一家喂养二孩的故事，反思了当前中国城市家庭对婴儿成长发育的价值预设和标准。研究发现，婴儿成长发育的水平在一定程度上与家长是否履行婴儿养育的职责息息相关，而与此同时，转型社会的情景则不断更新着职责的内容，这给育儿家长带来挑战。相关研究指出，在现代社会，理想的母亲首先是一名"育儿专家"，围绕着孩子各种需求而奔波，一手操办子女的衣、食、住、行。[1] 在"密集母职"（Intensive mothering）的视角下，女性是育婴过程的主导者。基于美国社会的研究指出，家庭妇女在采购和准备家庭食物的环节中扮演关键角色。她们善于发现市场中潜在的饮食风险，努力采取恰当的措施将之消弭。[2] 这种母职在当前的中国城市

---

[1] 密集母职的论述参见 Hays, S., *The Cultural Contradictions of Motherhood* (New Haven and London: Yale University Press, 1996)。

[2] 参见 DeVault, Marjorie, *Feeding the Family: The Social Organization of Caring as Gendered Work* (Chicago: University of Chicago Press, 1991)。

家庭中也有着具体的体现。肖索未基于代际的观察，发现育儿母亲拥有更多的经济、社会、文化资源，把握着育儿实践的主导权。①

我们进一步发现，这种母职形态在婴儿诞养过程中展现为，女性提前结束母乳喂养，而将生活的重心更多地放在家庭生活的质量上。这不能只归因于科学知识的淡薄以及现代职场的限制，亲密情感在家庭中的重心位移，同样促使家长做出这样的选择。与此同时，父亲也逐渐成为婴儿诞养的参与者。这一过程构建的崭新父职拥有来自制度环境的正向支持，在家庭中获得了积极的反馈。② 这也从一个侧面反映了早期母职在实践中的转变。

研究指出，象征性母职不仅促生了商品化的生活策略，还进一步重新构建了婴儿成长发育的标准。我们以两个递进的过程对此进行阐释。

首先，从个体行为到社会分层，家长喂养责任的不断更新，育儿网络与阶层区隔作用在"品味塑造"之上。针对婴儿喂养方式的影响因素研究显示，社会网络可以通过提供外部支持，提升家庭的母乳喂养水平。③ 不容忽视的是，附着其上的消费网络同时搭建起来。从布尔迪厄依托品味所划分的等级，人们借助消费蕴含的文化符号彰显自己所在阶层与其他阶层的差别，此即阶层区隔的作用。④ 在小丽看来，将自家孩童与同龄人比较，不仅是付诸获得体面形象

---

① 肖索未：《"严母慈祖"：儿童抚育中的代际合作与权力关系》，《社会学研究》2014年第6期，第148~171页。
② 徐安琪、张亮：《父亲育儿投入的影响因素：本土经验资料的解释》，《中国青年研究》2009年第4期，第57~63页。
③ 赵延东、胡乔宪：《社会网络对健康行为的影响：以西部地区新生儿母乳喂养为例》，《社会》2013年第5期，第144~158页。
④ 参见 Bourdieu, Pierre, *Distinction: A Social Critique of the Judgment of Taste* (Harvard University Press, 1984)。

的诉求,还试图通过哺育过程将这种趣味再生产出来。自己的孩子能否恰当地断奶、增加辅食,父母是否购买到合适的婴儿食品,共同构成了阶层区隔的内容。当哺育质量与制度环境中的危机关联起来时,城市家庭需要发展出新的消费策略,以保持在社会群体中从容不迫的观感。

其次,从社会分层到食品属性,婴儿的成长标准被重新定义,家庭秩序与公共价值推动最终的"观念生成"。在本书中,一种立足于市场转型过程的婴儿诞养的道德合法性被揭示出来。品味塑造的过程改变了城市家庭的育婴程序与生活秩序。儿童的中心地位在家庭中日益被强化。儿童并不仅仅是作为被抚养者,而是从婴儿时期就被视作能够表达饮食偏好的体验者。[1] 市场逻辑不仅提供了喂养婴儿的评估机制,还赋予了婴儿个体消费的品格,儿童的主体性地位借此在家庭秩序中被加以放大。在小丽和阿峰看来,选择用配方奶粉成为亲子互动中不可或缺的部分,他们企图依托自主消费提升哺育质量,反而更深入地卷入市场经济中。另一方面,当前婴儿的成长标准还体现出中国家庭对社会公共议题的关注。

第二节 婴儿诞养的雇用权衡

关于小丽的育儿观念,"育人"群里一位妈妈很是认同。每当小丽在群里分享育儿信息的时候,阿慈总会留言点赞。阿慈和建宏是在北京从事互联网行业的白领夫妻。尽管分属两个不同的上市公司,

---

[1] Cook, D., "Semantic Provisioning of Children's Food: Commerce, Care and Maternal Practice", *Childhood* 3, 2009: 317-334.

但是由于工作性质的原因,他们有相对独立的工作安排,却有着较为一致的生活观与价值观。婚后的 4 年时间里,他们没有考虑要孩子,因为两人都在事业的上升期,谁也不想做出让步。更何况在各自的公司里,加班、出差是家常便饭,难以想象有了孩子会怎样。由于工作认真努力,他们各自成了公司里的中层骨干,在北京有车有房。2016 年冬天,阿慈怀孕了,妈妈得知消息后第一时间从老家打来电话,想要过段时间来帮他们。可是,阿慈却拒绝了,她觉得不方便。在外打拼多年,她和建宏已经有了自己的生活节奏,担心老人来了会不适应。况且双方家里老人身体都不好,于是她干脆地拒绝了。阿慈有一个大她六岁的姐姐也在北京,她劝说妈妈放心,姐姐一定会来帮忙,妈妈这才稍微有些放心。

其实在怀孕之前,阿慈和建宏就有过共识,不要劳烦双方的老人来北京。身边很多同事家里生了孩子都请了月嫂,建宏觉得这才是现代育儿方式的体现,"这是趋势,照顾婴儿和产妇去找专业的人,不再让老家的父母过来,尤其是在北京这种大城市,能避免许多不必要的麻烦"。在调查中我们发现,近年来北京市的婴儿护理市场规模扩大,婴儿护理人员需求量激增,更是造就了一种繁荣景象:不仅月嫂的雇用费用高昂,而且必须提前半年进行预约。① 这在一个侧面反映了城市中产家庭在婴儿养育观念上的转变。

现如今,城市家庭寻找月嫂和育儿嫂的途径主要有两种。其一,通过家政公司的介绍,选定并签订三方合同。这个过程中,家政公司收取的中介费占了总佣金的 30%~50%。然而,在大多数情况下,月嫂和育儿嫂与家政公司并没有雇佣关系,只是依靠它接单。高昂

---

① 《月薪 25000 元还得提前半年约 月嫂行业为啥这么火?》,中国经济网,2019 年 3 月 2 日,http://www.ce.cn/cysc/newmain/yc/jsxw/201903/02/t20190302_31599510.shtml。

的中介费使有经验的月嫂和育儿嫂不再与家政公司合作,她们往往依靠良好的口碑,自行寻找客源。家政公司只能依靠新入行的家政工盈利。其二,通过熟人朋友之间的推荐,雇佣双方私下协定。这种方式避免了中介公司高昂的佣金,而且月嫂普遍也较为优秀。但是其中也存在着风险,雇佣双方往往很难签订正式的合同,劳动者也没有保险,一旦意外发生,双方权益都很难得到保障。

阿慈认为,家政公司虽然收取一定的费用,但是公司对月嫂有约束力。家政公司提供的月嫂至少会专业一些,不会出现干两天就走、弄坏家里电器的情况,最重要的是如果对月嫂不满意的话,还可以到家政公司进行更换。建宏平时工作很忙,还经常加班,阿慈只能将其中风险降到最低,毕竟坐月子的时候出了问题,她一个人在家可能难以应对。

一 中介

和孕妇学校的朋友聊天的时候,阿慈听到过不少关于月嫂和育儿嫂的负面评价。别人告诉她,市面上的月嫂水平参差不齐,请到好的不易,不好的话又得不偿失。她盼望这个行业的水平能提升。在她看来,朋友推荐的月嫂或许并不靠谱,"朋友介绍的不一定适合,因为每个家长的育儿观念都不同,月嫂的理念也不一定适合你,对于我来说,最重要的是这个月嫂的母乳喂养的知识要丰富,能好好教教我"。

在预产期还有五个月的时候,阿慈开始寻找家政公司。她对公司有一定的要求:必须主营婴儿照料业务,且在业内有一定的知名度。伴随着家庭各种照料需求的增加,越来越多的商业模式应运而生,专业化、人性化以及便捷化构成当前家政公司广告宣传的三个最重要的内容。经过层层筛选，阿慈在朋友圈发现了一所家政公司，随后在工商部门验证了对方的资质，这是一家专注为家有0~3岁宝宝的家庭提供服务的公司，旗下有50余名月嫂和育儿嫂。

百闻不如一见，阿慈决定去这家公司实地考察一下。她拨通了预约电话，电话那头传来一名年轻女性的声音。阿慈说明了来意，对方便殷勤地介绍起公司的业务与宗旨，强调这里的家政人员三证（身份证、健康证以及母婴护理师证）齐全，而且有多年的月嫂和育儿嫂从业经验，年纪多在40岁到48岁，各方面的水平和素质较高，其他的家政公司很难媲美。得知阿慈想亲自看一看，接话员便加了她的微信。阿慈预约了后天下午的时间，对方发来了两位月嫂的简历和照片，这两位月嫂那天会来公司。

去家政公司之前，阿慈特意做了功课。她在备孕期间已经读了不少书，按照丈夫建宏的话说，她对于里面的知识简直到了痴狂的状态。和阿慈一样，很多女性在产前都接触了各种育儿法则和名医建议，她们会形成一套相对成熟的育儿理念，这直接体现在她们对月嫂的要求上：一名合格的月嫂必须熟稔科学的育儿知识，这代表着对方会秉持正确的养育价值观。"当然不是说月嫂有经验就代表着一切，但掌握育儿知识是最重要的。这决定了彼此价值观是不是一致，会省掉很多不必要的争执。否则日后自己扎心，闹得不欢而散，最后还不是亏了自己和宝宝。"

经过一天的研究，阿慈编辑整理了一整套问题，用来检验月嫂的水平与态度，这些问题涵盖她关心的内容。比如，最基本的"态度题"：怎么看待纯母乳喂养；最初几天没有奶，是不是应该先喂奶粉。当然也有一些具体的"操作题"：怎样换尿不湿，孩子哭闹的原因是什么。另外，还有一些题涉及月嫂之前的经历，如之前带的宝宝是母乳喂养的多还是奶粉喂养的多，跟妈睡还是跟月嫂睡，等等。

而与之相对应的，阿慈也设计了有"得分点"的标准答案：月嫂如若回答的是母乳喂养的多，并且推荐妈妈母乳喂养，说明她在喂养方面观点正确，并且在母乳喂养的过程中也能给予更多的帮助。而如果面对孩子的哭闹，月嫂回答"把孩子放在一边安静一下"，或者模棱两可地说"放心，我特别会哄"之类的话，表明对方的经验或许并不丰富。

那天下午，阿慈和建宏去了这家家政公司。接待人员了解到阿慈曾经电话联系，便引领她登记信息。在接待室的时候，阿慈简单打量了这家公司。房间里干净整洁，陈设典雅，墙上挂着公司2000年注册的营业执照，以及关于家政签约的注意事项，登记册一人一行，旁边还整齐地放着各种分类资料，每一个文件夹都字迹清楚地写着日期与用途。这些细节给阿慈留下了不错的印象，她觉得这家公司的管理应该不错。随后，接待人员便领着阿慈来到会议室的门口，告诉她们里面一位阿姨已经先到了，可以先相相这一位，他们一会再通知另一位阿姨过来。接待人员最后嘱咐，千万不要私下接触月嫂，不然到时候出了问题，责任不好界定。

房间里坐着一位中年女性。阿慈和她握手致意，第一眼的感觉是"慈眉善目"。这位阿姨看起来比照片上要年轻许多，双眼皮，大眼睛，很漂亮。坐定之后，阿姨介绍自己姓李，今年45岁，家住在承德，在北京已经做了四年的月嫂。她的言行举止很得体，说话轻言细语，看得出来是行为规矩的人。出来做月嫂是因为前几年家庭遭遇变故，她来北京打工赚些钱补贴家用，后来家庭渡过了难关，她在这行也得心应手了，便一直干下去了。看到建宏和这位阿姨聊得挺投机，阿慈却没有忘记之前做的功课，脸色很快严肃起来，准备问之前在家准备的面试试题。

第一题，阿慈问这位阿姨，如何知道配方奶温度是否适合。对方笑了笑，说她做了这么多年的月嫂，温度随便摸摸就知道。这样的回答让阿慈很不满意。首先，在她的设计里，在月子里给婴儿吃配方奶粉本身就很敏感，可是阿姨却好像没有质疑这一点。其次，她说随便一摸就知道，显然是有些不够严谨，即便是真能摸出温度来，也一定说明在她的月嫂经历里，给孩子喝奶粉是经常有的事情。第一道题目问完，阿慈心里已经打了差评，随后的考察似乎也可有可无了。最后，阿慈告诉这位阿姨今天先到这，她要回去商量下，之后便送走了阿姨。她告诉建宏，这位李阿姨的人品肯定没问题，可是人好不代表能解决问题，估计在实际操作上无法帮助到她，还是再看看下一位阿姨的表现。

阿慈告知家政公司的接待人员要见下一位月嫂。等待的时候，家政公司又在微信上发来了简历与照片。虽然这位月嫂看上去有些严肃，但她在简历里展示了自己烹饪的各种月子餐的照片。这一下子吸引了阿慈，让她有了一些期待。一个小时之后，月嫂匆匆赶来。她解释道，自己正在附近的一户人家里做育儿嫂，好不容易宝宝睡觉了，才有机会出来的。几句寒暄过后，月嫂王阿姨把自己的几本证书拿了出来，除了母婴护理师证，还有催乳师证，爽快地让阿慈一一查验。王阿姨来自东北，从业八年，谈吐自信，因其多次做双胞胎产妇的照料工作，在江湖上被尊称为"双胞胎大王"。面试的时候，阿慈接连问了几个问题，她都能对答如流，并且基本上每一个答案都说到了阿慈的心坎里。王阿姨的育儿知识显然比前一位更丰富，阿慈心动了，有了签约的想法。可是唯一让她有些为难的是，阿姨的要价有些高，16000元的价格比刚才的那位足足多了3000元。阿姨还告诉她，如果合适的话要抓紧定一下，因为已经有几个老主顾给她介绍人家，想要让她去帮忙照顾。阿慈听罢点了点头，让阿姨暂时回去等待消息。

阿慈和建宏决定在这两个阿姨里挑一个。建宏倾向于第一个，他直言对王阿姨没有什么好印象。能说会道的人不一定好用，偷偷从雇主家跑出来，说明没有尽到自己的责任，缺乏爱心。相反，李阿姨要价公道，待人接物合规矩，为人也更和气一些。然而，阿慈的想法却和丈夫恰恰相反，她更加倾向于王阿姨，虽然价格高一些，但是育儿的知识却很丰富，能够指导她进行母乳喂养。距离预产期只有两个月了，月嫂必须赶紧定下来。建宏看到妻子一心一意要请王阿姨，也不再劝说。

第二天下午，阿慈来到家政公司办理签约的事情。协商合同的时候，工作人员和月嫂都在场，16000 元中包含了 4800 元的中介费。签好照料 26 天的合同，工作人员把月嫂的联系方式给了阿慈，表示此后直到月子结束，他们会定期回访。快到预产期的时候，公司还会赠送待产袋，月嫂接到消息会提前一两天就位。工作人员离开后，阿慈和王阿姨单独聊了一会。王阿姨告诉她，这家公司的中介费还算合理。在北京的家政公司里面，多的话收取 50% 的中介费也是有可能的。这些公司只是包装不一样罢了，对她们而言都是一样的平台。找月嫂的事情总算告一段落，阿慈心里的石头终于落地。

二 素质

转眼间，阿慈到了生产的日子。10 月 23 日，她一进产房，建宏就给王阿姨打了电话。分娩很顺利，阿慈从产房出来后，医生让她在观察室待一会，这时王阿姨已经赶到了。等到阿慈再被推出来，大家的注意力都放在了孩子的身上，建宏和姐姐都在讨论女儿可可长得像谁，阿慈躺在一边有些心酸。这个时候，只有王阿姨递给她吸管杯，让她喝口水。阿慈的心情好了一些，感到请月嫂的决定是正确的。

回家以后，王阿姨就进入了工作状态，有条不紊地安排阿慈坐月子的诸多事项。第一天，王阿姨就给建宏交代了任务。她递过来一张单子，让他按照上面的要求去采购蔬菜、肉类和各种副产品。建宏看了一下王阿姨制定的月子菜谱，头几天喝猪肝汤，过段时间再喝黄豆猪蹄汤、鲫鱼汤，所有食材都要提前准备好。王阿姨告诉建宏，她会指导阿慈的饮食搭配，但是家里人的帮忙是必不可少的。这让建宏有些为难，王阿姨见状表示，不会做饭没关系，到时候教怎么做，产妇吃的东西都是汤水，很清淡，不用过多考虑烹饪技巧，主要是营养搭配。自己平时吃东西很简单，随便对付一下就行了，还是照顾产妇要紧。建宏听后才恍然大悟，原来王阿姨只负责产妇和孩子的饮食，家里的饮食还要再想办法。建宏只好求助阿慈的姐姐，让她每天晚上帮忙给阿慈做点饭，自己下班的时候去取，问题才得以解决。

王阿姨做事情很利索，每天按部就班，安排得井井有条，就这样过了一个多星期。一天，姐姐前来看望她。进门的时候，王阿姨正在客厅午休，看到阿慈的娘家来人了，便随手递来一张单子，想让姐姐去买些东西。姐姐有些不高兴，假装没有看到，径直走到里屋去陪阿慈。她向妹妹抱怨：“现在的保姆谱都这么大，我们花这么多钱，反而还要受累，不仅要午休，还打发我去买这买那。”阿慈只能劝说姐姐，建宏一会回来，东西让他去买。两个人聊了一会天，突然间客厅传来了一阵巨大的鼾声，姐姐听见讶异地看着妹妹，问这是怎么回事。

阿慈的情绪终于崩溃了，只能告诉姐姐自己现在特别郁闷，王阿姨的工作态度有问题。"她的专业能力的确很好，可是素质太差了。就拿说话声音这件事来说，抱着孩子的时候，有时候突然一嗓子音量增大好几倍，我就差求求她，您别那么大声音，把孩子吓得一惊一惊的。"阿慈认为，王阿姨的职业素养不佳，除此之外，还太过强势，自己经常受委屈。"我做什么都是错的，她做什么都有道理，什么事情都要听她的。"每天各种下奶汤，捏着鼻子喝下去，但是奶水还是不多，只能给女儿加一些奶粉。有一次，阿慈想要按照自己学的办法追一下奶，让女儿在晚上十点的一顿里少吃一点奶粉，多吸母乳。可是，王阿姨根本不听她的，给女儿加足了奶粉。阿慈质疑了几句，王阿姨就不高兴了，让她不用管。最后在宝宝的哭闹声中，阿慈只好妥协。

替自己做决定，说起话来噎人，阿慈不甘心就这样被月嫂夺去主导权，但又不敢直接硬顶对方，只能盼望着月子早点结束。事情发展到后来，她会主动问王阿姨要不要请假，"她要啥时候走就让她啥时候走，走了清静"。月子到18天的时候，家政公司来电话进行回访，询问月嫂的表现怎么样。阿慈本想给王阿姨一个差评，再让公司换一位月嫂，但是和丈夫商量过后，这个想法最终放弃了。建宏坦言："妻子想换月嫂，可是就算再换一个人，也不能确保就比现在这个强，而且月子也没剩几天了，再换新人来不是又要熟悉吗，本来坐月子就挺累的，没有原则上的问题，就算了吧。"最后，两口子考虑到月嫂还要在家照料一个星期，便在中期考核时给了王阿姨四星评价。

月子快要结束的时候，王阿姨询问阿慈和建宏要不要续约一个月，请她来做育儿嫂。她告诉阿慈，可可现在黄疸有点高，需要调养。她对孩子的身体状况很了解，最好留她在家再照顾一个月。这一次，阿慈果断拒绝了。月子的后期，阿慈越来越觉得月嫂爱霸占女儿，有时候爱在来访的亲戚面前显摆只有她能哄得好，阿慈感觉自己就是一个只会挤奶的机器，要听月嫂的摆布，而自己甚至一天都抱不到孩子。"送王阿姨走，我忍受不了她的处事方式，还有就是孩子到底怎么样，做妈妈的应该最清楚，最有话语权，王阿姨在这，我就像一个帮工。"

尽管相处之中有百般不是，王阿姨要走的那天早上，阿慈还是亲自送她出门，并悄悄在她包里塞了一个红包。阿慈心里有些失落，还掺杂着些许的慌乱。那一天，正赶上建宏出差去了外地，这是她第一次和女儿独处一室。做了妈妈以后，她比以前更爱哭了。那天下午，女儿一直哭闹，阿慈喂完奶后，除了抱着孩子一起哭，一点办法也没有。到了晚上，只要阿慈躺下，女儿就醒来，睡了一会又突然大哭，阿慈彻底慌了神。快凌晨一点女儿终于睡了，阿慈陪在女儿身边不敢睡，稍微动一下就需要哄。自己已筋疲力尽，困得不行，也只能保持浅睡眠状态。终于，安稳睡了三个多小时，但是天又快亮了。这让阿慈感到困惑，她开始翻看生娃前积累的读书笔记。看了一会，女儿那边又要哄了。"女儿越来越大，入睡却困难了，最近也学会赖在身上要抱抱，一个多月的体重已经让我吃不消了。每天晚上都是自己哄宝宝睡觉，越大越难哄，抱了好几个小时，感觉自己的左肩膀要断了。"

阿慈认定，女儿可可就是书上讲的"高需求"宝宝[①]。她感到压力难以承受，解决之道只有找育儿嫂。阿慈从来没有质疑过雇用月嫂、育儿嫂的必要性，上次失败的经验只是说明，自己没有找对人。阿慈将之归咎于，太过于重视育儿嫂的专业知识，而忽视了其职业素质。后者更为重要，不然纵使对方知识渊博、经验丰富也无济于事。阿慈和丈夫商量找育儿嫂的事情，建宏表示当时就该听他的。"我当时就觉得李阿姨好，她看起来就比较有素质，也不这么伶牙俐齿，说到育儿知识，其实都差不多。"阿慈给家政公司打电话，预约去看看几位育儿嫂。家政公司的工作人员说，这段时间李阿姨

[①] "需求"是当前用来综合描述婴儿生理与情感状况的喂养指标。这是一种时兴的育儿术语，来自美国的儿科医生威廉姆斯·西尔斯。为了避免育婴者与婴儿之间的对立关系，他创造了这一名词。"高需求婴儿"即是指在哄睡、吃奶、陪伴等喂养事项上，都有着持久的、近乎苛刻要求的婴儿。

也刚从老家回来，如果有时间恰好可以见见面。

这一次，阿慈改变了面试的策略，只是简单地考察月嫂的知识储备，而更侧重考察其素质与出身。"品格好的月嫂，工作态度肯定没问题，也好沟通。"具体的操作是，面试的时候考察月嫂说话是轻声细语、彬彬有礼还是粗枝大叶、指手画脚，以对方的言行举止判断其属于安静内敛型还是活泼热闹型。

第二天，阿慈和丈夫带着女儿一起来到了家政公司。工作人员给他们安排了两位育儿嫂依次见面，最后一位是李阿姨。面试前两位的时候，阿慈特意观察了对方的言谈举止。第一位育儿嫂40岁，很年轻，各种证书齐全，看得出来她很专业。最让阿慈印象深刻的是，这位阿姨性格开朗热情，特别爱笑。这一点却让阿慈产生了联想："她太爱笑了，说起话来爱做手势，有一下差点碰翻了桌子上的玻璃杯。我想象她抱着孩子的场景，有点害怕。"阿慈决定不再谈下去了，和这位阿姨说了拜拜。

过了一会，工作人员把李阿姨请了进来。再次见到阿慈，李阿姨还对她有印象，看到一旁的宝宝已经一个多月了，李阿姨向阿慈笑了笑，并没有多说什么。双方对彼此的状况都有过了解，阿慈便单刀直入到了面试的环节。这一次，她没有问问题，只是把奶瓶递给了李阿姨，要请对方来喂一下女儿。李阿姨轻轻地抱过可可，接过奶瓶喂了起来。阿慈在旁边看着李阿姨的表现，渐渐露出满意的神情。简单地问过两个问题后，阿慈便和李阿姨敲定了请她做育儿嫂的事情。工作人员征求了双方的意见，很快就在公司草签了一个月的合同，约定三天后李阿姨来家里上班。

在回家的路上，丈夫问起阿慈为什么这一次下定决心请李阿姨。阿慈卖了个关子说，她每次喂女儿都有新的感触，而喂孩子的环节，最能看出育儿嫂的工作态度。让李阿姨喂一下可可，正是一道她昨晚精心设计的"考题",以此考察一下对方对于这项工作的态度。这道题目的"答案"是这样的:当阿姨给孩子喂奶的时候,如果耐心地盯着孩子的眼睛,便说明阿姨在体会孩子是不是吃饱了、吃得舒服,而如果她只是一味地盯着奶瓶的刻度,那就表示阿姨只是在机械地完成自己的工作,并没有关注孩子的需求。今天,她特意把可可带了出来,就是让孩子和他们一起寻找适合的育儿嫂。

三 监控

在请育儿嫂这件事上,阿慈和建宏形成了默契,并且达成了共识。之前的王阿姨给夫妻俩上了一课,作为雇主必须要有权威,不然到头来就可能沦为帮工。李阿姨来家里之前,建宏就在每个房间都安装了摄像头,他认为该有的提防是不可少的。每当看到月嫂和育儿嫂虐待婴儿的新闻,建宏都会特别敏感,并时刻提醒妻子:"不论月嫂阿姨多么优秀,我都不可能百分百地放心。她不是自家人,看的孩子也不是自己的孩子,作为雇主就要时刻对员工有监督的意识。"建宏对安装监控器有着这样的认识。相比妻子阿慈,他更倾向于明确自己与育儿嫂之间的劳动雇佣关系。他将这种观念与职场的基本原则相关联,他告诉我:

我们在公司里就很明白这种微妙的关系,老板在公司和没在公司,大家的工作效率就是不一样。我也听说过许多保姆都有两张脸,家长在家的时候,她会特别认真、体贴、仔细地照顾孩子;家长不在家的时候,保姆就把孩子扔到一边,忙着给家人打电话,用手机玩游戏去了。这里面的道理其实都是一样的,我更相信人性没有那么善良。

建宏和阿慈的家里有两间卧室，夫妻俩睡主卧，次卧是婴儿房。李阿姨住到家里以后，阿慈为她在客厅安置了一张小小的折叠床，为了方便照顾宝宝，她特意把床放在了卧室门口，这个位置在客厅的角落，正对着盥洗室。晚上，李阿姨会和可可在婴儿房一起睡，照看孩子、喂奶、哄睡，忙到两三点钟才能休息一会，睡一会后，就要起床做早餐了。上午，阿慈来带孩子，这段时间可可的情绪比较平稳，喝过奶以后会安静地睡一会。这时也是李阿姨补觉的时候，她会睡到快中午的时候，再起来准备午餐，做好饭来接阿慈的班。李阿姨为人和善，有时候阿慈感觉疲惫，会多睡一两个小时，李阿姨会体贴地帮她带一会孩子，不计较工作时间的延长。

周日的时候，李阿姨要休假，这是阿慈最难熬的一天。育儿嫂不在家，她要自己带孩子，不得不屏蔽掉诸如聚会、逛街之类的一切社交活动。更让她无奈的是，可可那一天尤其不好带，一到晚上就开始找李阿姨。平日里，可可每次哭闹，阿慈便会大喊求助，李阿姨总是第一时间高声答应"来了，来了"。但是周日的时候，阿慈就算学着李阿姨的动作和语调，女儿发现人不对时，便又开始哭闹起来。晚上，李阿姨在女儿睡前会抱着她在卧室里转两圈，可可便会停止哭闹，阿慈同样这么做却从来不奏效。到了晚上，女儿就开始闹腾，撕心裂肺地哭个没完，怎么哄也哄不好，阿慈只有轻声抽泣。建宏看到妻子很沮丧，便会过来帮忙并劝说妻子，孩子的适应能力不好。

阿慈并不这么想，她觉得不应该再让李阿姨哄女儿睡了。况且，孩子一直跟外人睡一张床，自己想起来也有些别扭。可可慢慢熟悉了李阿姨身上的气味，一定会产生错觉，认为面前的就是妈妈。久而久之，女儿就跟自己不亲了。眼看可可已经快要三个月了，不能再这样下去了。阿慈和李阿姨商量，接下来她想改变喂养女儿的策略。首先，阿慈晚上哄睡女儿，喂奶的时候亲自喂，但要逐渐减少夜间进食的频率。其次，李阿姨不必晚上熬夜了，可以睡整觉，但要多承担日间诸如做饭、洗尿布之类的杂务。李阿姨同意了这个方案，不过她也提醒阿慈，这样安排一定会影响母乳喂养的节奏。在此之前，母婴双方的身体作息已经达成了一种平衡，接下来要打破这种平衡，只能以转变喂养方式、增加奶粉作为代价了。

对于母婴关系，阿慈如今有了鲜明的立场：增加亲子相处的时间，提升和孩子互动的质量。

> 母乳喂养很重要，但绝对不是仅仅给孩子提供奶水，妈妈连和孩子在一起的时间都没法保证，那就是一个产奶的机器，这和母乳喂养提倡的观念正好相反吧！母乳喂养就是强调妈妈和宝宝之间和谐的亲情。妈妈不光要给孩子吃母乳，还要给他安全感和母爱，让孩子知道妈妈就在身边。

阿慈的这个观点具有代表性，抱持这样想法的家长更加倾向于营造一种温情的母婴关系。这种关系并不以婴儿是否足够摄取了母乳为重要的指标，而是在于是否充分地与孩子在一起。雇佣劳动一旦威胁了母婴之间的亲密关系，家长们便要重新尝试设置一个安全的区域，划分两者之间的界限。对于阿慈而言，这个界限便是女儿的依恋和需求。还有半个月，阿慈就要重返职场了。白天陪伴孩子的时间只会更少，她只能在夜间多陪陪女儿了。她希望能培养出女儿对自己的情感依恋。

在李阿姨的指导下，可可很快养成了自己睡觉的习惯，喂养方式也从纯母乳喂养转向了混合喂养。阿慈也调整好了自己的状态，结束产假，重返职场。建宏和阿慈都要去工作，留下李阿姨单独照顾可可，起初他们有点不放心。一方面，建宏给李阿姨每个月涨了1000元，并许诺月底视情况还会派发红包。另一方面，他们每天会一起查看监控录像,监督李阿姨有没有偷懒,或者其他不当行为。这也闹出了一场风波。有一天,阿慈下班回家,翻看当天的监控录像。在客厅的录像里,她突然捕捉到了一段画面:李阿姨突然对孩子很凶,说话很大声,还打了孩子的屁股。这段视频让阿慈十分心疼,她没想到一直脾气很好的李阿姨会这样。她大声地招呼了几声,让厨房里的李阿姨过来,准备拿出视频当面对质。就在这时,建宏回来了,看到妻子的情绪不好,便询问起缘由。阿慈回到卧室,气呼呼地把视频拿给丈夫看。建宏定睛一看,笑出了声,让妻子再仔细看看。阿慈仔细一瞧,发现那个很凶的人不是李阿姨,而是自己。没想到自己才是没有耐心的人,阿慈不敢相信自己的眼睛。这个时候,李阿姨敲门问发生了什么事。夫妻俩只好低着头,把话头岔开。

在我的观察中,雇用月嫂或者育儿嫂的家庭,大多会在家里安装监控器或者摄像头,这已然成为一种常态。关于摄像头的问题,我曾经询问过李阿姨的看法。李阿姨表示,她其实很早就发现家里安装了摄像头。对于这种行为,她表示完全能够理解,"人家付了这么高的费用,也是要有效果的,谁都想保护自己的孩子,摄像头对我的工作也是个督促"。李阿姨没有强调摄像头可能会暴露自己的隐私,而是把安装摄像头当作正常的雇主权力。

有一次,我问李阿姨:做育儿嫂和月嫂之后,让你最难过的是什么?李阿姨回答道,"没有睡过完整觉,因为要晚上不眠不休地照顾宝宝。"我又问道:会不会想这些你照顾过的小孩?王阿姨说:"当然会啊,要是接着照顾下一个就会替代对这一个的想念,要是没有接单回家休息,晚上就会睡不着觉,想着孩子是不是饿了,吃饭了吗,有没有拉屎。"说完,她突然好像很舍不得,看了一眼躺在床上的可可。

六年前,李阿姨因为忍受不了家庭暴力,和丈夫离婚了。"我前夫没什么本事,每天打我。两个儿子要上学,我要挣钱,听说干这行挣钱,我就来北京做了月嫂。"第一次做月嫂的时候,她在医院产房外面,和雇主一家一样紧张。从婴儿出产房,她看到的那一刻,她知道这就是自己要带的孩子,竟然感到了莫名的喜悦。"那种感觉我当时也没想到,一个新生的柔软的生命,我每天见证她的成长,她第一声笑、第一次吃奶、第一次拉屎、第一次望着你,都很难忘,孩子的纯真能感染我,这也是我坚持做下来的原因。"

实际上,李阿姨的观点代表了很多月嫂的心声。或许最初选择月嫂和育儿嫂这个职业,是出于金钱上的考量,然而能够坚持下来一直从事多年,则在很大程度上是因为对这份工作的喜爱。这份工作能给她们带来一种情感上的满足。但另一方面,不少婴儿照料从业者也意识到了情感投入背后的风险。一位月嫂就曾经表示,不仅是她自己,很少有育儿嫂会长时间服务一户人家。她们往往会选择在一段时间后,主动告辞并联系家政公司更换客户。

> 我觉得每个客户对我都很好,有一次我在医院陪病人,人家还给我送了锦旗。这一行是真心换真心,能得到认可就很满足了。我的客户一般都会雇我一个月以上,但是超过三个月我就会主动和人家协商离开。不能长时间在一家,这样离开的时候不会太伤心、舍不得,也不会让人家难为情。这是个立下的规矩,我们的工作专业起来,才能成就客户和我们自己。

小 结

在调查中我们发现,为了满足市场的需要,北京的不少家政公司都兼具培训资质,设置有专门的学校与教师,教授坐月子照料和婴儿照料的课程。这些学校往往是大多数月嫂和育儿嫂步入该行业的第一站。有相关研究利用线上调查的方式，对北京的月嫂群体的学历背景进行调查，发现月嫂受教育水平普遍偏低，接受过高等教育或高端职业教育的占比较低。① 月嫂学校的主要任务便是传授育儿的科学知识，而非培育职业态度与行业理念。这些需要家政工人在实践中不断摸索。在从事专业月嫂工作之前，家政公司往往会派遣"准月嫂"从事育儿嫂的工作。积累了经验，经过考核，育儿嫂方能升级为月嫂。

观察发现，北京市的家政公司普遍将月嫂进行分级：初级月嫂、中级月嫂、高级月嫂、特级月嫂以及金牌月嫂。按照级别，对应相应的酬金。应该指出的是，月嫂的分级绝不是靠单纯的知识储备，而更多来自雇主对家政工各方素质多方比较的结果，这样才能体现月嫂的市场价值。相关研究指出，转型社会中家政服务中的矛盾会展现在城乡间的冲突上，城市居民与农村居民的身份和文化认同的不同往往在雇佣劳动过程中酝酿矛盾。② 这种对立在建宏和阿慈家的故事中得到展现，他们将王阿姨的"素质"问题归因于她的农村妇女身份，但是由于强势的性格，王阿姨拥有婴儿喂养的主导权，阿慈难以辞退她。而随后李阿姨来到家里，阿慈吸取教训，尝试控制雇佣劳动对母婴关系的渗透。一种基于劳动过程理论的分析指出，在家务劳动过程中，雇主出于满足需要的目的，制定策略控制劳动过程，包括时间规训、全景监视以及情感管理，雇佣双方的博弈最后往往以家政工的妥协而告终。③ 通过电子监控的手段，阿慈和建宏实现了对婴儿照料过程的控制。

---

① 张路军：《北京月嫂生存状况分析》，《家庭服务》2019 年第 1 期，第 35~37 页。
② 冯小双：《转型社会中的保姆与雇主关系——以北京市个案为例》，孟宪范主编《转型社会中的中国妇女》，中国社会科学出版社，2004，第 34 页。
③ 苏熠慧：《控制与抵抗：雇主与家政工在家务劳动中的博弈》，《社会》2011 年第 6 期，第 178~205 页。

象征性母职的实践更多地依托于家庭外部市场机制。在如今的中国城市，雇佣月嫂和育儿嫂已然成为普遍现象。虽然曾有学者质疑，科学、职业化的劳动介入会使哺育者在喂养过程中失去主动性，但在我们论述的家庭里，育儿夫妻形成了牢固的同盟，掌握了育儿的主导权。对于阿慈而言，商品化的照料劳动对私人生活产生了冲击，并渗透到母婴关系之中，威胁了她在婴儿诞养中的主导权。在温情陪伴与体面女性的母职平衡中，阿慈需要对家政工的知识与情感进行控制，进而维系关系。为了实现这一目的，她与丈夫建宏不断协商，共同抵御市场卷入下的风险。

第三节　一个阶段的终结

断乳意味着母婴的第二次分离，与此同时，也是新关系的开端。从这个意义上，我们对断乳进行界定，这是一个始于母亲结束乳哺，终于婴儿停止进食母乳的过程。由此，本节从一种当下流行的婴儿喂养方式"背奶"开始，以母亲重新适应新的家庭生活为结束，由此展现家庭内外的矛盾与张力。本节将重新比较生产性母职与象征性母职的社会接受程度。

我们将讲述一个北京市双职工家庭的故事，故事的主人公是我在"育人"群里认识的一对夫妻。丈夫潘明大学毕业后就在一家国企从事财务管理相关的工作，而妻子凤青硕士毕业后进入了一家国企上市公司做行政。潘明平日里做事方方面面都十分细致，这让妻子对他的依赖感十足。2017年4月，他们迎来了儿子龙龙，那一年潘明33岁，凤青31岁。在孩子喂养的问题上，凤青一直是母乳喂养的坚定支持者，尽管在开奶上遇到了不少的阻碍，不过功夫不负有心人，龙龙一直都是纯母乳喂养。凤青出了月子后，依然承担了所有照顾孩子的任务，她不想麻烦家里人帮忙。看到妻子每天疲惫的身影，潘明也会想办法从繁重的工作里，抽出精力分担照顾孩子的责任。两口子遇事协商、相互体谅，喂养龙龙的事情如预期般顺利，这样的状况一直维持到龙龙三个月大的时候。

一　奔波

凤青带了三个月的孩子，产假眼看就要结束了。在家里的这段日子，凤青和儿子亲密无间，龙龙离不开妈妈，半个小时不见就会大哭。眼下喂养孩子的事情要起变化了，领导来电话催她回去上班。一切来得有点突然，想到白天就要看不到孩子，她还没有做好思想准备。龙龙还没到增加辅食的时候，好不容易培养的喂养习惯马上要被打乱，凤青如临大敌。她一度想过辞掉这份工作算了，但看到丈夫每天辛劳地工作，一个人赚取家用，凤青很快打消了这个念头。平时自诩事业女性以及家里的半边天，怎么可能一直待在家里，不去工作呢？她心底纠结的是，上班以后孩子的喂养方式是不是要做出变化？如果继续母乳喂养，又该如何是好？

这件事让凤青为难了好几天。她和丈夫思量再三，最后打算把凤青的父母从老家接过来，帮着白天照顾龙龙。凤青在电话里说服老两口，夫妻俩为他们在同一个小区里找到了一套房子，以便二老居住。好在孩子的日间照料问题解决了。在产假最后一周的几天时间里，凤青和潘明收拾好了新家，安顿下了父母，操持好了家里接下来的大小事务。

要与孩子分离，凤青心里舍不得。但是，尽管无法白天陪在娃身边，母乳喂养依然不能放松。她劝慰自己，"为了孩子要想开点，人生是场马拉松，路还长着呢。就算上班再累，也要坚持母乳喂养，因为这是她和儿子的约定"。在晓晴的故事中，我们了解到很多妈妈会把多余的母乳储存起来，收集母乳的实践催生了不少婴儿喂养的技术与知识。即将步入职场的哺乳期妈妈，将实践的地点从家里转移到了家外，公司与单位成了新的场域。现如今，不少休完产假的哺乳期妈妈会尝试把吸奶器、储奶器具带到单位，利用休息的时间吸取并保存母乳。一个工作日下来，把积攒的母乳背回家，作为宝宝第二天白天的口粮。人们将这一类哺乳期女性称作"背奶妈妈"。凤青利用假期的最后一点时间，在网上学习关于如何背奶的技能与常识。学习的过程中她了解到，背奶妈妈可能会面临不少的困难与艰辛。

上班的第一天，凤青起了个大早，醒来第一件事就是抱起龙龙安抚，为离别做好铺垫。清晨6点左右喂饱了孩子之后，她着手准备第一天去单位报到的事宜。当一切收拾利落，临出发的时候，她又特意清点了书包里的物件。除了笔记本电脑，还有背奶的设备——一个背奶包、两大包冰块、一个电动吸奶器、四个储存袋——一样不少，提起来沉甸甸的。确定无误之后，凤青亲了亲儿子，告别父母推开门快步走了。就这样，凤青成了"背奶妈妈"中的一员。这两天根据自己的具体情况，她制定了上班以后的背奶策略：一早起床6点左右乳哺孩子一次，到了单位，上午10点左右、下午2点左右用吸奶器各吸一次。每一天要争取吸出来350毫升，留作第二天白天孩子的口粮。傍晚下班回家，第一时间就要喂儿子，补上黄昏的一餐。其他时间，只要她在家里，一切习惯照旧。

回到工作岗位以后，上司体谅凤青的身体状况，没有给她安排繁重的工作，只是让她跟着同事熟悉一下工作上的事情。她只要每天上午8点30分到单位，下午4点多一点就可以下班回家了，中午

第五章 体面的克服 | 245

图 5-2 背奶用品之一,摄于 2018 年

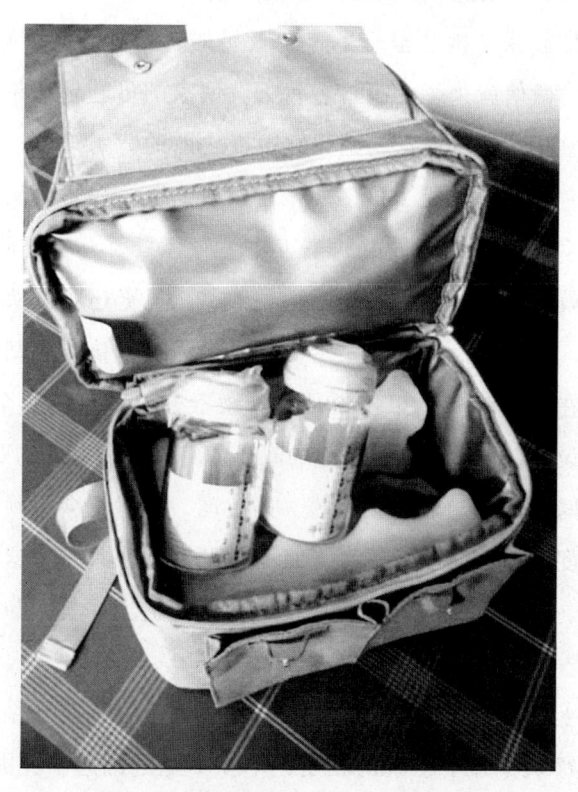

图 5-3 背奶用品之二,摄于 2018 年

又有充足的时间休息。这样体贴的安排，令凤青对领导和同事心怀感激。只是公司里没有设置母婴室，也没有更衣间。于是，一到每天吸奶的时候，凤青只好去洗手间或者仓库。洗手间里没有电源，她只好把吸奶器换成手动的。坐在马桶上吸奶，让她觉得很不舒服。

虽然有些不方便，但是好在背奶的过程还算顺利，凤青每天最开心的事，就是下班回家后第一时间把儿子搂在怀里，找回最亲密的哺乳时光。就这样过了两个礼拜，她越来越熟悉这种背奶喂娃的节奏了。与此同时，单位进行了岗位调整，凤青的工作内容发生了变化，领导派发的工作量也增多了，生娃前的工作强度慢慢回来了。凤青感觉到有些疲惫，身体也有点吃不消了，情绪波动也大了起来。有的时候忙起来，她甚至忘了定点吸奶的事情，或者刚吸了一半，催促公务的微信就来了。眼看着每天背回家的母乳越来越少，凤青心里不是滋味。没有办法，她只能改变之前的背奶策略，从原来三个小时定时吸一次改成了最多两个小时吸一次。缩短时间间隔的同时提高频率，每次5分钟就回来工作。而且只要有了奶阵的感觉，第一时间就去吸奶。为了提高吸奶的效率，凤青还尝试从网上学习吸奶方法。一种说法认为，奶量变少是因为缺乏孩子的刺激和母爱的反馈，在吸奶时多想想孩子是弥补激素分泌不足的一个好方法。根据这种说法，凤青开始在上班的时候随身带一件龙龙的贴身衣服，工作休息间隙便拿出衣服摸一摸、闻一闻，脑海里会想到宝宝的可爱模样，配合着打开手机看孩子日常的照片和小视频，这样奶阵来得更容易。这个方法的确好用，帮助她成功追上了奶，却也给她带来了尴尬。

一天上午，凤青和同事们正开会研究上个月的工作绩效，空闲时分她下意识打开了手机的相册，不知不觉地翻起了龙龙的照片。可是没想到，胸前突然来了感觉，她只好匆匆离席，奔向洗手间，留下老板和同事面面相觑。后来领导问起来，凤青难以辩解也羞于解释。只是从此以后，无论是开会时还是给客户提案，但凡乳房开始硬胀，她就会在脑子里转起中途离场的理由。凤青遭遇的尴尬，还不止于此。天气慢慢变热了，母乳放不住容易变质，虽然单位里有供员工们公用的冰箱，她却从来不好意思把自己的母乳放进去，有几次只能忍痛把已经变质的奶倒掉。这倒还好，最难为情的是，每当她去吸奶回来，有些不明就里的男同事会过来询问刚才去干吗了？这个时候，哪怕对方投来的是关心的眼神，她都会觉得无言以对。渐渐地，凤青心里有了疙瘩，面对背奶中遇到的一桩桩尴尬事，她已经不能一笑而过了，而是认真反思起其中的点点滴滴："好几次因为吸奶，我的工作没干好，大家同心协力是想要把事情办的漂亮，在我这个环节掉链子，挺对不起团队的。"凤青开始觉得，哺乳本来就应该在家里进行，单位是公共场合，真的不好做这些私事。除了每天背着沉重的背奶包回家，凤青在工作和家庭平衡的问题上又多了一些压力。

　　察觉到妻子连续几天心情不好，潘明体贴地询问缘由。之前，凤青很少把单位里的事情拿到家里谈，这次无奈之中只好说给丈夫听。潘明一边安慰妻子，一边想着解决之道。他劝说凤青放弃背奶，如果要坚持母乳喂养，那干脆就在单位旁边再租一个小房子。租这套房子又是一笔不小的开销，可却不失为帮助凤青摆脱困境的方法。单位旁边就有一个小区，租到房子以后，凤青几步就能赶回家亲自乳哺，孩子也能吃上新鲜的母乳，此外凤青中午还可以在家里待上一段时间，能够得到充分的休息。打定主意后，潘明找到了符合条件的一居室，一家人很快搬了进去，之前为二老承租的房子经过协商放弃续约。之后，他们家的居住安排是，新租的房子白天由凤青的爸妈和宝宝住，凤青利用中午以及闲暇时间回家给孩子哺乳。晚上等到潘明下班以后，一家人在租来的小房间里凑合着吃饭，简单娱乐一下。之后，夫妻俩带着孩子驾车回自己家里睡觉，让父母晚上在这住。到了第二天早上，凤青再把宝宝送到租来的房子里，交代好事情再去上班。就这样，凤青为时一个多月的奔波画上了句点，她和儿子又过上了之前乳哺的生活。

二 分离

在调查中我们发现，为了方便母乳喂养孩子，不少家庭会在妈妈所在的单位附近租一套房子，作为临时哺乳的场所。有的家庭甚至会选择彻底搬过来，离开以前的居住环境。分析其中的原因，除了为了克服背奶过程中的障碍，更主要的是照顾哺乳妈妈的体力与精力。一位和凤青处境类似的妈妈就表示，"以前的房子距离单位太远，来回就要一个多小时，堵车的话时间更久，上班已经很累了，路上还要担心家里的事。因此，我们一家搬到我公司附近住了"。为了延续母乳喂养而举家迁居的现象，从某种意义上说，是家庭的一种生活策略。

尽管龙龙隔三岔五半夜会吵闹夜奶一次，但每天下班看着活蹦乱跳的娃，凤青的心情还算愉悦，单位和家两头跑的生活一直持续到孩子即将满六个月。一天晚上，凤青回家的时候，发现龙龙流鼻涕、咳嗽，并伴随低烧，到了夜里喉咙开始有痰了。凤青用生理盐水帮宝宝清理鼻子，喂了药，病情才有些好转。凤青觉得，孩子这次发烧感冒不过是小打小闹，没太当回事。但第二天开始，龙龙却开始吃不下东西了，吃奶量直接缩减了一半。凤青以为是生病导致的没食欲，过了两三天各种症状消失了，食量也没提上来。凤青连忙带着龙龙去了医院。大夫看了看孩子的情况，做出了诊断：龙龙应该是进入厌奶期了。婴儿在 4~6 个月的某个节点,会进入一种"生理性厌食状态",为厌食期。由于身体机能的发育,婴儿在这个时期运动能力显著提升。随之广阔的世界吸引了他的注意力,饮食对于本体的吸引力反而降低,因此出现了厌食的现象。医生对凤青说,孩子的身体状态很好,不用担心是母乳的问题,可以考虑给他增加辅食过渡喂养方式了。

医生的一席话让凤青内心很抵触。经受了"九九八十一难",好不容易就要完成六个月纯母乳喂养的目标,这下岂不是要功亏一篑了。回家以后,潘明劝说妻子不要太固执。"每个孩子有每个孩子的养法,龙龙这是长大了,你应该高兴才是,只吃母乳营养不够,我看就给他断奶吧。"凤青一句话都听不进去,窝在沙发里呆呆地发愣,两三天的时间里脑子里摆满了各种各样拒绝的借口。在"育人"群里,凤青开始求助朋友们,怎样顺利地渡过孩子的厌奶期,她实在下不了决心给孩子断奶。

"娃要出牙了,可不能缺钙啊","孩子刚感冒完,现在断奶不好吧","马上就要入冬了,别因为断奶害下病,要不等开春再说吧"。各种说辞,归根到底,就是她舍不得。"舍不得呀,真的很舍不得。他要喝奶时依赖你的那个表情那些举动,断奶以后就不会再拥有了。想到这些我鼻子又酸了。"小丽看到凤青这么纠结,劝凤青利用厌奶期断奶,这样也能够减轻孩子的痛苦。她告诉凤青,断奶的那一天终究还是会到来的,眼看着龙龙的胃口逐渐好起来,要断奶的话一定要把握时机。

凤青在小丽的劝说下,最后下定主意给龙龙断奶了。她和丈夫商量断奶计划,潘明说干脆一次性断掉母乳,晚上让姥姥帮着带娃,三天不吃母乳就戒了。这个想法让凤青直摇头:"强制性的断奶方法会给孩子留下心灵的创伤,我可不想这样。人们都说应该循序渐进。"她说服丈夫制定一个时间表,每天减少母乳量,用奶粉替代,在一周时间内完成断奶,让孩子和自己都有一个适应的过程。

计划在一个周六实施了。那天下午,潘明和凤青带着龙龙去小区旁边的公园玩,特意逛了足足三个小时,一家三口玩得筋疲力尽,直到天色已暗才回到家里。发觉龙龙快要睡着了,潘明赶紧冲好事先买的奶粉,试好温度递了过去。几个小时没吃东西,小家伙已经很饿了,毫不犹豫地抱起奶瓶咚咚咚喝了半瓶。喝完以后,凤青把卧室的灯关上,哄孩子入睡。一家三口躺在床上,潘明和凤青聊着天,庆幸龙龙第一次喝奶粉并没有想象中的那样排斥。

第一天的戒奶似乎比预想的轻松,却是一个假象。第二天,龙龙就不肯再喝奶粉了。他从出生就没吃过母乳以外的东西,昨天的情况显然是疲惫之中的妥协。看到孩子扒着衣服哇哇大哭,推开奶瓶一滴奶粉都不肯喝,凤青左右为难。自己不仅要安抚宝宝的各种不良情绪,还要挺着涨奶的各种不适。她只好暗自劝说自己:这才第二天,距离一周还早,先喂饱孩子再说吧。这一次妥协,龙龙顺利地吃上了母乳。断奶时间表成了凤青继续母乳喂养的借口。每一次在乳哺之前,凤青都会想距离截止日期还早,而在这一个礼拜里,凤青把每天的乳哺都当作倒计时的最后一次。最难断的是睡前与醒来的两顿奶,看到儿子要奶吃的可怜样子,凤青总是忍不住。一周过去了,不仅奶粉没吃多少,龙龙的母乳量反而增加了,断奶的计划就这样泡汤了。潘明告诉凤青,作为妈妈没有决心,奶肯定断不了,从下周开始重新断奶,必须按照计划执行。听丈夫说断奶日程要推后了,凤青皱着眉头表示对龙龙下周要严格起来,而心底却是暗自高兴。

断奶失败之后,凤青也在反思原因,"是不是换爸爸来更容易断奶,我还是太心软了"。凤青盘算干脆等龙龙一岁再说,这个想法还没来得及和丈夫说,她却病了。背奶的时候,凤青就得了乳房湿疹。单位的背奶环境不好,凤青使用吸奶器又太频繁,有时候时间紧迫经常调大吸奶器吸力,伤害了身体。她一直没在意,可是症状却越来越严重,到了必须就医的地步。医生不能确定病情多久能好,不过服药肯定会影响到母乳。凤青垂头丧气地回到家里,潘明得知后,嘱咐她好好养身体,把龙龙托付给姥姥姥爷几天。他劝说妻子,"想不断奶都不行了,爱是克制,这是为了孩子更健康地成长!"

龙龙断的其实不是母乳,而是吮吸带来的安慰。凤青要面对的或许不是母职的规范,而是战胜本能的勇气。有人说,断奶是妈妈和孩子角力的时刻。龙龙已经七个月,能哭能闹,也比以前更壮实了,该学着正常吃饭了。当妈的要想让孩子听话,老是捧着一颗玻璃心肯定不行。凤青这次听从丈夫的建议,约定好五天的分离,凤青的父母来家里住,她和潘明去单位旁边租的房子住。分离之前的那天晚上,凤青小心翼翼地喂饱孩子,陪龙龙玩了好久小木马,这是他最喜欢的玩具。她告诉龙龙:"过了今天,我们的母乳喂养就要结束啦。妈妈明天要出门三天,去给你买小木马。妈妈不在家的时候,你要乖乖听姥姥的话,不然妈妈买不到小木马了。"龙龙听不懂妈妈的话,但是那晚却哭闹了两次。

第二天早上临出门的时候,凤青的脑子里一片混乱,不断设想着五天后孩子会是什么样,担心孩子会和她生疏,"这一次创造了好多第一次,第一次一整天看不到他,第一次没能陪着孩子入睡,有太多的心酸和甜蜜让我舍不得放下,真的是太难过了"。更重要的是,直到分离的时候,凤青明白了一个道理,"其实很多时候不是孩子离不开我,而是我离不开孩子,这种分离以后还会有,我们都需要成长"。凤青提着行李箱,一而再再而三地嘱咐自己妈妈照顾儿子的事情,有什么问题立刻打电话给她。潘明告诉她,这是必须跨过的关卡,"断奶成功之后,你就可以自由吃辣喝酒,不用背奶挤地铁了,你想想应该高兴才对啊"。说完,潘明拉着凤青离开了家,开车送她到了单位。

出租房里的夜晚时光很难挨,潘明让凤青规划一下断奶后想要做的事情,更好地拥抱幸福生活。可是,凤青思来想去,又总会落到儿子身上。她不放心,偷偷给家里打了一个电话。妈妈说:龙龙只是第一天闹了一阵,也不是大哭大闹,就是到处找你,其他一切正常。凤青装作若无其事,嘱咐了妈妈几句,可放下电话眼泪就流下来了。这五天她想了很多:

> 养孩子的过程也是在教育我,从孩子的身上我能看到自己的影子。别人说,母乳喂养就是妈妈要不断付出,我之前这么想,现在改变了。父母没有这么伟大,这么无私。婴儿喂养应该是双赢的,对孩子好,对妈妈爸爸也好,少受点罪,大人孩子都不要有抱怨就好。孩子长大是自然而然的事,父母尽好养育的义务,不要想着回报,会更加轻松愉快一些。

断奶的过程让凤青对母职有了新的认识:母爱是一场得体的退出,她要学会面对孩子成长的现实,而适应变化的前提是给自己减负。

五天以后,凤青回到家。听妈妈说,龙龙表现得非常好,他已经接受了奶粉,辅食也正在学着吃。饭量、排便、睡觉也都一切正常,这令凤青十分欣慰,抱起龙龙一顿亲热。更让她感到庆幸的是,本以为这次回来孩子可能会与她疏远,但没想到龙龙见到妈妈以后,立刻投入了她的怀抱。下午,凤青陪龙龙到医院查体,发现一直有的高黄疸,这几天也降下来了。凤青甚至怪自己犹豫太久,没让龙龙早点断奶。就这样,母子二人平稳地渡过了断奶过程中最挣扎时期。这次分别之后的重逢，凤青感觉小家伙变得好带了，生活更加有规律。晚上九点睡到早晨七点，晚上有时会闹，但次数越来越少。睡觉之前，自己会坐着玩会，之后趴在妈妈身上，一会就睡着了。

三 正轨

重获自由之前，凤青还要履行母乳喂养的最后一个环节，那就是回奶。带龙龙去医院查体的那天，凤青的身体不舒服，五天没有乳哺，涨奶的感觉非常强烈，可回家以后感觉好像又堵奶了。她之前听人说过，回奶的时候有硬块了要赶紧排掉，否则就会得乳腺炎。她自己用手挤，可是情急之下什么都没有。她又去网上查找相关资料，看到回奶针是很多人的选择。于是，她就在"育人"群里问了起来。一位妈妈劝她不要打针，回奶针的副作用太大了，自然退奶是最好的，现在涨奶就意味着正在回奶。凤青听从了群里朋友的建议，打消了打针的想法，但胸部越来越涨，疼痛感愈发强烈起来，甚至延伸到腋窝和脖子，手都动不了。凤青感到害怕，辗转反侧，难以入睡。潘明安慰她，想办法转移一下注意力，她才慢慢地睡了过去。第二天在单位上班的时候，她的疼痛感稍微减轻，不过胸口还在涨着，时不时地疼一下。

凤青发现，除了来自母爱的羁绊，断奶带来的最直观的考验便是切身的疼痛感。自己坚持了 7 个月的母乳喂养，身体已经形成了相对应的运作惯性，断奶以后突然改变，身体也难免会发生应激反应。看着正在怀抱里的龙龙，胸口更是涨得难受，凤青有些怀念起母乳喂养的日子。她也提醒自己不能功亏一篑，兴许涨几天自己就好了。剧烈的疼痛让凤青有些受不了，于是在每次涨奶的时候，她都不得不拿出吸奶器吸一部分出来。等到身体稍微舒服了一点，就不再吸了，担心刺激乳腺继续分泌。单位一位比她大一些的同事姐姐，看到凤青的处境很是同情，向她讲述了自己回奶的经验。比如，多吃麦芽、山楂和韭菜这样清淡的蔬菜，少吃肉和奶蛋一类油腻的食物。同事还送给她一款回乳茶，说是可以帮助抑制乳汁分泌，达到回奶效果。

凤青拿到茶，回家取出来三包，加了一些山楂放到锅里煮起来。从此以后，她每天都带着泡好的茶到单位喝，并按照同事的嘱咐，注意饮食，这让她想起坐月子时候的生活。就这样，坚持了一个星期。慢慢地，疼痛感逐渐减轻，挤出来的奶也越来越少。半个月以后，疼痛感彻底消除了，一天下来不挤奶也不会胀疼，回奶终于大功告成了。望着已经习惯奶粉和辅食的龙龙，凤青说："回奶的时候有好几次，我都差一点就让儿子'复吸'了，疼痛告诉我，母子间的联系每一层都是难以切断的，好在现在爸爸能帮上我了，我也能腾出手来自己调整一下了。"凤青的母乳喂养之路告一段落，她和龙龙之间用母乳搭建的母婴联系业已切断，哺育的母职形态完成了转变。

一天，凤青约闺蜜出来逛街。快两年没做过指甲和头发了，凤青想要好好捯饬一下。从备孕到断奶的这些日子里，她已经忘记逛街是什么感觉，今天出来不仅要烫发、染发、做指甲、做眉毛，还要买新衣服，让自己变得精致。凤青和闺蜜血拼了一下午，开车去"老地方"吃饭。凤青一直钟爱着一家烤肉店，以前和朋友隔三岔五就会来此欢聚。今天旧地重游，店里的菜色换了花样，不过依然是当初的味道。点了一瓶清酒，两个人聊了起来。凤青说宝宝断奶以后，她的生活有了复杂的变化。周末，潘明会带她出去犒劳，火锅、日料、冰激凌，吃各种之前馋过又不能碰的美食，然后去看电影、唱K，共度二人世界。闺蜜闻言道，潘明真是好丈夫，知冷知热。凤青却叹口气说，她和丈夫之前的感觉一去不复返了。过去，凤青像小孩一样喜欢黏着潘明，凡是都听丈夫的。现在的她不再是这种姿态了，变得更加独立了。下午做头发的时候，凤青在镜子面前端详了半天，认不出来眼前的这个苍老的人就是自己。

凤青迎来了梦寐以求的解放，不过自由的味道有点酸涩。闺蜜建议她，要学着平衡好"妈妈"和"妻子"的角色。可她听不进去，只想给自己买张机票，孩子丢给潘明，好好地放个长假。"我要有自己的生活，交想交的朋友，重新净化一下自己。"可是工作和家庭的事情排得满满当当，根本不允许她这么做。逃避不是办法，凤青不得不先做当下的自己。她觉得是时候要瘦身了，减掉腰间赘肉重整自己的生活。很快地，凤青制订了减肥计划，她希望利用这三个月的时间瘦30斤，从目前的120斤回到生孩子前的90斤。在"育人"母婴群里，有几位辣妈在孩子断奶之后成了朋友圈里的健身达人。凤青跟着她们学，晚上去健身房。为了鞭策自己不偷懒，每天运动过后，她还会拍照留念前后对比。凤青还报了瑜伽课、形体课、舞蹈课，每天晚上哄好孩子，就去健身房。这样的生活让凤青的心态积极起来，她有时候会拉上潘明一起去，还会鼓励丈夫，"你想让你孩子成为什么样的人，你自己得先成为什么样的父母，我想要进步"。

凤青想要以身作则，把积极的生活态度带到家庭当中，再传递到儿子的养育过程中。除了健身以外，她还改变了自己的穿衣风格和妆容，甚至去做了一次鼻子部位的微型整容。谈到整容，她表示，"这其实没有什么的，就好像一种裸妆，它没有让你成为另一个人，只是在原来的基础上让自己变得更好，说到底还是自己的一次进步"。凤青做出改变，让自己的身体与心灵重新达到平衡的状态，潘明见她自得其乐，也表示支持。两个人也有了新的话题和默契，晚上下班以后，除了聊聊当天龙龙的表现，还有公司里遇到的事情。

凤青越来越喜欢把单位的事情和丈夫聊了,这也是她的一种改变。自断奶以后,她要全身心投入工作,遇到了不少的困难。

产假结束的前夕,领导曾经给凤青打过一次电话,与她沟通回单位的事情。在电话里,对方委婉地问过她:孩子有没有断奶,近期打不打算断奶。凤青当时摇摇头,说下一步要背奶。领导回了一声"哦",就把话题岔开了,凤青有些莫名其妙。背奶的几个月里,凤青渐渐明白了领导当时的意思,不能加班、参加不了团建的人在单位是没法委以重任的。直到龙龙断奶以后,一天下午开会,领导又问起了凤青的近况,得知已断奶后说道:那工作时就不要牵扯太多精力了,自己的事情自己搞定。这番话让凤青觉得委屈,自己看起来已经成了一个拖油瓶。她向领导保证,尽量不会再让私事影响工作。

第二天,凤青很早就起床梳洗,准备好龙龙一天的吃食和物品,匆匆吃过饭后就从家出发了。凤青到公司的时候,办公楼空无一人,她把室内的卫生打扫一遍,然后开始着手工作。自从换岗以后,她的业务一直没有上手,感觉一切都像新的一样。工作任务日益繁重,年轻的同事看她有些吃力,好心给她指导起工作来。凤青心里五味杂陈,这位年轻同事比她来公司晚,当时还要她来指导,现在的职务反而比她高,业务能力更是独当一面了。一上午,她的工作效率很低,没有解决多少问题,却累得头晕眼花。等到中午的时候,家里又来了电话,说龙龙有点腹泻,让她下午早点回来看看。这让凤青有些为难,昨天已经在领导那立下军令状了,再去请假拉不下脸来。带着这份心事,凤青一下午没有工作动力,不断给妈妈发着微信,询问儿子的情况。一天下来,工作依然没有多少进展。凤青怀疑自己的工作能力,她感到自己沦为职场里没有断奶的"巨婴"了。

回到家里,凤青心情糟糕透了。奔波在家和公司之间,她已经累得够呛却很难步入生活的正轨。孩子生病的时候不在身边,意味着自己在母职上的缺失；公司需要自己的时候，还要手把手地像对待新人一样培训自己。断奶之后，自己的苦恼反而加深了。继续工作还是做家庭主妇，在职场与家庭中做选择，一桩一件的事快把她逼上梁山了。重回职场的激情、断奶后的不舍、孩子对她的依赖，这一切都要她在短时间内全部吸收，令她心力交瘁。凤青对丈夫吐露了一天工作中的不顺心，说起了想要跳槽的打算。她现在特别羡慕公司里的一位怀孕的同事，有勇气说走就走，毫不畏惧地辞职。可是转过头仔细想想，自家状况让她没有底气。潘明帮妻子算了一笔账：现在的工作时间每天不超过 9 个小时，有双休日；每月收入至少 10000 元，且稳中有增；离家不是太远，开车只要 40 分钟；工作的内容与所学的专业相关。这样的工作在北京不太好找。而且就算要跳槽，也不要在龙龙上幼儿园之前，家里需要这笔稳定的收入。

冷静思考过后，凤青告诉自己：你是为了挣钱，不然龙龙怎么生活得更好。对呀，可是什么才是最重要的，陪伴？物质？什么才是真的快乐呢？断奶后，龙龙的生活变得规律，也变得好哄睡了，拍一拍后背，讲讲故事就能入睡。望着孩子沉睡的样子，身体的疲劳与精神的打击对凤青而言，已经无关紧要。她只愿自己再强大一点，明天去把手上的工作理顺，努力去拼业绩、赚钱。这段经历不仅是孩子断奶，也是回归职场的妈妈在断奶。在工作和家庭的天平上，一些砝码应当有所舍弃。

小　结

在当前中国社会，育儿妈妈在母职实践中会遭遇多重困境。凤青在身体体验、母婴关系以及社会融入三个方面体会到了社会学意义上的痛苦。从个体精神的羁绊，到哺乳时切身的疼痛，再到重塑身材付出的代价；从背奶时遭遇的尴尬，到渐进离乳的屡试屡败，再到母婴分离的折磨；从产假结束的茫然，到回归职场的障碍，再到喂养婴孩的经济压力。这些构成了女性从生产性母职向象征性母职转变的基本内容。如果婴儿初哺时期赋予了生产性母职道德正确的意义，那么当婴儿断奶时，女性还要体会这种道德正确位移带来的痛苦。本书认为，造成早期母职推移的原因在于，婴儿诞养的道德合法性发生转变。

生产性母职的道德合法性建构最初来自六个月纯母乳喂养的诉求。但关于生理性断乳的时间，却众说纷纭，医学界并没有明确的讨论结果。美国儿科学会建议婴儿在1岁龄以后逐步断奶，世界卫生组织和联合国儿童基金会则建议婴儿的断奶时间应在2岁龄。体质人类学家倾向于母乳喂养应该更久，哈维和克鲁顿-布洛克两位学者基于灵长类动物生活史变量的研究，推出了人类断奶年龄的公式，计算出人类的断奶年龄应在2.8~3.7岁，并取决于成年女性的平均体重。[①] 而从文化人类学的视角来看，在传统社会，婴儿在很长的一段时间内需要依靠母乳喂养，这并不仅仅是维持营养的摄入，其中还考虑到个体成长应当从集体中获得的关怀。马林诺夫斯基曾经立足特罗布里恩德群岛的人类学考察，描述了初民社会中婴儿断奶的情形：

> 断奶期间，孩子与母亲隔离开，与他父亲或祖母睡觉。孩子半夜哭时，就给他一个干奶头吮，或喂一些槟榔果汁。如果孩子变得躁动不安或对环境不适应，就把他带到一些较远的有亲戚的村庄去，或者从内陆村庄带到海边，以便让孩子重新恢

---

① Harvey, P., H. Clutton-Brock, "Life history variation in primates", *Evolution* 3, 1985: 559-581.

复正常健康，保持舒畅的心情。[1]

诚然，通过强制断奶的形式实现母婴分离，这种初民社会的安排已经在现代社会被否定。心理学家认为，强制性的母婴分离是个体焦虑的源泉。弗洛伊德在《禁令、症状和焦虑》一书中就指出，分离是婴儿焦虑的原因，或将造就个体成年后的病态人格。[2] 而依照形态而论，分离依次可分为出生、断奶和社会隔离，由此他进一步修正了焦虑理论。他认为，在最初的童年期，一旦母亲离去，焦虑就会形成。婴儿相信外部客体"能够终结令人想到出生的那种危险情形"，所以外部客体的丧失引起了焦虑。[3] 育儿焦虑反映在受访北京家庭的哺育伦理之上，塑造生产性母职的正是一种禁欲主义的哺育伦理。禁欲主义哺育伦理，是指以育儿母亲自我奉献的方式，展开亲子互动，并要求家庭成员对自身需求进行克制，进行婴儿诞养的实践。

但另一方面，在我们的调查中，不少提前结束母乳喂养的妈妈并非完全受限于生产性母职及其依附的说辞上，她们有的是在人生的自我规划和预期下，从生产性母职转变为象征性母职。在我们的案例中，凤青在断奶后追寻积极的生活方式，塑造健美的体态，在某种程度上，这是她转变母职的一种方式，女性渴望达到个人与家庭之间的平衡状态，希望在履行母职的同时能够保有自己的职业和

---

[1] B. 马林诺夫斯基：《野蛮人的性生活——关于（不列颠新几内亚）特罗布里恩德群岛土著的求爱、结婚和家庭生活的民族学报告》，刘文远等译，团结出版社，1989，第170页。

[2] Freud, Sigmund, *Inhibitions, Symptoms and Anxiety* (London: The Hogarth Press and the Institute of Psycho-analysis, 1936), p. 179.

[3] 伊利·扎列茨基：《灵魂的秘密：精神分析的社会史和文化史》，季广茂译，金城出版社，2013，第294页。

生活空间。这来自一种快乐主义的哺育伦理，浸润着浪漫与享受的精神。快乐主义的哺育伦理要求育儿女性对商品化的婴儿食物与照料劳动抱持开放态度，以体面与平和的态度展开婴儿喂养实践。然而，在公共领域对女性"工作－生活"平衡难题的消极强调和家庭成员对"平衡"的不同界定下，这种平衡很难实现。[①] 她希望以身作则影响到孩子的未来生活方式，但在这种转变过程中，她不仅要面对家庭内部生活秩序的重塑，还要面临家庭外部的制度环境带来的挑战。现代社会将断乳的道德属性深化，以此赋予了哺育伦理多重含义。家长可以通过改善食物等来满足儿童在三四岁后的营养需求。就此而言，生理性断奶同样是一种社会性的生育行为，它受到社会发展状况的影响。

---

① 陈蒙：《城市中产阶层女性的理想母职叙事———一项基于上海家庭的质性研究》，《妇女研究论丛》2018 年第 2 期，第 55~66 页。

结　语

本书旨在论述社会转型之际，中国家庭在制度环境与私人生活的双重变革下何去何从。在绪论中，我们从学科背景和方法论的角度，论述了近代以来家庭研究从经典命题到现代命题的流变。经典命题的历史性阐释着眼于社会变迁中家庭的沉浮，难以对当下家庭生活中的具体议题进行深度阐释。20 世纪中后期，学者们跳脱出过往家庭研究所固守的"传统与现代"之防。现代家庭研究热衷探讨社会现实背后合理性的叙事方式，分析家庭的生活策略与亲密关系，试图兼顾历史性与合理性的阐释，探索转型社会背景下的中国家庭如何进行自我组织、生成与延续。

我们的路径并非激进，而是在考据既有知识的前提下，在经验研究中有所斩获。这种考据式的反思借鉴了玛格丽特·米德对于婴儿诞养议题的关注。早在 1928 年，玛格丽特·米德就对萨摩亚的年轻女性哺育婴儿的程序与方式进行了详细描述，萌生了文化研究的个体范式。[①] 随后在 1936 年至 1939 年，她又与丈夫格里高利·贝特

[①] 玛格丽特·米德:《萨摩亚人的成年》，周晓虹等译，商务印书馆，2010，第 42 页。

森在巴厘岛进行深度的田野调查,拍摄了 3 万余张照片和 3 万余英尺的 16 毫米黑白电影胶片,制作出《卡巴的童年》《一个新几内亚婴儿的早期生活》《巴厘与新几内亚人的童年竞争》《三种文化中的婴儿洗浴》等纪录片,以当地人的家庭生活、亲子关系和育儿方式等内容,构造出真切可视的例证体系,支撑其文化研究范式。[1] 在米德看来,外部的制度环境会直接影响个体人格与心理结构,这决定了婴儿诞养实践。米德早年的研究有"文化决定论"的标签,但她在学术生涯的晚期修正了自己的观点。

在 1977 年的人类哺乳问题国际会议上,米德做了题为《母乳喂养的家庭语境》的报告,[2] 作为半个世纪关注婴儿诞养议题的休止符。她在报告中先回顾了近 50 年来美国社会关于母乳喂养的认识转变。米德指出,伴随着社会环境的变迁,社会科学界却一直缺乏对母乳喂养的文化模式解读。母乳喂养在保障母婴情感与婴儿健康方面具有难以比拟的社会功能,但需要首先将之放在家庭的语境中进行考察。最后,米德展示了她修正后的研究路径:第一,要将婴儿诞养过程在家庭生活中进行还原;第二,从社区、国家乃至全球化进程中的育儿话语出发,关注育儿者的生活处境与之发生了怎样的关联。

玛格丽特·米德将家庭放在研究的核心地位,接下来我们将沿用这种社会实在论路径向大家展示我们的研究结论。我们将对应绪论介绍的"制度环境-社会机制-私人生活"的分析框架,结合各研究部分的结果,论述这种分析框架如何形成并发挥作用:第一部分论述第四章和第五章的研究结论,展示 2016 年至 2019 年北京家

---

[1] 朱靖江:《巴厘岛的人类学影像——米德与贝特森的影像民族志实验》,《世界民族》2013 年第 1 期,第 47~51 页。

[2] Mead, M., "Family Contexts of Breastfeeding", Conference on Human Lactation, Roosevelt Hotel, New York City, 1977.

庭的婴儿诞养实践，展现其背后的社会机制；第二部分论述第二章和第三章的研究结论，围绕近代以来北京家庭婴儿诞养的历史社会考察，解释上述社会机制的由来；第三部分是延伸性的讨论。

一　母职与家庭

2019年的除夕，"育人"母婴群十分热闹，发言的人里又多了很多新鲜面孔。逢年过节群主晓晴都会致以问候，但这年大家却久久没有等到。群友们发现群主已经悄悄换人，而翻看群成员的时候，晓晴和志南已经不在列表里。他们退群了。不仅如此，小丽、阿慈、红艳这些我们故事里的主人公有的也不见了踪影，让人刹那间有了物是人非的感觉。有人在微信好友里找到晓晴，发去拜年祝福的同时问及她退群的原因，晓晴有些伤感地表示，年后她就要回以前的公司工作了，精力不够应付母婴群的信息推送和线下活动，只能让贤。那些要好的朋友的离群动机，基本也是出于这样的考虑，她们的育儿生活接下来要迈入新的阶段。不过在离开之前，晓晴用了很长时间考察寻觅新的群主，她对自己挑选的"接班人"很是满意。在晓晴看来，母婴群建立的初心是分享婴儿喂养的知识，大家也是为此而来的。但实际上，"我们这些群友收获的并不仅仅是知识，而且是养育孩子的勇气。那些大家相互鼓励的日子，让人能够坦然面对生活的压力。所以，我找新群主最看重的一点就是，她一定要态度积极、热心助人。不管这个人是不是拥有足够多的育儿知识。"晓晴的这番话蕴含深意。理解中国家庭的婴儿诞养实践，不应局限于养育方式的争论，更重要的是应当关注制度环境影响下人们的私人生活境遇。

第四、第五两章描绘了当前北京育儿家庭的群像。在这两章中，我们讲述了几个有代表性的故事,这些家庭有的为了母乳喂养而绞尽脑汁,有的则痴迷于网购各种母婴用品。尽管人们抱持的观念并不一致,但相同之处在于,这些家庭里的育儿母亲大都成功或努力把握婴儿诞养的主导权。近年来,已有不少研究指出,中国城市家庭在育儿环节中出现祖辈退场的现象,取而代之的是婴儿母亲对此的主导与控制。① 相关研究描述了婴儿诞养过程中,家庭内部权力的结构重塑,并揭示了育儿母亲的处境。但另一方面,育儿母职究竟怎样运作并发挥作用,却很少有学者详细论述。作为婴儿诞养的关键人物,育儿母亲的母职实践改变了家庭的亲密关系与生活策略,塑造了私人生活的面貌。为了全面展现当下中国家庭的婴儿诞养实践,我们拓展出了关于早期母职的认识。在现实生活中,早期母职是不能截然区分的,但是在本书中,育儿母亲所践行的母职的确可以彼此区分且各具典型性。立足民族志的书写,本书构建了两种具有理想类型意义的早期母职,即生产性母职与象征性母职,以反映育儿母亲在婴儿诞养实践上的差异。其中,生产性母职是一种物质主义倾向的早期母职,将育儿责任与营养的保障紧密相连;而象征性母职是一种强调形式在场的早期母职,将育儿责任与温情的陪伴相关联。第四章和第五章分别论述了生产性母职与象征性母职的运作逻辑。

在第四章中,红艳和阿敏的故事为我们展现了生产性母职的意义。红艳认为,婴儿诞养的重心在于保证孩子吃上营养健康的母乳,母乳的优劣直接关系到孩子的成长发育水平。践行生产性母职的女

---

① 参见马春华、石金群、李银河、王震宇、唐灿《中国城市家庭变迁的趋势和最新发现》,《社会学研究》2011 年第 2 期,第 182~216 页;肖索未《"严母慈祖":儿童抚育中的代际合作与权力关系》,《社会学研究》2014 年第 6 期,第 148~171 页。

性由此制订了自我奉献的生活策略,而母乳的供给不仅使她们获得了心理上的安全感,还帮助她们对抗外界权威话语对母婴关系的渗透。但另一方面,女性在实践生产性母职的同时,还需要面对家庭内部的压力,这来自夫妻间的冲突。阿敏的故事立足于育儿母亲的生活起居,展现了夫妻在婴儿诞养过程中亲密关系产生的裂痕。与红艳相同,阿敏在婴儿喂养过程中践行生产性母职,而为了保障母乳的足量供给,阿敏在日常饮食和睡眠安排上与孩子形影不离,建立了排他性的联结。与此同时,照料工作与经济资源向母婴联结的过度倾斜,也使丈夫德凯体验到被剥夺感,因此与阿敏产生了嫌隙。夫妻之间的矛盾体现在饮食、睡眠和情爱上,德凯最终将矛头指向阿敏践行的母职,夫妻陷入了敌对状态。

在第五章中,小丽和阿慈的故事为论述象征性母职提供了经验支撑。在小丽看来,婴儿诞养过程中最重要的是温情的母婴相处,这种亲子间的互动更加符合中产阶层家庭文化。当母乳喂养被客观条件所限制时,象征性母职的践行者并不排斥使用人工喂养的方式,她们善于制定依靠消费的生活策略,在这个过程中生活品味与价值观逐渐融入婴儿成长发育的标准之中。一旦婴儿诞养被卷入市场机制,育儿父母便会团结起来,共同应对其中的风险与挑战。这种亲密关系的形态展现在阿慈与建宏的故事中。对于阿慈而言,商品化的照料劳动挟着专家系统,侵入母婴关系里,会对她的育儿主导权造成威胁。为了重新树立育儿母亲在婴儿诞养中的地位,阿慈尝试对家政工的劳动过程进行控制,以保证母婴之间互动与相处的质量。为了实现这一目的,她与丈夫建宏在雇用问题上达成了共识,一起协商抵御照料劳动消费的风险。综合以上的故事能够发现,育儿女性践行了不同形态的早期母职,直接体现在这些家庭的生活策略与亲密关系上,早期母职对于家计过程有着驱动作用。早期母职的运作逻辑具有差异性,生产性母职与象征性母职分别催生了不同形式的家计过程。其中,生产性母职制定自我奉献的生活策略,却促使夫妻亲密关系陷入危机,展现为争夺家庭内部再分配资源的家计过程;象征性母职制定消费商品的生活策略,夫妻双方的亲密关系得以巩固,展现为依靠家庭外部市场机制的家计过程。由此,我们得以窥见母职的实践对家庭的组织、生产与延续产生的影响。

对于育儿母职的考察,使我们理解当前家计过程如何被驱动起来。我们还进一步发现,早期母职在育儿母亲的生命历程中也同样会发生转变,进而影响到家计过程。有西方学者指出,在不同的文化环境下,女性在养育婴儿时面临的压力,各有不同的表现形式。婴儿诞养实践受到物质和文化的约束,当然也为权威话语所定义。[1]权威话语是否将女性归类为"好"的母亲,则取决于她们是否"正确"地养育自己的子女。我们发现,现今的中国社会正在以各种方式树立育儿母亲的正面典型,改变母职的运行逻辑。在我们的田野调查中,育儿母亲晓晴可以被认为是一位线索人物。晓晴是母婴群的群主,为了鼓励群友们交流,时常组织线下的群友聚会。这些聚会为我们发现正面典型的案例提供契机。聚会上时有大大小小的争论,代表了人们对婴儿诞养的不同看法,呈现出生产性母职与象征性母职间的合法性差异。第四章描述的母亲聚会中,象征性母职并不为大多数育儿女性所接受,她们更倾向于践行生产性母职。聚会上,一位因母乳不足而终日不安的母亲向大家倾诉痛苦,但在各方观点碰撞之后,宣扬母乳崇高的母亲最终博得了更多人的认同,践行生产性母职比象征性母职看起来更加为人们所肯定。然而,这样

---

[1] Murphy, E., "'Breast Is Best': Infant Feeding Decisions and Maternal Deviance", *Sociology of Health and Illness* 2, 1999: 187 - 208.

的局面在现实生活中发生了扭转。第五章的故事具有代表性,在这一章中,凤青践行生产性母职遭遇坎坷,经历了身体体验、母婴关系的社会意义上的痛苦,随后转向实践象征性母职。研究发现,越来越多的育儿母亲对象征性母职持开放态度,母职的转变也促使家计过程发生变化,从争夺家庭内部再分配资源的家计过程转变为依靠家庭外部市场化机制的家计过程。

二 伦理的嬗变

母职的分化与转变反映了其中合法性或社会共识的迁移,一种道德机制决定了生产性母职或者象征性母职在中国社会的流行。近年来,中国家庭学界将伦理视角应用于父母与成年子女之间的关系与互动。而同样牵涉代际关系,养育婴儿的道德机制却鲜有学者涉及。孙向晨认为,家庭不仅仅是伦理生活的一个直接的、自然的环节,它还代表了与个体性原则不同的伦理性原则。[1] 婴儿诞养指向家庭关系中的张力,分别涵盖了两方面内容:其一,婴儿在成长过程中,社会价值预设的标准;其二,育婴者在喂养过程中,现实生活经验要求的责任。[2] 我们将其中的道德机制称作哺育伦理,即育儿者通过履行养育职责,使婴儿的成长符合社会预期。我们暂且放下育儿母亲个体生命历程的遭遇,而从更为宏观的角度来看,能够发现正是变迁中的哺育伦理促成了中国社会育儿母职的生成与分化。在第二章和第三章中,我们从两个时间段——20世纪30年代和80年

---

[1] 孙向晨:《现代社会中的"家庭"及其所代表的伦理性原则:黑格尔〈法哲学原理〉中"家庭"问题的解读》,《学术月刊》2017年第4期,第15~27页。
[2] 刘新宇:《城市家庭的奶粉焦虑、哺育伦理与市场卷入》,《妇女研究论丛》2018年第2期,第49页。

代——考察了北京社会的哺育伦理，以与我们从 2016 年至 2019 年的田野调查形成纵贯的联系与对照。研究发现，婴儿诞养不仅是家庭内部的个体生产过程，而且是以制度环境与私人生活之间的关系为依托，形成的社会机制深深地嵌入中国社会的礼俗秩序中。

在中国传统社会，婴儿诞养的过程充斥着各种节日与迷信，对育儿者在物质和情感上进行约束，其内核是中国社会的"家本位"观念，这种观念从民国时期开始被进步人士所指摘，时兴的节育运动、家庭改良运动等，均是系于此的革命举动。学术界也试图用现代社会科学的方式分析与解构传统社会的家庭观念。20 世纪 40 年代，费孝通在《生育制度》中剖析了婴儿诞养的伦理内涵。在"损己利人的生育"一节中，他说道：

> 种族绵续之成为个体生存的条件，不但不很显然，而且在生物基层上，种族绵续和个体生存实在可以说是相矛盾的。即在人类里，若忘记了人是靠社会得到生活的，单从一个人的私利上打算，这矛盾性是很清楚的……新生命的产生没有不靠母体的消耗和亏损。做父母的尽管把孩子看得如何着肉，但毕竟不是自己的肉；孩子对父母尽管觉得怎样体己，但毕竟不是自己。孩子的生活既须父母供养，在父母说来总是自己的牺牲……以我们人类来说，孕妇的痛苦，临盆的危险，哺乳的麻烦，自是无法掩饰的事。①

在费孝通看来，育儿者的付出透露出的是崇尚苦行的倾向，人们虽然知道育儿是一件损耗精力的事，但为了种族绵延却义不容辞。这种解释在一定程度上和当时的制度环境有关，抵御外侮的需要与

---

① 费孝通：《生育制度》，第 14～15 页。

民族国家的形塑，使得种族延续成为一个政治敏感话题，婴儿诞养被赋予了国家意志，育儿者为了养育健康的国民而做出牺牲，乃是值得表彰的美德。在此背景下，一种符合现代意涵的禁欲主义哺育伦理浮出水面，它要求育儿者以物质与情感的自我奉献为荣，并依靠家庭成员的劳动配合，开展婴儿诞养实践，以达成强国强种的目标。禁欲主义哺育伦理形成的背景是，制度环境与私人生活在中国社会的变革，中国家庭从"天人"向"国民"的礼俗秩序转型，现代国家对家庭的改造发挥了关键作用。

邱雪峨的风俗研究勾勒出 30 年代北京家庭的婴儿诞养实践——在天人感应的信仰之下谋求家族绵续。在中国人的天命观里，需要祈祷神灵庇护婴儿，在三朝、十二朝、满月、百日、周岁等环节，先后有洗三、捏骨缝、移窠、吃百家饭等养育的风俗。这些婴儿诞养旧俗的构造是逐级推进的，婴儿先要挺过出生时的关口，再进行不断的身体形塑，直至被引导融入人伦社会，在天理的指引下，成为能够承担家庭责任的"人"。天人秩序造就了人伦社会，人伦的原则内核指向的是家族的绵续，婴儿诞养中的各种迷信约束着家庭成员的行为，流行于世的一系列朴素的禁忌，体现了自我克制的哺育伦理。近代以来，中国社会兴起家庭改革的浪潮，将传统家庭引入现代社会的礼俗秩序中，但无论是国民政府还是社会力量都没有彻底、顺利地对婴儿诞养旧俗进行改良，朴素的迷信与禁忌仍然盛行，天人的礼俗秩序已然在中国家庭根深蒂固。

直到集体主义时期，传统婴儿诞养风俗在国家强力破除"四旧"的运动下，才实现较为彻底的改造，天人的礼俗秩序开始动摇。改革开放以后，制度环境的公私分离给予家庭宽容与空间，婴儿诞养风俗在私人生活领域部分复兴。与此同时，国家意志在婴儿诞养活动中充分涌现，强调知识性和经验性的母职的产生，在中国社会酝酿了崭新的养育责任内涵。在罗梅君的风俗研究中，80年代北京家庭的婴儿诞养实践，是在一种国民关系主轴下的家庭秩序维持。家长们要践行国家主导的优生、优育、优养、优教程序，培养健康的下一代，社会对于合格父母有了明确的期望与要求，责任的规范愈发具体，育儿者要了解婴儿成长的各类细节，全身心投入孩子的身体、情感、心智等素质的培养上。前文所述的朴素克制的哺育伦理完全转变成了充满现代性意涵的禁欲主义哺育伦理，育儿者要通过自我牺牲，满足国家对婴儿成长的价值预设。

禁欲主义哺育伦理在中国社会逐渐风行的同时，婴儿诞养的责任重心从亲职向母职过渡，育儿母亲逐渐成为婴儿诞养的主导者，生产性母职最终在中国社会生成。但我们在2016年至2019年的田野调查中也发现了一种与之相对立的道德机制。在我们的观察中，在象征性母职的背后是一种浸润着浪漫与享受精神的哺育伦理，我们将之称为快乐主义哺育伦理。快乐主义哺育伦理要求育儿者对商品化的婴儿食物与照料行为抱持开放态度，以平和的态度对待婴儿诞养实践，并且使之符合阶层品味。快乐主义哺育伦理形成的背景是，制度环境与私人生活在中国社会的又一次变革，中国家庭从"国民"向"亲子"的礼俗秩序转型，市场对家庭的卷入起到了重要作用。

改革开放的深入，商品交换与流通的发展，培育了中国民众的消费欲望与社会网络，对固有的制度形成巨大冲击。[1] 物质主义潜移默化地形塑了人们的需要形态，政府谋求为市场制定内在运行秩序的同时，也将一定的权力空间让渡出来，这种松绑造就了中国消费

---

[1] Davis, D., *The Consumer Revolution in Urban China* (CA: University of California Press, 2000), p. 1.

主义的兴起，中国逐渐告别了苦行者社会，[①]取而代之的是一个消费者社会兴起。从日益丰富的母婴商品到不断分层的婴儿护理市场，再到具有特定诉求的消费组织出现，消费者社会改变了人们的婴儿诞养实践。在我们的田野调查中，现如今北京家庭的婴儿诞养实践，愈发追求育儿者与婴儿双方平衡的亲子关系，在满足婴儿成长发育的必要条件的同时，人们也会认真地面对育儿者的需求，寻求经济策略予以满足，而非一味机械的自我牺牲。亲子互动在家庭中开始具有重要地位，在受访的家庭中，无论是面临母乳喂养困难转而果断断奶，还是与家政工展开各种周旋，亲子关系的权重反映在哺育伦理的转变上，育儿母亲的形象也逐渐从崇尚苦行转向追求享受，市场化推进使快乐主义哺育伦理扩散开来。作为一种社会事实，我们观察到越来越多的北京家庭在婴儿诞养的早期便崇尚快乐主义哺育伦理，这在一定程度上解释了当前社会纯母乳喂养率下降的原因，还向我们展现了制度环境中两种社会机制的差异。

三 余论：关于道德正确

在研究综述中，我们论述了学界当前主流的婴儿诞养研究路径，即"自然状态"与"科学主义"的范式，两者反映了这一议题在转型社会的冲突意涵，凸显了社会的治理机制特质及其运作逻辑。自然状态的范式用来解释婴儿喂养观念在工业社会面临怎样的文化冲击与质疑；科学主义的范式则用来解释西方主流的婴儿喂养观念给发展中国家带来了怎样的挑战，以及公共政策诞生的过程。而我们

[①] 王宁：《"国家让渡论"：有关中国消费主义成因的新命题》，《中山大学学报》2007年第4期，第1~7页。

在对北京家庭婴儿诞养的考察中，发现制度塑造私人生活，乃是依循着一种道德机制。我们发现促使育儿母职转变的道德机制，体现在禁欲主义哺育伦理与快乐主义哺育伦理的嬗变与交锋。然而这种道德机制的特质如何以及怎样影响了家庭的日常生活，让我们回到中国近代以来的历史脉络，对比 30 年代与 80 年代中国社会的婴儿诞养风俗改良，不难发现这种道德机制与治理机制不尽相同，存在显著差异。

第三章讲述了 30 年代清河试验的婴儿诞养旧俗改良，从柔性干预、阻断传承以及制度重建三个方面，塑造了崭新的制度环境。然而，诞养旧俗改良最终并没有完成，在柔性干预与阻断传承两方面取得了一定的成效，却没有达成制度重建。其原因在于，这次改良没有在道德层面获得合法性，而只停留在技术层面。清河试验区的卫生股工作虽然深入了人们的私人生活领域，但在改造中没有照顾传统社会固有的礼俗秩序，天人的礼俗秩序塑造了当地家庭的育儿生活，解构旧俗实质是对家庭的改造，需要整肃人们的道德生活，重新塑造社会关系。30 年代的婴儿诞养旧俗改造依托的是一种治理机制，改良者注重生育的技术层面，旨在塑造崇尚科学的制度环境，但没有深入礼俗层面。

与之相对的，80 年代北京的婴儿诞养风俗改良则关注制度环境中的道德问题。在国家的主导下，传统婴儿诞养风俗在 80 年代经历了"复归""扬弃""限制"。在正视民族文化遗产的同时，让传统风俗融入当下的社会主义事业，以移风易俗的方式对传统婴儿诞养风俗展开了甄别与区分。作为一种结果，国家对践行诞养风俗的空间进行限定，使之被有条件地保留在私人生活领域。80 年代中国社会的风俗改良是较为成功的，这是因为国家依托了一种道德机制，制度环境的公私分离为有效地控制创造了条件，优生优育成为婴儿诞养的公共话语的同时,传统诞养风俗被有选择地限定在家庭范围之内,家庭在新的风俗实践中绵延与发展,进而实现礼俗秩序的重塑。

通过对比能够发现两种合法性机制在中国社会的不同发展。在本书的田野调查中,我们同样捕捉到了这两种社会机制在当代社会的身影,它们分别形成了两种正在发挥效力的合法性理论:政治正确与道德正确。

首先是治理机制以及对应的政治正确。在现如今的中国社会,政府正通过一系列的立法与公共政策的推行,生产出一整套指导育儿父母开展婴儿喂养实践的程序与知识,试图在中国社会树立婴儿诞养的政治正确。政治正确即"Political Correctness/Politically Correct (PC)",这个概念发端于60年代的美国社会,发展为以尊重少数族裔、女性、同性恋相关群体、持不同信仰者为主要体现的文化现象。[1]起初,文化层面的政治正确并非由政府主导,这一概念是伴随着美国的民权运动与女权运动的进展,在学术界发展出来的,用以消除语言中的歧视因素。而经过数十年的发展,政治正确逐渐深入公共生活领域与制度层面,演变为稳定的社会规范。与此同时,国家的身影浮现出来,政治正确意味着权力主体贯彻现实主义的逻辑,在政治现实的理性认识下做出正确的选择。[2]

在婴儿诞养的议题上,1990年的伊诺森蒂宣言(Innocenti Declaration)为之在全球范围奠定了政治正确的基础。这则半官方的宣言呼吁各国政府制定母乳喂养的政策,以支持、保护及促进母乳喂养,高度强调世界卫生组织的建议:母乳喂养至少六个月,并于

---

[1] 张琦:《美国社会中的"政治正确"现象的发展及其最新演变》,《国际论坛》2018年第3期,第69~75页。
[2] 张乾友、黄雨阳:《解析反"政治正确"运动的规范含义》,《中国人民大学学报》2018年第3期,第115~122页。

婴儿4~6个月开始添加辅食且持续哺乳至一岁，一岁后可依据母亲及婴儿意愿选择是否持续哺乳。1991年，世界卫生组织和联合国儿童基金会大力推行创建爱婴医院活动，向各国的卫生机构普及不利于母乳喂养的做法，由此向各国输出了具有一致性含义的婴儿喂养的理念。中国政府成为早期参与倡议的国家之一，并积极响应世界卫生组织的号召，在全国范围内建设并普及爱婴医院。

而真正推动我国政府践行伊诺森蒂宣言的，是21世纪初层出不穷的婴儿食品安全事件。婴儿食品安全问题是普罗大众关注的议题。对此，政府从三方面展开治理，完善相应法规、提升安全标准、加大市场整治，体现了从补救到控制的话语转变。首先，在《中华人民共和国食品安全法》中，多条增补条目都是针对恶性事件暴露出的问题，而被具体、特意地纳入文本的。行政治理逻辑的起点便是，如何应对恶性的安全事故，消弭其产生的严重不良后果。

第二十条 食品安全标准应包括下列内容：增列（三）专供婴幼儿和其他特定人群的主辅食品的营养成分要求。

第二十八条 禁止生产经营下列食品：增列（三）营养成分不符合食品安全标准的专供婴幼儿和其他特定人群的主辅食品。

随后，面对各种进口奶粉的涌入，政府开始重新整肃市场。2014年，国家食品药品监督管理总局、国家卫生和计划生育委员会、国家工商行政管理总局联合下发《关于进一步规范母乳代用品宣传和销售行为的通知》，严格规定，市场中的厂商不得促销母乳代用品，禁止发布母乳代用品广告，不得将个人信息提供给母乳代用品销售者。这一法令的颁布极大地限制了婴儿食品企业的销售促销行为。

生产者、销售者不得促销母乳代用品,包括减价销售、赠送产品、礼品、样品,以及产品展示、积分回馈、发放产品宣传资料等;不得以低于市场价向医疗卫生及有关机构销售母乳代用品;不得以推销母乳代用品为目的,向医疗卫生及有关机构提供设备、资金和宣传资料等,以及资助培训、会议等;不得以推销母乳代用品为目的,与孕产妇、婴儿母亲及其家庭成员保持任何形式的联系,包括电话、短信、信函、邮件、上门推销等。①

国家通过市场规制,旨在规范婴儿诞养活动:限制婴儿奶粉的消费,倡导全社会践行母乳喂养。然而,事与愿违,国家推行的合法性机制大多处于失灵状态。从前文所呈现的数据来看,近年来中国全社会的母乳喂养率整体低迷,城市居民的母乳喂养水平低于农村居民,大多数家庭更加倾向于在婴儿6个月以内的时间断奶。上述情形在我们的田野观察中得到了印证,当前的北京家庭更倾向于自主决定婴儿诞养的节奏与策略,而非遵循政府推行的婴儿喂养政策,母乳喂养的政治正确并没有深入私人生活当中。另一方面,取而代之的却是一种婴儿养育的道德正确。② 在本书中,我们论述了婴儿诞养中道德正确的含义。以何种方式哺育婴孩与育儿者的生活处境密切相关,这直接决定育儿母亲是否拥有更为正面的社会评价。在初哺期间,由于客观条件限制,过早地借助配方奶粉与替代食品,可能使育婴者在代际情感互动中处于弱势。没有履行母乳喂养程序

---

① 《母乳代用品管理办法征求意见 食品广告禁用婴儿》,《人民日报》2013年6月28日。
② 刘新宇:《婴儿断乳、愧疚感与社会共识:基于一个城市母婴聚会的观察》,《妇女研究论丛》2019年第5期,第34~43页。

的女性会有负罪感与失败感，婴儿诞养中道德正确的意义就展现出来。① 而与之相对的，我们还发现在断奶过程中，坚持母乳喂养的女性在中国社会同样面临被歧视的遭遇，体验到社会学意义上的痛苦。可以看出，与徘徊于技术操作层面的政治正确相比，道德正确面向家庭生活，是在伦理的层面判断婴儿诞养实践是否具有正当性。

近年来，有学者指出当前中国社会面临一种危机。陈映芳用"家庭危机"一词，描述当今中国家庭的实际状况，以及人们对于家庭生活安全的普遍担忧。② 知识更新速度过快，标准具有多重维度，以及冲突性的话语横行，酝酿了当前的家庭危机。"当今社会被视为私人生活场域而本该具有非意识形态特性的家庭，却日益呈现出'意识形态化'的特点，甚至卷入思想谱系的左右分野中难以自拔。"③ 权力主体的运行逻辑正尝试将私人生活领域意识形态化，却往往造成观念上的对阵。而另一方面，急剧的社会转型过程中，道德正确并没有一以贯之的观念建构，反而操纵了人们在私人生活中的立场。在这场危机中，中国家庭正在告别稳定性，而谋求转变。家庭外部的塑造力量与内部的生活秩序之间正达成新的稳定，日益复杂且多面向的母职便是这种稳定的表象。制度环境与私人生活双重变革的图景就是我们所论述的"礼俗时刻"的全部意义，面对家庭危机，其中的道德合法性正逐渐明晰和确定。不同于以往的认识，在这个时间概念中，礼俗秩序的形成机制并非单一。我们在研究中发现，

---

① Williams, K. et al., "Giving Guilt the Flick: An Investigation of Mothers' Talk about Guilt in Relation to Infant Feeding", *Psychology of Women Quarterly* 1, 2012: 97-112.
② 陈映芳:《如何认识今天的家庭危机?——国家-家庭关系的视角》,《城市治理研究》2018 年第 1 期, 第 13~15 页。
③ 吴小英:《思想谱系中的家庭及其左右分野——兼论家庭研究的本土化焦虑》,《河北学刊》2019 年第 2 期, 第 178 页。

与政治正确相比，道德正确具有以下特质。

其一，道德正确是善变的。道德正确常处于模糊和摇摆状态。它似乎在某种条件上依托于国家的意志与话语，却也可能在现实生活中脱离出来，以家庭的消费能力衡量。在个体生命历程的某一个片段，一种家庭观念或责任具有道德合法性，但伴随着家计的开展，这种道德合法性却有可能瞬间消解。这可以在一个侧面反映当前中国家庭的处境，各种知识话语充斥在制度环境之中，人们在家庭生活中具有深层次的焦虑。

其二，道德正确兼具多重逻辑。家庭观念与角色职责的形成具有历史情境性。20世纪以来，现代西方社会的家庭观念形成的历史语境，建立在工业社会的发展与对工具理性的反省的思潮之上，家庭角色的职责在不断修正中被标榜为一种政治正确。而与之相对的历史时刻，中国家庭更多体验到的是民族国家的构建与市场转型的遭遇，因而人们倾向于将面临的困境归因于制度环境的复杂性，所形塑的道德正确在中国社会具有多面性。

其三，道德正确更有惩罚性。道德正确似乎比政治正确更能深入人们的私人生活。在中国家庭，性别不平等依然存在，外部的权威性话语也挑战着家庭关系，女性面临来自家庭内外的道德压力。而当家庭卷入市场中，由此产生的社会不平等同样给家庭带来了被剥夺感。因而从另一个方面来看，道德正确正演变为一种有针对性的惩罚机制。一旦个体触犯规范，就会遭受情感与精神的煎熬。道德正确更具有惩罚性，左右人们的立场。

参考文献

一 中文文献

1. 著作

《史记》，中华书局，1959。

《张载集》，章锡琛点校，中华书局，1978。

埃利亚斯：《文明的进程——文明的社会发生和心理发生的研究》，王佩莉、袁志英译，上海译文出版社，2013。

埃马纽埃尔·勒华拉杜里：《蒙塔尤：1294～1324年奥克西坦尼的一个山村》，许明龙、马胜利译，商务印书馆，2007。

B. 马林诺夫斯基：《野蛮人的性生活——关于（不列颠新几内亚）特罗布里恩德群岛土著的求爱、结婚和家庭生活的民族学报告》，刘文远等译，团结出版社，1989。

北京市地方志编纂委员会：《北京志·人民团体卷·妇女组织志》，北京出版社，2007。

北平协和医院小儿科资料，《婴儿饮食指南》，20世纪30年代。

伯恩：《民俗学问题格》，杨成志译，国立中山大学语言历史学研究所，1928。

陈海锋编著《中国卫生保健史》，上海科学技术出版社，1993。

陈剑主编《人口与计划生育百科知识丛书》第2辑，团结出版社，1990。

费孝通：《生育制度》，群言出版社，2016。

函斋居士：《达生编》，明德书局，1937。

河北省地方志编纂委员会编《河北省志·民俗志》，河北人民出版社，2014。

胡朴安：《中华全国风俗志》，岳麓书社，2013。

黄金麟：《历史、身体、国家：近代中国的身体形成（1895～1937）》，新星出版社，2016。

黄遵宪：《日本国志》下卷，天津人民出版社，2005。

蒋功成：《淑种之求——优生学在中国近代的传播及其影响》，上海交通大学出版社，2014。

景军主编《喂养中国小皇帝：食物、儿童和社会变迁》，钱霖亮、李胜等译，华东师范大学出版社，2017。

卡尔·波兰尼：《大转型：我们时代的政治与经济起源》，冯钢、刘阳译，浙江人民出版社，2007。

卡尔·波兰尼：《巨变：当代政治与经济的起源》，黄树民译，社会科学文献出版社，2013。

李安宅：《〈仪礼〉与〈礼记〉之社会学的研究》，上海人民出版社，2005。

李景汉：《北京郊区乡村家庭生活调查札记》，三联书店，1981。

李欧梵：《上海摩登——一种新都市文化在中国（1930～1945）》，毛尖译，北京大学出版社，2001。

梁启超：《论中国学术思想变迁之大势》，上海古籍出版社，2006。

刘英、薛素珍主编《中国婚姻家庭研究》，社会科学文献出版社，1987。

罗梅君：《北京的生育、婚姻和丧葬：19世纪至当代的民间文化和上层文化》，王燕生等译，中华书局，2001。

马塞尔·莫斯：《社会学与人类学》，佘碧平译，上海译文出版社，2014。

玛格丽特·米德：《萨摩亚人的成年》，周晓虹等译，商务印书馆，2010。

迈克尔·曼：《社会权力的来源》第3卷《全球诸帝国与革命（1890~1945）》，郭台辉、茅根红、余宜斌译，上海人民出版社，2015。

内政部年鉴编纂委员会编《内政年鉴·卫生篇》，商务印书馆，1936。

《潘光旦选集》第1卷，光明日报出版社，1999。

彭秀良：《守望与开新：近代中国的社会工作》，河北教育出版社，2010。

沈奕斐：《个体家庭 iFamily：中国城市现代化进程中的个体、家庭与国家》，上海三联书店，2013。

陶孟和：《北平生活费之分析》，商务印书馆，2017。

万建中：《中国民俗通志·生养志》，山东教育出版社，2005。

王充：《论衡》，岳麓书社，2015。

乌尔里希·贝克、伊丽莎白·贝克-格恩斯海姆：《个体化》，李荣山、范譞、张惠强译，北京大学出版社，2011。

五城市家庭研究项目组：《中国城市家庭——五城市家庭调查报告及资料汇编》，山东人民出版社，1985。

西达·斯考切波：《历史社会学的视野与方法》，封积文等译，上海人民出版社，2007。

晓兰：《全国百科知识竞赛大全（续集）》，海洋出版社，1988。

熊秉真：《幼幼：传统中国的襁褓之道》，台北，联经出版事业股份有限公司，1995。

徐明、贾秀总编著《中国妇女知识全书》，中国妇女出版社，1995。

许睢宁、董泽宏、贾绍燕：《民国时期北平中医药》，华文出版社，2016。

阎明：《中国社会学史：一门学科与一个时代》，清华大学出版社，2010。

阎云翔：《中国社会的个体化》，陆洋等译，上海译文出版社，2012。

杨崇瑞：《主妇须知家庭卫生及家政概要》，卫生署，1934。

伊利·扎列茨基：《灵魂的秘密：精神分析的社会史和文化史》，季广茂译，金城出版社，2013，第294页。

荫山庄司、田中国夫、仓盛一郎编著《现代青年心理学》，邵道生译，上海翻译出版公司，1985。

约翰·奥尼尔：《身体形态：现代社会的五种身体》，李康译，北京大学出版社，2010。

臧健访谈、整理《回首四十年　一个女汉学家的逐梦之旅：德国校友罗梅君教授口述》，北京大学出版社，2018。

张森：《文化治理：理论演进、西方模式与中国路径》，中国政法大学出版社，2017。

张振犁：《人生仪礼》，张紫晨编《民俗学讲演集》，书目文献出版社，1986。

郑端友：《保婴全方》，吴童校注，中国中医药出版社，2016。

郑建业：《探索与创新：苏霍姆林斯基家庭教育思想解读与实践》，江苏凤凰科学技术出版社，2018。

中国出版工作者协会编《中国出版年鉴1986》，商务印书馆，1986。

中国人口和计划生育年鉴社编辑《中国人口和计划生育年鉴2012》，中国人口和计划生育年鉴社，2012。

中华人民共和国卫生部妇幼卫生司、中国医学科学院医学情报研究所计划生育课题组编《妇幼卫生科研动态汇编（1986.7~1991.12）》，1992。

2. 论文

《"简复"专栏编辑的话》，《父母必读》1989年第10期。

《家庭科学育儿知识竞赛启事》，《父母必读》1986年第2期。

《母乳代用品管理办法征求意见、食品广告禁用婴儿》，《人民日报》2013年6月28日。

《熊希龄演讲辞》，《庸报》1930年1月1日。

艾德兴：《谈"照顾"》，《父母必读》1984年第3期。

北京市西城区计划生育办公室：《搞好优生优育 提高人口素质》，《人口与经济》1986年第3期。

卜玉梅：《虚拟民族志：田野、方法与伦理》，《社会学研究》2012年第6期。

曹建国：《全社会都来关心重视家庭教育 北京市家庭教育研究会5年来对百万家长普及家教科学知识》，《父母必读》1986年第2期。

曹建国：《全社会都来关心重视家庭教育 北京市家庭教育研究会5年来对百万家长普及家教科学知识》，《父母必读》1986年第2期。

陈蒙:《城市中产阶层女性的理想母职叙事——一项基于上海家庭的质性研究》,《妇女研究论丛》2018年第2期。

陈那波:《海外关于中国市场转型论争十五年文献述评》,《社会学研究》2006年第5期。

陈映芳:《国家与家庭、个人——城市中国的家庭制度（1940~1979）》,《交大法学》2010年第1期。

陈映芳:《如何认识今天的家庭危机?——国家-家庭关系的视角》,《城市治理研究》2018年第1期。

成伯清:《当代情感体制的社会学探析》,《中国社会科学》2017年第5期。

崔润生:《河北省清河试验区妇婴卫生工作概况》,《公共卫生月刊》第1卷第4期, 1935年。

崔润生:《清河附近村庄关于生产迷信的风俗》,《助产季刊》第5期, 1935年。

崔润生:《杨校长与清河镇实习基地的创办》, 严仁英主编《杨崇瑞博士——诞辰百年纪念》, 北京医科大学、中国协和医科大学联合出版社, 1990。

崔润生:《一个助产士的自述》,《助产学报》第2期, 1948年。

段烁、弓弦:《从"七坐八爬"说起》,《父母必读》1989年第11期。

冯敏:《汉族"坐月子"习俗缘起的历史人类学探析》,《立足田野 躬行探索——冯敏民族学民俗学论集》, 民族出版社, 2016。

冯小双:《转型社会中的保姆与雇主关系——以北京市个案为例》, 孟宪范主编《转型社会中的中国妇女》, 中国社会科学出版社, 2004。

符平:《"嵌入性": 两种取向及其分歧》,《社会学研究》2009

年第 5 期。

高丙中：《中国的非物质文化遗产保护与文化革命的终结》，《开放时代》2013 年第 5 期。

何海泉、周丹：《婴儿奶粉安全性对消费者选择行为的影响》，《财经理论研究》2014 年第 1 期。

贺萧：《生育的故事：1950 年代中国农村接生员》，复旦－密歇根大学社会性别研究所编《百年中国女权思潮研究》，复旦大学出版社，2005。

侯俊丹：《市场、乡镇与区域：早期燕京学派的现代中国想象——反思清河调查与清河试验（1928～1937）》，《社会学研究》2018 年第 3 期。

侯松涛：《改革开放与中国社会风俗变迁动力机制的转型》，《中国特色社会主义研究》2009 年第 2 期。

黄迪：《清河村镇社区——一个初步研究报告》，李文海主编《民国时期社会调查丛编（二编）·乡村社会卷》，福建教育出版社，2014。

黄迎、何萍、黄璧琨、王芳：《职业母亲婴幼儿的母乳喂养情况及相关因素分析》，《中国儿童保健杂志》2014 年第 2 期。

江湄：《另一种整理国故——论"五四"后梁启超对儒学与儒学史的重构》，《天津社会科学》2014 年第 1 期。

江绍原：《关于幼婴和孩提的古今礼俗迷信》，《科学月刊》第 2 卷第 7、8 期合刊本，1930 年 8 月。

姜梅：《陪伴分娩的家属参与新生儿断脐带的可行性研究》，《现代护理》2005 年第 18 期。

蒋菲婷、吴一立：《十九世纪至二十一世纪的中国妇幼卫生》，吴章、玛丽·布朗·布洛克编《中国医疗卫生事业在二十世纪的变迁》，蒋育红译，商务印书馆，2016。

蒋永萍：《"家国同构"与妇女性别角色的双重建构——计划经济时期中国社会的国家与妇女》，《山东女子学院学报》2012 年第 1 期。

李洁：《"人"的再生产——清末民初诞生礼俗的仪式结构与社会意涵》，《社会学研究》2018 年第 5 期。

李路路、李升：《"殊途异类"：当代中国城镇中产阶级的类型化分析》，《社会学研究》2007 年第 6 期。

李圣传：《作为事件的美学政治——"五讲四美"运动回望与阐释》，《文艺争鸣》2021 年第 2 期。

李廷安：《中国乡村卫生调查报告》，李文海主编《民国时期社会调查丛编（二编）·医疗卫生与社会保障卷（上）》，福建教育出版社，2014。

李向振：《民间礼俗仪式中的人情再生产——以京郊姚村"喝满月酒"为例》，《民族艺术》2020 年第 1 期。

李亚妮：《改革开放以来中国城市家庭幼儿照顾理念变迁管窥——以〈父母必读〉为文本》，《妇女研究论丛》2009 年 2 月增刊。

李忠忱、甄岳来：《怎样教婴幼儿认识颜色》，《父母必读》1989 年第 7 期。

李自典：《民国时期北京的卫生防疫工作述论》，《民国研究》2013 年第 2 期。

梁其姿：《前近代中国的女性医疗从业者》，李贞德、梁其姿主编《妇女与社会》，中国大百科全书出版社，2005。

列夏·苏霍姆林斯卡雅：《苏霍姆林斯基家校合作思想概述》，《中国德育》2018 年第 17 期。

林晓珊：《母职的想象：城市女性的产前检查、身体经验与主体性》，《社会》2011 年第 5 期。

刘锋：《变动中的当代中国思想文化及政策调适研究——基于二十世纪八九十年代的考察》，《临沂大学学报》2021年第3期。

刘汶蓉：《转型期的家庭代际情感与团结——基于上海两类"啃老"家庭的比较》，《社会学研究》2016年第4期。

刘新宇：《城市家庭的奶粉焦虑、哺育伦理与市场卷入》，《妇女研究论丛》2018年第2期。

刘新宇：《婴儿断乳、愧疚感与社会共识：基于一个城市母婴聚会的观察》，《妇女研究论丛》2019年第5期。

刘新宇：《重构家计：转型社会的家庭研究理路》，《中国社会科学院研究生院学报》2018年第6期。

刘子曦：《故事与讲故事：叙事社会学何以可能——兼谈如何讲述中国故事》，《社会学研究》2018年第2期。

柳丽贺：《塑造新儿童：民国上海儿童健康运动研究（1919~1937）》，硕士学位论文，河北大学，2018。

卢淑樱：《科学、健康与母职：民国时期的儿童健康比赛（1919~1937）》，《华南师范大学学报》2012年第5期。

吕鹏：《社会大于市场的政治经济学——重访卡尔·博兰尼〈巨变：当代政治、经济的起源〉》，《社会学研究》2005年第4期。

马春华、石金群、李银河、王震宇、唐灿：《中国城市家庭变迁的趋势和最新发现》，《社会学研究》2011年第2期。

邱雪峨：《一个村落社区产育礼俗的研究》，学士学位论文，燕京大学，1935。

沙神才：《中国婴儿死亡率研究》，常崇煊主编《中国生育节育抽样调查北京国际研讨会论文集》，中国人口出版社，1993。

沙英：《移风易俗与精神文明建设》，《道德与文明》1987年第4期。

石玉梅、王玉:《石化工业区婴儿喂养及断乳情况调查》,《中国妇幼保健》1993年第2期。

苏熠慧:《控制与抵抗:雇主与家政工在家务劳动过程中的博弈》,《社会》2011年第6期。

孙向晨:《现代社会中的"家庭"及其所代表的伦理性原则:黑格尔〈法哲学原理〉中"家庭"问题的解读》,《学术月刊》2017年第4期。

唐灿:《家庭的定义与政府的责任》,《中国人口报》2012年8月13日。

唐灿:《家庭现代化理论及其发展的回顾与评述》,《社会学研究》2010年第3期。

唐棣:《杨崇瑞与浏阳的妇幼卫生工作》,严仁英主编《杨崇瑞博士——诞辰百年纪念》,北京医科大学、中国协和医科大学联合出版社,1990。

陶艳兰:《世上只有妈妈好——当代城市女性的母职认同与实践》,《妇女研究论丛》2013年第6期。

陶艳兰:《塑造理想母亲:变迁社会中育儿知识的建构》,《妇女研究论丛》2016年第5期。

陶艳兰:《养育快乐的孩子——流行育儿杂志中亲职话语的爱与迷思》,《妇女研究论丛》2018年第2期。

汪滔:《中国育婴所现状之一斑》,李文海主编《民国时期社会调查丛编(一编)·社会保障卷》,福建教育出版社,2014。

王纯厚:《北平儿童生活礼俗》,学士学位论文,燕京大学,1940。

王贺宸:《燕大在清河的乡建试验工作》,《社会学界》第9期,1936年。

王丽瑛:《更新观念 深化妇幼卫生改革》,《中国妇幼保健》

1988年第2期。

王宁：《"国家让渡论"：有关中国消费主义成因的新命题》，《中山大学学报》2007年第4期。

王维俭：《让孩子从小喜爱舞蹈——访中国儿童舞蹈研究会会长郭明达》，《父母必读》1983年第4期。

王笑儒：《〈首都市民文明公约〉的修订过程及其特点》，《北京教育》1996年第6期。

王勇：《中国现代助产教育的奠基：杨崇瑞与北平国立第一助产学校》，《天津护理》2014年第6期。

王跃生：《中国当代家庭、家户和家的"分"与"合"》，《中国社会科学》2016年第4期。

薇薇安娜·泽利泽：《关联取向的经济社会学家以及如此转向的意义》，高崇、李兴华译，《广西民族大学学报》2016年第1期。

吴维之：《母子情——忆江姐在重庆与云儿别离的情景》，《父母必读》1981年第1期。

吴小英：《家庭研究的主义与问题》，《中国家庭研究》第8卷，上海社会科学院出版社，2014。

吴小英：《思想谱系中的家庭及其左右分野——兼论家庭研究的本土化焦虑》，《河北学刊》2019年第2期。

吴燕、邱丽倩：《6个月内婴儿母乳喂养现状及影响因素研究》，《浙江预防医学》2015年第3期。

吴颖熊、田侃：《从"三鹿奶粉"事件谈我国食品安全立法》，《中国卫生事业管理》2009年第2期。

北京市西城区计划生育办公室：《书记挂帅，全党动手，确实控制人口增长》，《人口与经济》1980年第2期。

肖索未：《"严母慈祖"：儿童抚育中的代际合作与权力关系》，

《社会学研究》2014年第6期。

萧放：《"人情"与中国日常礼俗文化》，《北京师范大学学报》2016年第4期。

徐安琪、张亮：《父亲育儿投入的影响因素：本土经验资料的解释》，《中国青年研究》2009年第4期。

徐惟诚：《把家庭教育的指导纳入职工思想工作的内容》，《思想政治工作研究》1993年第5期。

徐惟诚：《要帮助青年学会做父母》，《北京日报》1981年5月13日。

徐惟诚：《愿天下父母共读》，《徐惟诚文集》第7卷《家庭文化·家庭教育》，商务印书馆，2015。

许慈文：《无比的欣慰》，《父母必读》2000年第4期。

许仕廉：《一个市镇调查的尝试》，李文海主编《民国时期社会调查丛编（二编）·乡村社会卷》，福建教育出版社，2014。

许怡、刘亚：《母职初体验：基于自我民族志与网络民族志的城市女性哺乳实践研究》，《山东社会科学》2017年第8期。

杨崇瑞：《产科教育计划》，《中华医学杂志》第14卷第5期，1928年。

杨堃、张若名：《中国儿童之民俗学的研究》，刘晖译，《民俗研究》1996年第3期。

杨堃：《关于民俗学的几个问题》，《社会科学辑刊》1982年第2期。

杨堃：《我国民俗学运动史略》，《民族学研究集刊》第6期，1948年。

杨念群：《"兰安生模式"与民国初年北京生死控制空间的转换》，《社会学研究》1999年第4期。

祎生：《婴儿湿疹的防治》，《父母必读》1982年第9期。

应星：《略论叙事在中国社会研究中的运用及其限制》，《江苏行政学院学报》2006年第3期。

俞金尧：《欧洲历史上家庭概念的演变及其特征》，《世界历史》2004年第4期。

岳永逸：《中国都市民俗学的学科传统与日常转向——以北京生育礼俗变迁为例》，《云南师范大学学报》2018年第1期。

湛晓白：《政治文化建设中的改造礼俗思想——以国民政府时期陈果夫的相关论述为中心》，《北京师范大学学报》2019年第3期。

张路军：《北京月嫂生存状况分析》，《家庭服务》2019年第1期。

张敏才：《迈好优生优育工作的第一步》，《人口与经济》1987年第5期。

张琦：《美国社会中的"政治正确"现象的发展及其最新演变》，《国际论坛》2018年第3期。

张乾友、黄雨阳：《解析反"政治正确"运动的规范含义》，《中国人民大学学报》2018年第3期。

张士闪：《中国礼俗传统的田野考察与文化阐释》，《民族艺术》2020年第6期。

张钟：《京华市民生活的交响乐章——读长篇小说〈钟鼓楼〉》，《小说评论》1985年第4期。

赵承信：《平郊村研究的进程》，《燕京社会科学》第1卷，1948年。

赵晓阳：《寻找中国社会生活史之途：以燕大社会调查为例》，《南京社会科学》2016年第2期。

赵延东、胡乔宪：《社会网络对健康行为的影响：以西部地区新生儿母乳喂养为例》,《社会》2013年第5期。

钟晓慧、何式凝:《协商式亲密关系:独生子女父母对家庭关系和孝道的期待》,《开放时代》2014年第1期。

周飞舟:《一本与一体:中国社会理论的基础》,《社会》2021年第4期。

周荣先:《拳拳赤子心》,严仁英主编《杨崇瑞博士——诞辰百年纪念》。

周英凤、袁晓玲:《陪伴分娩产妇分娩过程体验的质性研究》,《护理学杂志》2009年第2期。

朱邦仁:《清河试验区卫生股六个月事业之自我批判》,《卫生月刊》第8期,1934年。

朱浒、赵丽:《燕大社会调查与中国早期社会学本土化实践》,《北京社会科学》2006年第4期。

朱靖江:《巴厘岛的人类学影像——米德与贝特森的影像民族志实验》,《世界民族》2013年第1期。

祝慎之:《用豆乳哺婴孩之成绩》,《中国生理学杂志》第2卷,1931年。

二 外文文献

1. 著作

Apple, R., *Mothers and Medicine: A Social History of Infant Feeding 1890-1950* (Madison: University of Wisconsin Press, 1987).

Bourdieu, Pierre, *Distinction: A Social Critique of the Judgment of Taste* (Harvard University Press, 1984).

Carter, P., *Feminism, Breasts and Breast Feeding* (New York:

St. Martin's, 1995).

Cox, C., *Household Interests: Property, Marriage Strategies, and Family Dynamics in Ancient Athens* (Princeton University Press, 1998).

Davis, D., *The Consumer Revolution in Urban China* (CA: University of California Press, 2000).

DeVault, Marjorie, *Feeding the Family: The Social Organization of Caring as Gendered Work* (Chicago: University of Chicago Press, 1991).

Foucault, Michel, *Power/Knowledge: Selected Interviews and Other Writings, 1972 - 1977* (New York: Pantheon Books, 1980).

Freud, Sigmund, *Inhibitions, Symptoms and Anxiety* (London: The Hogarth Press and the Institute of Psychoanalysis, 1936).

Hays, S., *The Cultural Contradictions of Motherhood* (New Haven and London: Yale University Press).

Hine, C., *Virtual Ethnography* (London: Sage, 2000).

Koerber, Amy, *Breast or Bottle? Contemporary Controversies in Infant-Feeding Policy and Practice* (University of South Carolina Press, 2013).

Le Play, F., *Les ouvriers europeens*, Vol. I (Paris: Nabu Press, 2010).

Parsons, T. et al., *Theories of Society* (The Free Press of Glencoe, 1962).

Polanyi, K., *The Great Transformation: the Political and Economic Origins of Our Time* (Beacon Press, 2001).

Walder, A., *Communist Neo-Traditionalism: Work and Authority in Chinese Industry* (Berkeley: University of California Press, 1986).

2. 论文

Block, F. , Margaret Somers, "In the Shadow of Speenhamland: Social Policy and Old Poor Law", *Politics and Society* 31 (2), 2003.

Brosco, J. , "The Early History of the Infant Mortality Rate in America: 'A Reflection upon the past and a Prophecy of the Future'", *Pediatrics* 2, 1999.

Cook, D. , "Semantic Provisioning of Children's Food: Commerce, Care and Maternal Practice", *Childhood* 3, 2009.

Douglass, M. , "Global Householding and Japan: A Comparative Perspective on the Rise of a Multicultural Society", in G. Vogt and G. S. Roberts, eds. , *Migration and Integration-Japan in Comparative Perspective* (Germany: Iudicium Press, 2013).

Douglass, M. , "The Globalization of Householding and Social Reproduction in Pacific Asia", *Philippine Studies* 55 (2), 2007.

Feldman-Winter, Lori, "The AAP Updates Its Policy on Breastfeeding and Reaches Consensus on Recommended Duration of Exclusive Breastfeeding", *Journal of Human Lactation* 28 (2), 2012.

Firth, A. , "Fromoeconomy to 'the Economy': Population and Self-interest in Discourses on Government", *History of Human Sciences* 11 (3), 1998.

Freed, L. et al. , "Accuracy of Expectant Mothers' Predictions of Fathers' Attitudes Regarding Breast-feeding", *Journal of Family Practice* 2, 1993.

Gottschang, S. , "Maternal Bodies, Breast-Feeding and Consumer Desire in Urban China", *Medical Anthropology Quarterly* 1, 2007.

Gouldan, G. et al. , "Breastfeeding Practices in Chengdu, Sichuan,

China", *Journal of Human Lacation* 1, 1995.

Gross, S. J., J. Geller and R. M. Tomarelli, "Composition of Breast Milk from Mothers of Preterm Infants", *Pediatrics* 68 (4), 1981.

Hann, C., "After Ideocracy and Civil Society: Gellner, Polanyi and the New Peripheralization of Central Europe", *Thesis Eleven* 128 (1), 2015.

Harvey, P., H. Clutton-Brock, "Life History Variation in Primates", *Evolution* 3, 1985.

Hendershot, E., "Trends in Breast-Feeding", *Pediatrics* 2, 1982.

Hisung, P. Z., "To Nurse the Young: Breastfeeding and Infant Feeding in Late Imperial China", *Journal of Family History* 3, 1995.

Jacka, T., "Migration, Householding and the Well-being of Left-behind Women in Rural Ningxia", *The China Journal* 64, 2012.

Klaus, M., J. Kennell, "Hunting and Gathering Societies: An Empirical Basis for Exploring Biobehavioral Processes in Mothers and Infants", *Infant Behavior & Development* 7, 1984.

Knaak, S., "Breast-Feeding, Bottle-Feeding and Dr. Spock: The Shifting Context of Choice", *Canadian Review of Sociology and Anthropology* 42, 2005.

Lash, Scott, "Introduction to the Ethics and Difference Debate", *Theory, Culture and Society* 2, 1996.

Lin, N., "Local Market Socialism: Local Corporatism in Action in Rural China", *Theory and Society* 24 (3), 1995.

Liu, J. "Ageing, Migration and Familial Support in Rural China", *Geoforum* 51, 2013.

Mead, M., "Family Contexts of Breastfeeding", Conference on

Human Lactation, Roosevelt Hotel, New York City, 1977.

Murphy, E. , " 'Breast Is Best': Infant Feeding Decisions and Maternal Deviance", *Sociology of Health and Illness* 2, 1999.

Nee, V. , "A Theory of Market Transition: From Redistribution to Markets in State Socialism", *American Sociological Review* 54 (5), 1989: 663 - 681.

Oi, J. , "Communism and Clientelism: Rural Politics in China", *World Politics* 37 (2), 1985: 262 - 263.

Parfitt, D. , "Influencing Factors in American Women's Culture and the History of Breastfeeding", *International Journal of Childbirth Education* 9, 1997: 31 - 33.

Porio, E. , "Global Householding, Gender and Filipino Migration: A Preliminary Review", *Journal of Philippine Studies* 55 (2), 2007.

Schmied, V. , D. Lupton, "Blurring the Boundaries: Breastfeeding and Maternal Subjectivity", *Sociology of Health and Illness* 23, 2001.

Shaker, I, J. Scott and M. Reid, "Infant Feeding Attitudes of Expectant Parents: Breastfeeding and Formula Feeding", *Journal of Advanced Nursing* 3, 2004.

Smale, M. , "The Stigmatisation of Breastfeeding", in T. Mason, et al. , eds. , *Stigma and Social Exclusion in Healthcare* (London: Routledge, 2001).

Thulier, D. , "Breastfeeding in America: A History of Influencing Factors", *Journal of Human Lactation* 25 (1), 2009.

Victora, C. et al. , "Breastfeeding in the 21st Century: Epidemiology, Mechanisms and Lifelong Effect", *The Lancet* 387, 2016.

Wallerstein, I., "Household Structures and Labor-Force Formation in the Capitalist World-Economy", in Joan Smith, Immanuel Wallerstein and Hans-Deiter Evers, eds., *Households and the World-Economy* (Beverly Hills: Sage, 1984).

Williams, K. et al., "Giving Guilt the Flick: An Investigation of Mothers' Talk about Guilt in Relation to Infant Feeding", *Psychology of Women Quarterly* 1, 2012.

Wright, L. et al., "Breast Feeding and Lower Respiratory Tract Illness in the First Year of Life", *The British Medical Journal* 299, 1989.

附录一

访谈提纲

对象和方式

选取住在北京市城区家庭,对参与抚养 18 个月以下、共同居住 6 个月以上的家庭成员进行访谈。被访的人员包括核心家庭的夫妻以及亲属支持网络。

访谈方式为深度访谈,每次时长 1 个小时,一周一到两次。

主题与线索

主题:就医体验、代际关系、情感与权力、养育态度、育儿消费、社交生活、政策感观

线索:纯母乳喂养—混合喂养阶段—人工喂养阶段

亲子关系—夫妻关系—与祖辈的关系

育婴者—家庭—社会环境

具体的问题

婴儿就医的过程、体验以及态度如何？与医生的互动过程，如何看待医院的诊断？

祖辈参与育儿的方式、内容与程度如何？是否存在冲突？

育儿夫妻的生活安排、互动状况如何？有什么娱乐活动和社交活动？

在育儿问题上谁说了算？谁来安排日常的育儿计划，计划是怎么制定出来的？

如何进行母乳喂养？自己平日里怎样与婴儿的互动，是怎样的关系？

是否与其他育儿父母交流？交流的内容和方式是什么？

是否雇用月嫂和育儿嫂，与她们的关系怎么样？这其中会产生的问题。

怎样看待国家针对婴儿养育的政策？包括对于家庭的支持以及对市场的整治。

如何看待不同品牌婴儿奶粉？为什么？

如何进行人工喂养，孩子断奶的经历是怎么样的？

如何看待现代家庭中父（母）亲的角色？好的父（母）亲应该满足什么条件？

怎样养育婴儿是最理想的，受访者与此有何差距？怎样的婴儿是最好的？

注意事项

主题与线索应该遵循婴儿成长的历时性询问路径,同时照顾到案主所经历的重要事件,将之放在线索中拓展询问。

访谈过程中,应当有计划地搜集与比照两代人的口述资料,从中发现有待挖掘、补充的部分。

访谈中还需要深度挖掘的是,受访者的自我呈现、对于家庭的看法、对于社会环境的态度。从三者之间的互文与冲突中,发现值得补充的问题。

附录二

受访家庭的基本情况[*]

样本	婴儿年龄/完全断奶时间	受访的家庭成员（年龄）	目前职业	受教育程度
A	11个月/ 8个月	妻子安媛（26岁）	私企职工	本科
		丈夫小伟（27岁）	高校教师	硕士
		丈夫的母亲（55岁）	国企职工	本科
B	6个月（二孩）/ 5个月	妻子小丽（31岁）	小学教师	硕士
		丈夫阿峰（35岁）	公务员	硕士
		妻子的母亲（55岁）	无	高中
		妻子的父亲（60岁）	退休	高中
C	2个月/ 尚未断奶	妻子晓晴（30岁）	无	本科
		丈夫志南（36岁）	国企职工	硕士
		丈夫的母亲（60岁）	退休	高中

---

[*] 此处受访家庭的基本情况，指的是研究者在2016年12月至2019年10月，与其正式接触并展开访谈时的情况。

续表

样本	婴儿年龄/完全断奶时间	受访的家庭成员（年龄）	目前职业	受教育程度
D	15 个月/ 5 个月	妻子思云（30 岁）	无	博士
		丈夫志安（34 岁）	医生	硕士
E	5 个月/ 尚未断奶	妻子阿农（23 岁）	私企职工	本科
		丈夫阿生（27 岁）	私营业主	本科
F	10 个月（二孩）/ 尚未断奶	妻子小兰（31 岁）	私企职工	大专
		丈夫睿文（32 岁）	私企职工	本科
G	3 个月/ 尚未断奶	妻子阿敏（30 岁）	无	本科
		丈夫德凯（31 岁）	国企职工	本科
		丈夫的母亲（57 岁）	退休	高中
H	9 个月/ 6 个月	妻子芳芳（22 岁）	私营业主	大专
		丈夫阿国（26 岁）	私营业主	本科
		妻子的母亲（50 岁）	无	高中
I	3 个月/ 3 个月	妻子阿春（24 岁）	私企职工	本科
		丈夫明磊（30 岁）	私企职工	本科
J	10 个月/ 6 个月	妻子小雪（29 岁）	事业单位工作人员	博士
		丈夫（34 岁）	公务员	硕士
K	10 个月/ 尚未断奶	妻子小奥（23 岁）	无	本科
		丈夫小欧（27 岁）	私营业主	本科
		丈夫的母亲（54 岁）	私营业主	初中
L	6 个月/ 6 个月	妻子小希（25 岁）	中学老师	本科
		丈夫阿平（29 岁）	中学老师	硕士

续表

样本	婴儿年龄/完全断奶时间	受访的家庭成员（年龄）	目前职业	受教育程度
M	3个月/尚未断奶	妻子红艳（27岁）	国企职工	本科
		丈夫苏建（29岁）	国企职工	硕士
N	3个月/尚未断奶	妻子凤青（31岁）	私企职工	硕士
		丈夫潘明（33岁）	国企职工	本科
		妻子的母亲（59岁）	退休	本科
		妻子的父亲（59岁）	退休	本科
O	9个月/4个月	妻子小迪（30岁）	公务员	本科
		丈夫海洋（30岁）	高校老师	博士
P	10个月/尚未断奶	妻子小爱（25岁）	事业单位工作人员	硕士
		丈夫阿亮（25岁）	事业单位工作人员	硕士
Q	3个月/3个月	妻子阿慈（27岁）	私企职工	本科
		丈夫建宏（27岁）	外企职工	本科
		妻子的姐姐（33岁）	私营业主	本科
R	17个月（二孩）/11个月	妻子小花（31岁）	私企职工	大专
		丈夫正奇（32岁）	私企职工	本科
S	5个月/1个月	单身妈妈小鹤（31岁）	私企职工	硕士
		小鹤的母亲（59岁）	高校老师	硕士
T	12个月/12个月	妻子思思（27岁）	私企职工	本科
		丈夫何山（29岁）	私企职工	硕士

续表

样本	婴儿年龄/完全断奶时间	受访的家庭成员（年龄）	目前职业	受教育程度
U	2个月/尚未断乳	妻子立雪（27岁）	无	本科
		丈夫桑生（30岁）	私营业主	本科
V	13个月/9个月	妻子小墨（33岁）	国企职工	硕士
		丈夫思达（35岁）	国企职工	硕士

后　记

　　除了知识的增长，这本书给我带来了很多人生收获。这项研究是一个自我教育的过程，我了解到母亲养育孩子的艰辛，令我愈发感恩，由衷感谢母亲对我的养育之恩。本书的完成得益于吴小英研究员的指导，她也是最早的读者。读博期间，吴老师很少批评我，在每一次和颜悦色、云淡风轻的谈话后，我总是能破解心中的困惑。在老师的帮助下，这项研究对我而言犹如学术生涯的"断乳"仪式，让我走好接下来的路。我还要铭记林晓珊教授对本项研究选题的助益。林老师引领我迈入社会学研究的门槛，直到现在都在支持着我，每当我遇到瓶颈，他的专业和勤勉总是激励我克难前进。

　　感谢中国艺术研究院给予我的包容与赏识，一个初出茅庐的博士可以踏实下来从事研究，离不开院内诸多前辈、师友的指点，以及单位在情感与物质上的帮助。本书的出版还仰赖社会科学文献出版社赵晨老师的悉心编辑，在此表达谢意。最后，谨将此书献给所有参与、指导过它的人。

刘新宇
壬寅小满于京华

图书在版编目（CIP）数据

礼俗时刻：转型社会的婴儿诞养与家计之道 / 刘新宇著 . --北京：社会科学文献出版社，2022.5
（田野中国）
ISBN 978 - 7 - 5228 - 0010 - 3

Ⅰ.①礼… Ⅱ.①刘… Ⅲ.①婴幼儿 - 哺育 - 风俗习惯 - 研究 - 中国 Ⅳ.①K892.21

中国版本图书馆 CIP 数据核字（2022）第 063113 号

·田野中国·

礼俗时刻：转型社会的婴儿诞养与家计之道

著　者 / 刘新宇

出 版 人 / 王利民
责任编辑 / 赵　晨
文稿编辑 / 徐　花
责任印制 / 王京美

出　　版 / 社会科学文献出版社·历史学分社（010）59367256
　　　　　　地址：北京市北三环中路甲29号院华龙大厦　邮编：100029
　　　　　　网址：www.ssap.com.cn
发　　行 / 社会科学文献出版社（010）59367028
印　　装 / 三河市尚艺印装有限公司
规　　格 / 开　本：787mm × 1092mm　1/16
　　　　　　印　张：20　字　数：248千字
版　　次 / 2022年5月第1版　2022年5月第1次印刷
书　　号 / ISBN 978 - 7 - 5228 - 0010 - 3
定　　价 / 89.00元

读者服务电话：4008918866

版权所有 翻印必究